王如燕 著

跨国公司
转让定价税收规制比较、借鉴 与我国税制改革研究

格致出版社　上海人民出版社

前 言

　　转让定价避税一般在跨国集团公司之间发生，由于集团中各公司遍及世界各地，在各国税收制度的差异、管理水平的参差不齐以及集团利益的驱使下，使得避税方式愈演愈烈、花样翻新、手段层出不穷，逐渐成为世界贸易发展的严重障碍。其主要危害是有违市场原则，不利于公平竞争；亵渎公平税负，破坏有序经济；税收流失，权益失衡。正因如此，美、日、中、英和加拿大在积极推进和参与世界贸易经济的过程中，不断强化国际税收管理中的突出问题——转让定价税收管理。防范跨国投资公司利用转让定价避税的行为，不断突出这项税收管理工作在本国税收管理中的地位和作用。最常见的跨国纳税人逃税避税手段是转让定价和成本费用人为分配，为了遏制这一逃税、避税的途径，很多国家在税法上赋予税务机关一种权力，即根据"正常交易原则"对转让定价和成本费用人为分配重新进行调整。目前各国均建立了针对转让定价的法律体系，对关联企业发生的转让定价进行调整。本著作将我国与贸易伙伴间跨国公司转让定价进行比较研究，这将是一个系统性、综合性创新研究。

　　在组织结构上，全书共分为10章。第1章阐述了我国与贸易伙伴间跨国公司转让定价起源与改革过程的比较研究；第2章进行了我国与贸易伙伴间跨国公司转让定价理论溯源、起源发展的比较研究；第3章进行了我国与贸易伙伴间跨国公司转让定价动机、转让定价方式、转让定价存在性、效应的比较研究，目的在于找出对我国经济、制度乃至一些利益相关者产生极大负面效应的因素，使研究更具有积极意义；第4章进行了我国与贸易伙伴间跨国公司转让定价税收规制比较研究，包括关联方确认的比较研究、同期资料管理的比较研究、转让定价调整方法的比较研究、预约定价协议(APA)的比较研究，通过比较完善、细化我国关联方的认定标准，为税务当局的转让定价调查提供充分的证明文件；第5章进行了我国与贸易伙伴间及跨国公司转让定价税收反规避型案例比较，通过分析税收实践中的几个经典案例，使我们对各国跨国公司转让定价行为有一个更深刻的把握；第6章进行了我国目前转让定价税收规制模型的研究；第7章以无形资产转移定价为例，进行了我国转让定价与税收的实证研究；第8章阐述了我国选择转让定价税收规制的优化路径；第9章阐述了我国目前转让定价税收政策体系借鉴，针对现阶段我国跨国公司转让定价的具体情况，提出转让定价反避税的意见和建议；第10章阐述了研究局限与展望。

本书的研究工作得到国家社科基金项目"金融危机后中国应对国际反补贴的会计政策研究"（2010，批准号10BGL014）；上海市085重大招标建设（国际贸易学科群建设）项目"国际化经营环境下企业会计政策选择的贸易后果研究"（B-7114-12-402-085）；上海市085重点学科专业建设（国际贸易学科群建设）项目"我国与贸易伙伴间跨国公司转让定价税收规制比较与借鉴研究"（B-7115-13-415-085）的资金支持，也受到教育部人文社会科学研究项目"信息化条件下农业建设资金绩效审计方法、组织模式创新及软件创新"（项目编号：12YJA630002）教育部"人文社会科学研究项目"的资金支持。

本书撰写过程中参考了大量文献和资料，恕不能一一列举，在此对原作者们深表谢意。另外，互联网是本书成文的另一个重要参考来源。由于网上许多资料无法找到出处，所以书中如有内容涉及相关人士的知识产权，请给予谅解。

尽管作者做了最大努力，由于学识有限，时间仓促，本书的错误和不妥之处在所难免，希望读者不吝赐教，作者将深表感谢。

目　录

1 我国与贸易伙伴间跨国公司转让定价起源与改革过程的比较研究

本章摘要：

首先通过对我国与贸易伙伴间跨国公司转让定价理论根源的各自追溯及其成长历程进行描述，对美、日、中、英和加拿大几国关于转让定价的税收政策做了简介，从而比较全面、系统地认识我国与贸易伙伴间跨国公司转让定价的产生与改革发展，其次从国内和国际两个方面做了文献综述，指出我国文献主要集中在规范性研究上，实证、定量分析较少，期刊较多，而专著较少，本部分主要从理论研究与制度研究两方面进行分类和综述。

1.1 我国与贸易伙伴间跨国公司转让定价理论根源追溯及发展过程比较

转让定价避税一般在跨国集团各公司之间发生，由于集团中各公司遍及世界各地，在各国税收制度的差异、管理水平的参差不齐以及集团利益的驱使下，使得避税方式愈演愈烈，花样翻新，手段层出不穷，逐渐成为世界贸易发展的严重障碍。其主要危害，一是有违市场原则，不利于公平竞争；二是亵渎公平税负，破坏有序经济；三是税收流失，权益失衡。正因如此，美、日、中、英和加拿大在积极推进和参与世界贸易经济的过程中，不断强化国际税收管理中的突出问题——转让定价税收管理。防范跨国投资公司利用转让定价避税的行为,不断突出这项税收管理工作在本国税收管理中的地位和作用。

最常见的跨国纳税人逃税避税手段是转让定价和成本费用人为分配,为了遏制这一逃税、避税的途径,很多国家在税法上赋予税务机关一种权力,即根据"正常交易原则"对转让定价和成本费用人为分配重新进行调整。目前各国均建立了针对转让定价的法律体系,对关联企业发生的转让定价进行调整。现对美、日、中、英和加拿大几国关于转让定价的税收政策比较如下。

1. 美国

最早对转让定价调整立法的国家是美国。美国对转让定价采用的调整方法包括成本加利法、可比非受控价格法、利润分配法、再销售价格法、交易事项净毛利法等。需要注意的是,1994 年美国国内收入署公布了关于转让定价的最终条例,该条例扩大了最优方案的运用,与以往的条款不同,不再要求按固定的优先顺序采用各种方法。美国要求关联企业不仅要提供账簿、记录、合同、财务报表等信息,还要对定价政策和方法依据做出说明,并举例对其进行比较分析;此外,必须提供关联企业的组织机构及受控贸易情况等。美国是世界上第一个实行预约定价税制的国家,其对转让定价的罚则是:对一般少报所得的罚 20%,影响严重的罚 40%。需要特别关注的是,美国财政部所属国内收入署(IRS)于 1996 年发布了关于转让定价处罚条款《国内收入法典》第 6662(e)节的实施细则规定的收入,其核心内容是对过度的转让定价行为给予处罚,处罚分为两等。若转让定价下的价格等于或高于正常交易价格的 200%、等于或低于正常交易价格的 50%;或者调整净利润额等于或高于 500 万美元或经转让定价调整后总收入的 10%,则应给予应补缴税额 20% 的罚款。若转让定价下的价格等于或高于正常交易价格的 400%、等于或低于正常交易价格的 25%;或者调整净利润额等于或高于 2 000 万美元或总收入的 20%,则应给予补缴税额的 40% 的罚款。实际上,美国对转让定价的处罚措施体现了一项重要思想,即定价是企业的自主权,转让定价同样也是企业的自主权,税务当局可以对一般性的转让定价进行调整,却不能对其进行处罚。只有当过分的转让定价的目的与故意逃税没有实质差别时,才能对其进行相应处罚。

2. 日本

日本主要实行转让定价税制,该税制只适用于日本国内法人和与其有关联关系的外国独立法人所进行的关联交易,并要求外国独立法人总机构必须设在国外。

日本的《税收特殊措施法》第 66 条第 4 款也对转让定价做了专门立法,规定转让定价采取的调整方法有成本加利法、可比非受控价格法、再销售价格法和利润分配法。日本税务当局只要求提供账簿、记录、合同、财务报表等信息。日本也实行了预约定价协议。日本对通过转让定价逃税避税行为的惩罚和一般税法规定相同,那就是按照少报所得的 5%~10% 予以罚款,并按 14.6% 的年利率计收滞纳利息。

3. 中国

1991 年,我国建立了转让定价调整法规。《中华人民共和国外商投资企业和外国企业所得税法》第 13 条规定:外商投资企业或外国企业在中国境内设立的从事生产、经营的机构、场所及其关联企业之间的业务往来,应当按照独立企业之间的业务往来收取或者支付价款、费用。不按照独立企业之间的业务往来收取或者支付价款、费用而减少其应纳税所得额的,税务机关有权进行合理调整。该法实施细则明确了如何进行"合理调整"。纳税人不按独立企业之间的业务往来对其与关联企业之间的购销业务进行作价,当地税务机关可以依照可比非受控价格法、再出售价格法、成本加利润法、其他方法的顺序进行调整;纳税人与关联企业之间提供劳务、提供财产使用权和转让财产所有权等往来业务,假如不按独立企业之间业务往来作价,当地税务机关可以根据正常利率、正常收费标准、没有关联关系所能允许的数额分别进行调整。国家税务局颁布的相关文件规定了采用上述方法的原则与程序。目前我国还没有关于转让定价的处罚条款。一些学者表示,在市场经济条件下,企业可以根据市场供求状况自由自主地确定提供产品和劳务的价格,因为转让定价受法律许可,是企业的自主权。我们除了承认转让定价是企业的自主权外,还要承认政府对企业的转让定价进行调整的权利,以维护本国经济利益,但不能对其加以处罚。笔者认为,对应视具体情况来具体分析企业的转让定价行为,在做出调整之前,管理当局应注意从合同条款、经济环境、财产或劳务特性、企业所采取的商务策略等方面进行实质性的可比性分析,税务当局可以对一般性的转让定价进行调整,但不能对其处罚,从而维护企业的定价自主权。但对那些目的与故意的偷逃税已没有实质差别的过分转让定价,则可以参照美、日等国的做法对其加以处罚。但需要对所谓的"过分"给出一个明确的量化标准,同时配套相应的法律法规条款,以便操作执行。

4. 英国和加拿大

英国和加拿大从法律上规定,关联交易必须符合独立企业交易原则,如果不符合该项原则,税务机关有权对减少的应税收入和应纳税所得额进行调整。在完善立法的同时,英国和加拿大对关于转让定价的税收管理的具体执行措施也日趋成熟。在审计选案方面更加规范、科学,一般以交易额、资产额等经济要素的多寡、大小,按行业类别选择审计对象,提高了审计效益,节约了审计成本。在调整方法的选用上,将可比非受控价格法、再销售价格法、成本加成法等传统调整方法和利润法结合使用。在税收处理方法上,加大了申报内容和处罚力度,加重了跨国纳税人的法律责任。此外,针对资本弱化问题,英国和加拿大采取了严格控制自有资本和借贷资本比例的措施,规定比例为 1∶1,以限制税前利息列支和利用利息支付转移利润避税的行为。加拿大还在税法中做出实施预约定价(APA)的正规程序。英国虽未正式立法,但也在逐步推行。预约定价协议制度,是纳税人与税务机关就其关联交易与财务收支往来所涉及的方法,共同签约,使税务机关对转让定价的事后审计转变为事前审计,加强了税源监控,保证了税务机关依法征税,节省了审计时间,减少了诉讼。这是目前转让定价税收管理的一种尝试和突破。

转让定价税收管理的国际协调进一步加强。

一是在转让定价的税收实务管理方面,英国和加拿大非常重视由世界性组织颁布的转让定价处理规则,强调国际税收原则,一些世界性的组织如经济合作与发展组织(OECD)、亚太经济合作组织(APEC)、联合国(UN)都设立了税收委员会,专题研究转让定价税收问题,每年通过召开转让定价研讨会,探讨转让定价税收管理在各国实施的效果,交流经验,以协调各国的立场。

二是在转让定价税收处理方法方面,英国和加拿大不断探索各国之间新的税务行政合作方法,其中最重要的方法之一就是签署同期检查协议。转让定价税收管理一般是主权国家依照本国法律进行,但当涉及境外关联交易的调整时,往往难以与所在国税务当局取得一致,形成单方调整,而不能进行相应调整,造成双重征税。通过同期检查协议的签订,可以对同一跨国纳税人同一年度同时进行税收审计,在审计中,不断协调双方的观点和意见,为相应调整创造条件。与同期检查协议配套的还有检查官旅行协议和延迟纳税协议等,其作用可以使仅限一国行使的检查权,延伸到另一国实施,为国际范围的调查取证奠定法律基础。现在加拿大已对外签订了上述协议,为有效实施转让定价税收管理提供了条件。

三是英国和加拿大加强实施国际仲裁,进一步加强了国际税收情报的交换。对跨国纳税人转让定价实施审计、调整工作是一项极其复杂且综合性相当强的工作。审计周期长,调查、取证特别是可比第三方选择及可比性分析更为复杂,而关联交易的税收审计、调整又多集中在境外关联企业,因此英国和加拿大十分重视情报交换工作,旨在扩大查证范围。情报交换包括自动情报交换和专项情报交换两类。交换的范围、内容可根据各协定国需要签订协议,协定的签订和执行为情报交换提供了法律依据。转让定价税收调整往往会涉及国与国之间的税收利益,极易引起纠纷,协商、谈判、磋商必不可少。但由于各国法律制度有所差异,分析资料来源不同,立场、观点相距甚远。在多数情况下,双方很难达成一致意见,势必增加跨国纳税人的税收负担。为解决这一问题,英国和"欧洲共同体国家"共同签署了多边税收协定,针对转让定价税收处理所产生的纠纷,规定由双方同意的第三国经济专家进行仲裁,仲裁结果,双方无条件执行。这种做法在一定程度上使矛盾得到缓解,已引起各国的重视。

发达国家是资本和技术的主要输出国,在全球经济的激烈竞争中,拥有雄厚的资本和高新技术将在竞争中处于领先地位,基于此,跨国集团公司就成了这场竞争中的主要角色,因此,加大对跨国公司的税收管理,特别是转让定价税收管理就成为必然。英国和加拿大为此都设有专门机构处理国际税收问题,税收管理范围既包括境内居民境外投资,也包括境外居民境内投资,还包括非居民的税收。这种方式有利于管理的专业化和专业人才的培养、使用,有利于强化国际间税收处理的协调与合作,减少层次和扯皮,提高工作效率。在转让定价税收审计人员的配备方面,强调专业和经验的结合,一般来说,需要有 5 年以上审计工作经验的人,才能充任转让定价税务审计人员,而且要经过严格的培训。这些措施有力地推动了英国和加拿大开展转让定价的管理工作。

1.2 美、日、英、中和加拿大各国转让定价税收政策的比较

1. 从我国角度来看

将各国转让定价税收政策进行比较,对我国转让定价行为的有效规制具有极为重要的理论与现实意义。首先,更为深入地研究转让定价问题是对我国现有转让定价理论体系的一种完善和补充。我国改革开放的时间比较短,跨国公司的大量涌入也是近些年的事情,所以,对因跨国公司转让定价而造成的大量税收流失问题的认识与研究,也仅仅是处于刚刚起步阶段。我国目前已建立了一系列关于

转让定价的法律法规制度,但与西方发达国家相比较,尚处于初级阶段。比如,我国还没有形成一套完整的转让定价立法体系,其相关方面的规定仍散见于各类法律、法规、规章之中,使转让定价的规制缺乏系统性;又如,我国在转让定价制度的内容方面,也一定程度地存在着规定过于简单、随意、含混等问题。这些都不利于指导我国的转让定价实践。此外,我国对转让定价问题的税收规制更多的还是采取传统的事后调整方式,不仅投入成本大,耗费时间长,又极易造成税企之间的矛盾。对于世界普遍推崇的预约定价安排(advance pricing arrangement,以下简称 APA)的做法,虽然我国已在 1998 年引进,并在新《中华人民共和国企业所得税法》(以下简称《企业所得税法》)中以法律的形式正式予以规定。但在实践中,由于缺乏更为详细、具体、可操作性的法律规定,且相应配套的管理措施也没有及时跟上,因此在具体实施过程中随意性较大,效果不是十分理想。再从我国转让定价理论研究方面来看,规范性研究较多,实证性分析较少。散见于各类期刊的文章较多,相应的专著却很少。另外,很多研究只是停留在对国外制度的介绍与比较,缺乏创新和突出的成果。有鉴于此,围绕转让定价问题进行较为系统、全面的研究,不断完善我国财税及转让定价理论,不仅是一种积极的、有意义的探索,而且弥补了国内在这方面理论研究的不足。此外,深入、系统地研究转让定价的税收规制还可以促进、深化与转让定价理论相关学科,如经济学、管理学、会计学、财政学等方面的研究,从而拓宽我们的研究思路。同时,这种研究还能揭示转让定价背后的法学问题,促进相关法理和制度的研究,从而推动我国针对转让定价的全面立法及立法协调,进而形成一个健康、公平、有序的投资经营环境,推动中国经济的法治进程。其次,从实践方面看,转让定价问题的研究对我国目前乃至今后经济的发展将更具现实意义。我国已完全融入全球经济一体化的国际环境之中,跨国公司与中国企业及经济发展水乳交融、息息相关。同时,我国也有大批企业走出国门,到海外去开拓市场。因此,在这样的背景下研究转让定价问题有利于规范在我国投资经营的跨国公司的转让定价行为,使其能充分发挥积极的作用,更好地服务于经济发展。尽管上面所提供的这些数据仅仅是冰山一角,但足以令我们震惊不已。现代经济的飞速发展,世界贸易的不断拓展,已将人类引领到一个新的时代。而与跨国公司内部贸易如影随形、相伴相生的转让定价,在对世界经济产生一个向前推动的力量的同时,又因为其潜在的可能出现的不公允现象,而给国际贸易的发展,乃至全球经济的发展产生不可估量的抑制作用。因此,对转让定价问题的探讨与研究,无论于我国抑或是国际社会的发展都将产生重要且深远的影响。

2. 从国际角度来看

将各国转让定价税收政策进行比较,对跨国公司转让定价理论的丰富与拓展有着积极的意义。二战以后,世界经济获得了一定程度的发展,经济生活不断迈向国际化、一体化。在世界经济趋于全球化的大舞台上,跨国公司以其锐不可当之势成为经济全球化的主导力量,并成为世界经济增长的发动机。然而,在为世界经济与贸易的发展创造丰功伟绩的同时,跨国公司又凭借其自身的优势,运用各种手段来规避税收,直接影响了各独立主权国家的切身利益,破坏了国际税收公平分配原则,并由此引发了一系列其他方面的负面效应。其中最重要、最常见的手段就是转让定价。自20世纪中期开始,许多发达国家的政府就开始对转让定价予以关注。英国是最早研究转让定价的国家,早在1915年,该国便在财政法中正式提出了建立转让定价法律体系的要求。随后则是美国,于1917年在《国内收入法典》第482节中,对转让定价问题制定了专门的法律。此后,法国、德国、日本、澳大利亚、加拿大等其他国家也都纷纷响应。特别是20世纪90年代以来,更多的国家加入到对转让定价进行税收规制的队伍中来。应该说,经过这些国家的共同努力,转让定价行为在一定程度上已经被有效规制。但由于世界经济的不断发展,跨国公司经营活动的新现象频出,使跨国公司转让定价问题变得更加复杂,各国学者对其研究也在不断向纵深发展。但由于跨国公司的经营活动最初源于西方国家,对于转让定价的研究也更多是以发达国家为研究背景,而对于发展中国家转让定价税收规制的研究则较少。本文是以中国这一发展中国家最典型的代表为研究样本,研究我国转让定价的特殊性,以及如何根据发展中国家的特点来有效规制转让定价行为。因此,本文的研究将有助于进一步促进跨国公司转让为我国对外投资的企业提供有意义的借鉴。此外,对转让定价税收规制问题进行研究,还有助于我国税务管理部门对由于转让定价所造成的税收流失的规模和特性进行把握,从而对税收监管实践提供一定的指导和帮助。更为重要的是,内、外资企业所得税的合并改变了过去"一税两制"状况,对消除税收歧视,促进税收公平起到了重要作用。但同时,跨国公司为抵消由于新《企业所得税法》实施而带来的税收成本的增加,正在把如何充分运用转让定价问题置于最重要的工作日程上来。因此,在我国当前经济形势下,在将理论与实践相结合的基础上深入研究转让定价问题,具有十分积极的现实意义。

1.3 国内外文献综述

1.3.1 国外文献综述

在经济学研究的各个领域中，每向前迈进一步，哪怕只是一小步，都要以前人研究为基础。在对转让定价问题进行研究之前，回顾前人在这一问题上的探索和已取得的成果十分重要，一方面，可以通过吸收与借鉴前人的成熟理论为以后的研究奠定基础；另一方面，又可以使我们从中发现前人研究中尚未涉及或深入的领域，为未来的研究确立明确的目标或方向。作为一种管理手段，转让定价是随着社会化大生产的发展、公司内部组织形式的变化而产生。学术界在 20 世纪 50 年代对转让定价问题开始了系统的研究。但在最初的几十年里，只着眼于国内企业来研究转让定价。直到 20 世纪 70 年代后，由于跨国公司的迅猛发展，才将对转让定价研究的重心转移到跨国公司范围内，且以后的研究几乎全部涉及跨国公司的内部交易行为。目前，由转让定价所引发的税收问题已成为跨国公司与世界各国政府关注和研究的焦点。国内外学者围绕着跨国公司转让定价和相应的政府规制，从不同的角度对其进行了系统的研究。

1. 从跨国公司角度对转让定价的研究

主要包括：①研究视角。其中包括：内部管理角度，税收最小化角度，政府对转让定价进行政策约束角度，如何制定转让定价的实际财务与税务操作角度。②研究内容。主要包括：转让定价动机的研究，转让定价影响因素的研究，转让定价方法的研究，转让定价效应的研究。③研究方法。从边际成本分析法到数学分析方法，再到博弈分析法及信息经济学分析方法和交易成本方法。④研究对象。不仅包括有形交易，还包括技术、服务等无形交易。本文主要以研究内容为依据对相关研究成果进行分类梳理。

（1）转让定价的动机分析。可以将转让定价动机相关研究文献大致分为三类：避税动机、内部管理动机和外部市场战略竞争动机。首先，避税动机分析。当学者们从基于国内企业发展转向从跨国公司来研究转让定价时，由于跨国公司属于跨国界经营，而各国税收制度又各有差异，使学者们将研究的焦点集中在税收问题上。他们从不同角度，运用不同的方法详细分析了税务动机。例如，Horst（1977）通过研究得出，跨国公司通过专利费、一般管理费、利息支付等内部服务交易影响内部转让定价。Copithome（1971）指出，在面对不同国家的不同税率时，跨国公司会潜在地通过操纵内部贸易商品的价格，将利润从高税国转移到低税国。Baldeniusetal（2004）在国际经济背景下通过扩展 Hirshieifer（1956）的模型，研究税收激励转让定价选择问题，得出各国间的税率差别越大，在相关国家间转移的税基也越多。在实证研究方面，著名的国际会计师事务所安永、德勤、毕马威等的调查报告均显示，大多数跨国公司转让定价的首要动机是避税。跨国公司出于利润最大化目标而进行的避税性转让定价，是国际转让定价的主流。其次，内部管理动机分析。不少学者在研究中指出，跨国公司转让定价的动机并非完全出于避税动机，而更多的情况是由于在分权化集团经营管理中，总部和分部间信息传递受阻使得信息不对称时，加强企业内部协调与控制、提高管理效率的一种对策。如促使代理人与委托人之间的目标一致；评估代理人的业绩；提高代理人决策的自主性，等等。最后，外部市场战略竞争动机分析。国外很多学者如 Sehjelde 和 Sfrgard（1999）、Nielsen, Miller 和 Sehjelde（2001）在比较研究最优转让定价时指出，跨国公司转让定价既有税收目标也有战略目标。Hyde（2001）认为，随着因违反公平交易原则给予处罚的金额不断增长，以及被审查进而被处罚的可能性不断提高，跨国公司税收目的的转让定价越来越趋于保守，因此战略转移价格被作为补充以减缓税收转让定价调整的影响。

（2）转让定价的影响因素分析。20 世纪 70 年代后，当学者们转向对跨国公司的转让定价进行研究时，要考虑各国的税收环境和外部税收约束对转让定价的影响。例如：Copithome（1971）对垂直一体化的跨国公司进行研究时得出，外部税收约束会增强跨国公司进行避税的动机。在此基础上，后来的学者们研究了其他因素的影响。其中，Itagaki（1981）考虑了汇率风险因素；Sehjelderup 和 Sfrgard（1999）分析了市场竞争战略目标的影响；Bond（1980）认为市场环境、东道国中的竞争地位、子公司利润等诸因素同样影响着转让定价的决策。在实证研究方面，Emanuel 和 Mehafdhi（1994）指出跨国公司转让定价受集团战略、组织结构、内部交易尺度、业绩衡量与评价以及报酬体系等诸多因素的影响。Ting（1993）对 1990 年进行的《财富》500 强大企业的问卷结果进行了总结，调查结果显示，影响转让定价最重要的五个环境因素依次为：公司的整体利润，各国公司收入税率，东道国对子公司利润汇回的限制，子公司在东道国本地市场上的竞争地位，关税。

（3）转让定价效应分析。从很多文献中看到，学者们更多的是通过对税收效应进行探讨来研究转让定价。一般来说,转让定价使成本和利润在国家间转移,促进国际间税收的流动,从而引起税收及资源的再分配。从各主权国家来看,转让定价会使税收遭受大量流失。例如 Hirshlerfer (1956),Copithome (1971) 和 Kopits (1976) 等均对税收效应进行了相关分析。此外,仍有学者研究发现转让定价会产生其他方面的效应。如 Bond (1980) 指出转让定价会扭曲资源的有效配置;Diewert (1985) 认为转让定价行为可能导致全球范围内生产的扭曲;Diaw (2004) 研究了转让定价对东道国股东权益的影响,等等。

（4）转让定价方法决策分析。很多学者通过对跨国公司内部转让定价的方法进行研究,对最优转让价格的确定做出了很大贡献。总结起来,除了双重定价法、两部定价法、动态转让定价法等适用于特定环境的中间产品内部交易的方法外,主要对基于成本的转让定价法、基于市场的转让定价法、协商转让定价法这三种方法进行了大量的研究。

2. 从政府角度进行的研究

一方面,在跨国公司内部贸易中作为一种有效的价格机制,转让定价对跨国公司实现全球战略目标发挥了巨大作用。另一方面,转让定价加深了各国之间的税收流动,对独立自主的国家产生了严重的影响。正因为如此,很多学者纷纷将研究焦点转移到政府的角度,主要包括对转让定价调整方法、政府与跨国公司之间行为博弈和转让定价制度建设等方面的研究。

（1）转让定价调整方法的研究。在纳税调整方法体系的研究中,最有代表性的是哈罗皮和斯尼 (1987;1991;1996) 的三篇著作。这三篇文章从经济学效果的角度分别讨论了转让定价纳税调整的几种方法,研究得出转让定价调整规则的引入会导致资源配置发生扭曲。Dicker 和 Carlson (1992) 以及 Rolhnson 和 Hotson (1992) 根据美国税收政策的调整,对转让定价的可比利润区间方法以及无形资产交易中可比非受控交易和可比财务信息的不可获得性进行了详细的讨论。Hines (1995) 认为运用公平交易原则对无形资产转让定价进行调整,具有一定的困难,远远超过在有形中间产品的内部交易价格调整中的运用。Halperin 和 Srinidhi,以及 Slson, Kan 和 Smith 分别引入了不同的环境条件,通过比较可比非控制价格法 (CPU) 和可比利润法 (CPM) 的不同,进一步分析了如何在不同环境下选择合理的转让定价规则。Guttorln, Schjelderup 和 Alfons Weichenrieder (1998) 合作发表了《贸易、跨国公司和转让定价法规》,该文章对美国税务当局将"价格调整法"调整为"利润调整法"时对国际贸易量产生的影响进行了探讨,发现美国从价格调整到利润调整的这一转变不仅使税基免于损害而且很好地保护了贸易。特洛和阿特金森(1999)则对各种转让定价调整的方法进行了详尽说明,并阐述了各发达国家的转让定价政策管理和一些行业里的转让定价情况。Hastbacka(2003)对美国跨国公司如何确定内部转让的无形资产价值进行了研究,认为 APA 方法被普遍用于无形资产交易转让定价的管理中,但运用各种资源直接进行经济分析时较为复杂且需耗费一定的时间。Hastbacka(2003)提出由行业协会建立类似技术和无形资产数据库来确定无形资产的价值,使得 APA 方法中直接确定价值的方法变得更加省时、更加简单。

(2)政府与跨国集团行为的研究。20 世纪 90 年代之前,研究更多集中在跨国公司如何进行最优的转让定价,在给定各国政策措施的条件下,也研究了部分由转让定价导致的外部利益相关国家的应对措施。从 90 年代开始,跨国公司不断发展壮大,引起各国政府对在本国的外国跨国公司利用内部交易转让价格转移利润问题的关注,使得转让定价理论研究的重点转变为跨国公司与政府间的行为博弈。Prusa(1990)从信息和博弈角度对政府如何管理跨国公司转让定价进行了探讨,借助博弈论里的显示原理得出激励相容的政府管理跨国公司转让定价政策。Stoughton 和 Talmor(1994)以及 Gresik 和 Nelson(1994)主要研究的也都是单个国家(东道国)与跨国公司之间的博弈。Bond 和 Gresik(1996)则使用产业组织理论里的共同代理方法,更进一步研究作为委托方的两个国家(母国和东道国)与作为代理方的一国(跨国公司)之间的不完全信息博弈。Elitzur 和 Mintz(1999)运用不完全信息的静态博弈方法分析和探讨了母国、东道国及跨国公司的转让定价政策。Mansori 和 Weichenrieder(2001)发现,相互竞争的两国政府,如果一味追求自身税收最大化,导致对跨国集团的双重征税,使企业的贸易积极性降低,从而对进出口贸易产生不利的影响。Ida(2005)用博弈论的方法重新研究了跨国公司利用转让定价进行避税的博弈,并提出相应的建议,政府应该长期坚持提高管理审查水平来约束转让定价行为,以避免利润转移或税基流失。

(3)转让定价税制建设的研究。由于跨国公司主要集中在美国、欧洲和日本等国家,因此,这些国家在转让定价的立法及实践操作上要远超我国。最早颁布转让定价法律的国家是英国,到 1917 年,美国开始在《国内收入法典》第 482 节中对转让定价作出专门规定。而后又经过几次修改,现已被世界大多数国家和经济合作与发展组织（OECD）所参照并引用。德国、法国、韩国、加拿大等国也均有具备自身特色且较为详尽的转让定价法律和法规。从 1979 年起，OECD 通过指南的形式对转让定价予以详细规定，已成为很多新近立法的国家的范本。目前，转让定价税制的基本原则——公平交易原则已被世界各国广泛接受。对于具体调整方法，OECD准则以传统交易法，即可比非受控价格法、再销售价格法、成本加成法和交易利润法，即交易净利润法和利润分割法作为推荐的主要方法。除上述两类主要方法外，目前一些税务当局还试图使用全球公式分配法。倡导该法的国家认为应将全球公式分配法作为公平交易原则的替代方法并加以推广。但 OECD 成员国坚持支持多年来使用的公平交易原则，并一致反对将全球公式分配法作为公平交易原则的理论替代。由于转让定价制度是对转让定价行为的一种事后调整，因此引发了征纳双方的许多矛盾。为调和这些矛盾，由日本首倡的 APA 正逐渐被世界各国所接受。1987 年，日本提出"事先确认制度"，这是 APA 的雏形。随后，美国对其进行了进一步发展，并于 1991 年签订了第一个 APA。美国这一制度的成功运用激起了 OECD的极大热情，于是《按照相互协商程序实施预约定价安排的指导原则》（以下简称指导原则）在 1999 年 10 月诞生。该指导原则主要包括 APA 实施的背景、条件、申请、签订和监督五个部分。而后 Cole 和 Goldberg（1995）介绍了 APA 的优越性、在各国的实施情况以及 APA 的基本步骤。Gilderon（1996）描述了 APA 的特点和主要内容。Durst（1998）研究了在世界范围内转让定价的特点和采用 APA 的优越性及其具体措施。Ting（2000）认为 APA 的实施将会对不能实施 APA 的纳税人产生冲击，并将对整个税收体制和行政管理体制产生深远的影响。

1.3.2　国内文献综述

　　我国学者只有很少一部分站在跨国公司的角度来研究转让定价，主要从政府角度对转让定价问题作出大量研究，通过对跨国公司转让定价的动机、方法、影响进行分析，得出转让定价侵蚀我国税基的负面效应，并从政府角度寻求相应的应对措施。我国文献主要集中在规范性研究上，实证、定量分析较少，期刊较多，而专著较少。本文主要从理论研究与制度研究两方面进行分类和综述。

　　1. 理论研究方面

　　我国学者最初主要是从国外发达国家的理论与实践两个方面对转让定价进行研究。如由王铁军教授编著的《转让定价及税务处理的国际惯例》，主要介绍了日、美两国转让定价的税收制度,并从管理学的角度分析了转让定价的方法。另一重要著作是由国家税务总局税收科学研究所翻译的,在 1997 年出版的《全球经济中的转让定价策略》。该书介绍了 20 世纪 90 年代初期关于转让定价的研究成果,主要是站在税收的角度探讨税收制度和转让定价的方法。苏晓鲁、姜跃生等联合编译于 2006 年出版的《跨国企业与税务机关转让定价指南》,属于关于转让定价制度方面的最新译著。该书以 1995 年版的 OECD 指南为基础,又附加了 1996 年至 1999 年所增加的有关无形资产与劳务的交易、成本分摊协议、APA 等内容,是迄今为止最全面、最权威、最具指导性的译著。此外,曲晓辉、杨金忠(1999)对安永会计公司对全球转让定价的调查结果进行了介绍和分析;杨斌(2001;2002)对美国和 OECD 所制定的两个具有典范性的转让定价规则作了系统的比较研究,等等。在博士论文方面,复旦大学王顺林博士的《外商投资企业转让定价研究》(2002),西南财经大学张学斌博士的《转让定价税制研究》(2002),西南财经大学慕银平博士的《企业集团转让定价策略研究》(2004),华中科技大学胡勇辉博士的《转让定价税制与反避税》(2004),东北财经大学姚蕾蕾博士的《转让定价研究》(2005),中国人民大学何玉润博士的《外商投资企业转让定价与税收管理》(2006),同济大学徐勤博士的《跨国公司转让定价反避税研究》(2007)等都对此类问题有过研究与探讨。我国实证性研究文献不是很多,主要有:邹昭烯(1999)在《跨国公司定价系统分析》中用较短篇幅,从股权角度对合资跨国公司股东之间由于转让定价而产生的利益进行博弈分析;詹明清等人于 2000 年根据企业集团的特点,结合微观经济学、管理经济学知识,运用数学方法,提出了边际成本制定内部转让定价方法;慕银平的《企业集团转让定价策略研究》博士论文,在总结前人研究成果的基础上,逐步放松假设条件,并结合现实企业集团的内外部组织环境,分别对企业集团转让定价方法进行了进一步的研究。

2. 制度研究方面

20 世纪 70 年代末,我国开始实行对外开放政策而引进外资时,还没有关注到转让定价问题。后来开始出现区域性的管理办法,即深圳市人民政府于 1987 年颁布的《深圳特区外商投资企业与关联企业交易业务税务管理的暂行办法》。直到 90 年代,我国才开始对转让定价问题从立法角度予以规范。1991 年 4 月,全国人民代表大会通过了《中华人民共和国外商投资企业和外国企业所得税法》,其中第十三条首次对我国的转让定价制度进行了相关立法。之后,我国又陆续制定、颁布了一系列相关法律、法规。如《中华人民共和国外商投资企业和外国企业所得税法实施细则》(1991),《中华人民共和国税收征收管理办法》(1993)及其实施细则等。1998 年出台的《关联企业间业务往来税务管理规程(试行)》(以下简称《管理规程》),则正式标志着我国转让定价制度体系的初步完成。《管理规程》对以前关于转让定价管理的各方面做出了总结性规定,并完善了其中许多内容和程序。紧随其后,国家税务总局又以文件形式下发了《涉外税务审计规程》(1999)、《关于规范和加强国际税收管理工作的通知》(2002)、《关于进一步加强反避税工作的通知》(2004)等。这些都是继《管理规程》之后,为维护国家税收权益,保障税收公平,加强转让定价管理的重要举措。为了加强转让定价的立法,提高转让定价制度的权威性与规范性,我国又于 2008 年 1 月 1 日颁布了新《企业所得税法》及其实施条例,并以专门的"特别纳税调整"一章对转让定价问题进行了法律上的规定。这两部法律、法规的实施,使我国转让定价制度再次跃上新的台阶。2009 年 1 月 1 日,国家税务总局又颁布实施了《特别纳税调整实施办法》。该规章的出台使我国转让定价制度的可操作性有了进一步提高。关于 APA 方面,有些学者是以介绍的方式引进了一些国家的先进经验并作以简要评述。如张蓉(1997)、刘永伟(2001)、李鹏程(2001)、张文春(2001)等分别对美国、OECD、欧盟、澳大利亚、加拿大、日本等国有关 APA 的通行做法和主要内容及实践程序作以简要介绍;此外,还有许多学者通过探讨 APA 在我国的必要性和可行性分析,并结合我国实际情况提出推行 APA 的具体方法,如高正章(2000)、王顺林(2002)、李明辉(2003)等都分别分析了 APA 的优缺点以及在我国的适用性,并提出相应的方法和具体措施。

2 我国与贸易伙伴间跨国公司转让定价理论溯源、起源发展研究

本章摘要：

  本章首先定义了跨国公司转让定价的含义，认为通常是指集团公司基于降低集团整体税负的需要，人为地安排不符合正常商业目的和独立交易原则的内部交易，区别于正常市场交易价格的内部定价标准和交易价格；其次对跨国公司转让定价的理论进行挖掘和归纳；并对我国与贸易伙伴间跨国公司之间转让定价的影响因素进行了分析，进一步阐述了跨国公司转让定价的起源和发展等问题，旨在为我国提出相应的转让定价税收规制措施提供理论借鉴。

2.1 跨国公司转让定价

  本书所要研究的范畴，仅将转让定价界定在跨国公司集团内部的跨国交易中。原因有三：一是与 OECD 对转让定价的研究范围相吻合；二是在我国的转让定价问题中，跨国公司内部间的转让定价行为更为严重，影响更大；三是由于转让定价涉列范围较广，为在有限的篇幅内使研究更有针对性。鉴于此，全文将重点放在跨国公司的转让定价问题的研究上来。下文中所提及的转让定价均指跨国公司转让定价。所谓跨国公司转让定价又称国际转让定价，是指跨国公司为追求

整体利益最大化,以其全球经营战略目标为基础,在跨国公司内部各关联方之间进行跨国界购销商品、提供服务、转让无形资产、融通资金等交易时确定内部交易价格的行为。

2.1.1 跨国公司转让定价的理论溯源

在当今世界贸易舞台上,跨国公司犹如一颗璀璨的明星,日益放射出耀眼的光芒。而与其相伴相生的转让定价也如这放射的光芒,愈发显示出其发展的强势,并在世界经济生活中大量地繁衍与生存。虽然笔者不赞成"存在即合理"的立论,但转让定价之所以能大量存在必有其深层的经济、社会与制度基础。只有充分了解了这些基础,我们才能有效地运用各种规制手段进行有针对性的监督与管理。在此方面,经济学的理论分析方法往往是学界常用且被证明最为有效的分析工具。下面我们就沿循与国际转让定价相关的经济学理论的传统进路展开分析。

1. 新制度经济学假设理论

新制度经济学中关于人的行为的四个假设,为我们更好地理解与认识转让定价奠定了分析的理论基础。这四个假设是:

(1)经济人的假设。这一假设是由经济学之父亚当·斯密首先提出来的,他认为人的一切行为都表现为趋利避害,实现自身利益最大化。

(2)有限理性的假设。新制度经济学代表人物诺斯对这一假设有极为深刻的阐释。他指出人的有限理性包括两个方面的含义:一是环境的复杂性,人们实际的经济活动交易往往充满复杂性和不确定性,随着交易量的增加,这种不确定性随之增加,信息的不完全更加明显;二是人们不是无所不知的,因此对环境的认识和估计具有一定的局限性。

(3)信息不完全的假设。在现实环境中,信息不仅具有不完全的特征,而且还具有不对称的特征。这样人们便可以利用这些特点,通过采取欺骗、偷窃、说谎等手段隐瞒信息,进而从中获利。许多学者曾经有过这样的断言:经济学中的一切问题都可以从信息不对称和信息不完全中找到本源。

(4)机会主义的假设。新制度经济学将人的机会主义行为看作是经济主体的一个重要特征,它主要是指人类具有的随机应变、投机取巧、谋取自身利益最大化的行为倾向。

经济学理论对经济主体的拟人化,使得以上关于人的行为的假设具有了经济分析的适用性。通过模型分析,经济学家们发现如果将经济主体看作一个个体时,其行为与一般自然人作为个体时的行为有极大的相似之处。因此,基于分析和制度设计的有效性,经济学上将经济组织拟人化,并创设了"经济人"的概念。根据以上这些推理,我们就可以安全地得出结论:经济主体也同样是以追求财富最大化为前提的理性经济人。有了上述这些假设,我们再来解释跨国公司缘何对转让定价如此青睐便有了充分的理由与依据了。因为跨国公司能利用其内部化优势,通过运用转让定价,实现自身利益最大化和全球战略目标。另外,在世界经济加速一体化、全球化的今天,跨国公司越来越多地要面对纷繁多变的、激烈的市场竞争。而我们所处的市场是一个并非完全竞争的市场,因此跨国公司拥有的信息渠道是有限的,信息往往是不对称的。再加上跨国公司自身认识能力的有限,故而理性有限成为一个无法回避的现实。跨国公司要在这样一种情况下付出更大的成本,如计划成本、适应成本、信息收集成本、监督成本等,同时也要面临更大的经营风险。而转让定价的运用,则使跨国公司能抛弃外部市场的制约,从而减少外部市场所带来的风险和附加的成本。还有,在跨国公司内部实行转让定价,可以根据公司不同时期的战略目标,人为调整各子公司的利润。例如为提高位于某国一子公司在当地的声誉,可人为转入利润;为帮助某国子公司提高当地的市场占有率,可以非常低的价格销售,等等。这些都是机会主义的一种表现形式。上述所有这些功能的实现,转让定价功不可没。

2. 跨国投资理论

跨国直接投资而形成跨国公司,而跨国公司的对外直接投资是内部贸易产生的前提,没有企业的跨国投资,就不会产生跨国公司内部贸易。而跨国公司内部贸易的存在又成为了转让定价产生的必要条件。由此我们得出结论,跨国投资理论是转让定价理论的基础。跨国投资理论主要包括垄断优势理论、内部化理论、生产折衷理论等,这些理论都使我们进一步理解和认识跨国公司的转让定价。

(1)内部化理论。跨国公司缘何不使用现存的外部市场价格来处理内部贸易,而偏要另辟蹊径,通过建立内部转让价格进行内部交易呢?内部化理论会提供给我们最佳的解释。内部化理论起源于1976年英国学者卡森和伯克利合著的《跨国公司的未来》。虽然该理论继续以市场的不完全性为前提,但是它强调的是市场不完全性如何使企业通过内部使用取得垄断优势并将其保留,以不同于垄断优势理论所认为的垄断优势由市场不完全性导致。当市场内部化迈出国界时,跨国化经营的舞台就形成了。

（2）垄断优势理论。垄断优势理论是海默于 20 世纪 60 年代创立的。他指出：在完全市场条件下，相对于东道国，企业不具备任何垄断优势，因而企业没有必要对外投资。但现实情况下的市场是不完全的，企业拥有诸如先进技术、研发能力、原材料控制、销售体系以及管理水平等垄断优势。这些优势的存在导致了企业对外直接投资的发生。垄断优势理论既是跨国投资理论的重要组成部分，同时也有利于对跨国公司转让定价的深入理解。在众多的优势中，技术优势是最重要、最核心的，同时也是东道国最渴望的东西。由于存在不完全的外部市场再加上技术本身所具有的隐蔽性等特点，致使其价格通过市场交易难以确定。因此，当企业具有了这种技术垄断优势时，就可以自己操纵技术的价格，也为其在跨国企业内部之间价格的转移提供了基础。

内部化理论的主要观点：

一是内部化形成的主导因素是外部市场失效。内部化理论认为，市场主要由两大类组成，包括受价值规律和供求关系共同作用的外部市场以及不受外部市场制约的、为实现全球战略和利润最大化目标，由跨国公司决策机构人为制定内部转让价格的内部市场。由于外部市场的不完全性，导致交易成本很高，在国际投资领域，跨国公司正是按此逻辑，通过建立对外直接投资的内部市场来取代外部市场。拉格曼曾说："内部化是一个过程，企业在建立内部市场的过程中逐渐取代了缺少的外部市场，同时，企业的内部（计划）价格润滑着这一机构，促进内部市场的运转，发挥正常市场的作用。"

二是中间产品市场的不完全是促成内部化形成的另一重要因素。所谓中间产品是指那些不能直接满足消费者需求的、需要进一步生产、制造成最终产品的物品。中间产品包括原材料、半成品等有形物品，也包括蕴含在专利权、人力资本中的知识产权等无形物品，而这些无形物品比有形物品更为重要，其所具备的特殊属性是有形产品无法比拟的。如成本方面具有初始投入大、风险大、耗时长、费用高等特点；效益与价格的不确定性；知识产权的易逝性；知识产品市场的局限性，等等。由于无形中间产品存在上述这些特点，加之近些年来，各国对科研方面的高度重视，致使中间产品在种类、性能、质量方面得到迅速提高。因此，企业迫切需要有一个较完善的中间品市场来协调和配合其生产经营，使其利益得到准确的度量与保障。所以，充分发挥企业内部化优势，节约交易成本以及努力克服中间品市场的不完全便成为顺理成章的事情了。

三是内部化收益——成本的权衡是形成内部市场的根本动机。内部化理论认为,内部化也须支付代价,即内部化同样会产生成本。但只有当内部化收益既超越内部化成本同时也超越了外部市场的交易成本时,企业才有从事内部化的动机。事实上,跨国公司内部化的直接动因恰恰是源于内部化收益。这些收益包括:节约交易成本,减少不确定性,容易实行定价策略,降低经营风险,消除道德风险和逆向选择,减低政府干预的影响,等等。内部化理论是一种新型理论,它突破了传统经济学分析局限来研究跨国公司运行机制,深刻揭示了跨国公司内部贸易产生的根源。在前面的论述中,我们反复强调内部贸易理论与转让定价的同根共生的关系。没有内部贸易的存在,也就不会有转让定价的存在。因为转让定价的产生是以内部贸易为依托的。反之,没有转让定价机制发挥作用,内部贸易也不会得以有效运行。因此,作者以重墨来描述内部化理论,就在于它在解释跨国公司内部贸易形成原因的同时,也同样解释了转让定价的成因。

(3)生产折衷理论。生产折衷理论是1977年英国里丁大学教授约翰·邓宁在其著作《国际生产与多国企业》中提出的。邓宁认为,只有当企业具备所有权优势、内部化优势、区位优势这三个特定优势才会对外进行直接投资。所有权优势是指跨国公司拥有技术、管理技能、生产规模、融资优势等特定优势。内部化优势是指跨国公司通过内部使用所拥有的资产及所有权带来的特定优势。区位优势是指跨国公司在对外直接投资的区位选择上拥有特定优势,包括由于东道国的某些有利因素而形成的直接区位优势和东道国的某些不利因素而形成的间接区位优势。邓宁的生产折衷理论是集百家之长,熔众说为一炉的一般性理论。它融合了其他跨国公司的对外直接投资理论,将国际贸易、对外直接投资与技术转让置于统一的理论体系之中,进一步揭示了跨国公司内部贸易产生的根源。正是因为跨国公司内部贸易拥有这么多优势,而转让定价又是融入内部贸易的发展之中,并成为内部贸易众多功能得以实现最核心、最重要的机制与手段,因此,生产折衷理论虽然不是直接作为转让定价理论,但其在阐释跨国公司内部贸易成因的同时,也深刻剖析了转让定价的成因。

3. 分权化理论

制度经济学指出,由于外部市场的不完全和信息的不对称,因而导致了交易费用很高。企业则是节省交易费用并弥补上述不足的产物。但同样的问题也出现了。

企业的存在节省了交易费用,但企业内部也同样存在交易费用,如管理费用、监督费用,等等。而且伴随企业规模的不断扩大,企业由原有的集权体制发展为分权体制,其管理和监督费用也在成比例的上升。在分权化下,由于规模的扩展、分工的细致以及管理模式的复杂,使得各分权部门无法将其信息完全提供给高层管理者,高层管理者也难以掌控企业的全面生产经营情况,做出适时、适当的决策,因而在高层管理者与各分权部门之间产生了纵、横两个方向的信息不对称。此外,由于在分权化下,由于委托—理风险的存在,高层管理者与分权部门之间很可能出现目标与利益不一致的情况。由于信息的不对称,就很难保证分权部门能够按照集团统一指导要求进行生产和销售,可能受自身利益驱动出现败德行为。二者间的非合作博弈状态必然会对企业集团的内部资源配置效率产生不利影响,而资源配置效率需求是产生资源配置机制的重要原因。因此,为了提高资源的利用效率和实现集团战略目标,高层管理者势必引进相适应的资源配置机制,用来监督各分权部门的生产运转和评估各部门的经营业绩。实践证明,跨国公司的转让定价机制符合多分部企业集团的资源配置机制的要求,在这种机制下,通过选择合理、恰当的转让定价方法,对分部经营业绩进行有效评估,对集团全球税负进行合理安排,以及进一步促使分部自主性地做出决策,从而有利于企业集团实现整体利益最大化,并实现二者最终目标和利益的协调与平衡。企业集团内部转让定价机制是集团分权经营管理模式中最为重要的决策机制,它能够在分部与总部潜在利益冲突的处理过程中激励分部管理者做出最佳的生产经营决策,从而提高企业的经营效率。

综上所述,从企业内部管理角度来看,分权化理论这一理论基础有助于我们更加真实、清晰地分析和研究跨国公司转让定价的存在机制。

2.1.2 跨国公司转让定价的起源和发展问题

自跨国公司内部贸易产生以来,跨国公司已纵横捭阖于世界经济舞台几十载。跨国公司转让定价与跨国公司内部贸易如影随形,始终相伴相生,形影不离。可以说,跨国公司内部贸易为转让定价的产生与存续提供了土壤与温床。因此,我们要研究转让定价问题,首先就要充分了解跨国公司内部贸易的发展历史、本质与特性,脱离了跨国公司内部贸易而单纯去研究跨国公司的转让定价问题则无异于"空中楼阁"。跨国公司内部贸易是指跨国公司中母子公司或子子公司之间货物和服务的交易,即跨国公司组织内部的产品、原材料与服务的国际间流动,主要包括原材料、设备、零部件、产成品和技术以及经营过程中所发生的会计、咨询、营销、律师等相关服务。

　　跨国公司内部贸易的产生与发展历程是与跨国公司的成长过程相一致的。企业跨国化经营早在 16 世纪就已经开始。最初的贸易仅局限在产品贸易方面。后来随着世界经济、科技的不断向前发展,有贸易往来。随着二战后对外投资的飞速发展,很多知名跨国公司的经营战略逐渐由多国国内战略转变为全球一体化经营战略。由于一体化的出现,企业组织也随之由集权形式向分权形式演变,一个企业内部出现了多个利润中心,各利润中心之间要彼此进行交易,由此便拉开了跨国公司内部贸易的序幕。跨国公司内部贸易之所以产生是由于内、外部因素综合作用的结果。从理论上讲,一是因为外部市场存在一定的缺陷,使企业难以通过一般性的国际贸易实现其目的;二是因为内部市场能够在一定程度上克服外部市场的缺陷,通过内部贸易使其利益达到最大。而跨国公司这种跨国界的内部交易需要建立一种内部机制以进行协调与管理,转让定价以其自身所具有的特殊属性便当仁不让地担当起这一角色,跨国公司转让定价由此而产生。正如 Chandler（1977）在其论文中指出的那样:当企业采用完全集权形式的职能结构,只有一个利润中心的时候,从纯粹技术角度考虑,不存在由多个利润中心之间的交易引起的转移价格问题,只有当企业在内部的利润中心之间转移产品时才涉及到转移价格。由此可见,跨国公司内部贸易是转让定价诞生的摇篮,而转让定价的存在又促进了跨国公司内部贸易功能的发挥,二者在发展的进程中是相辅相成,互相促进的。

2.1.3　跨国公司转让定价的发展历程问题

　　最初转让定价的使用主要是为财务、会计服务的。因为跨国公司规模的不断扩大要求有更加复杂的成本管理和财务业绩计量。要想顺利地开展复杂的内部生产活动,建立与其对应的内部计价方法是应当重点考虑的问题。此时的内部定价仅仅是跨国公司内部的一种计量和管理工具。在跨国贸易发展的初期,由于跨国企业的规模较小,贸易量有限,产品成本中关税的比例较小,对企业营业成本和利润的影响不大。等到各国开始实行贸易保护政策,关税的持续增加无形中给跨国企业的贸易往来施加了压力。此外,根据税收主权原则,各个国家可以依据其政治、经济和法律环境制定不同的税收政策。跨国贸易受到东道国税务机关的管理和控制,东道国为了保障其税收收益,会对跨国公司进行重复征税。在这种情况下,如何降低自身的纳税压力成为跨国公司不得不考虑的问题,它们开始利用不同国家税收的差异,通过转让定价来转移利润,转让定价成为了一种逃税避税工具。20世纪90年代,公司治理上升为跨国公司的战略目标,控制系统的建设开始成为跨国公司管理层纷纷努力的方向。转让定价作为管理控制系统的一重要组成部分,与系统中的其他组成部分相互协调,以实施公司战略。企业经营活动中,转让定价开始发挥其激励作用,充分调动管理层的积极性,促进企业的良性发展。

2.2 影响跨国公司转让定价的因素

国内外的研究学者们已对转让定价的影响因素进行了多方位的探讨。如美国学者杰·波恩(1980)在其所撰写的《美国跨国公司转移价格定价策略》一文中将对转让定价的影响因素归纳为14项(见表2.1)。这是他对美国62家公司调查后得出的结论。而后,杰·波恩又将这14项统计出来的因素进行了分类,总括为五大类,即:外国内部环境(包括外国竞争状况与外国市场条件),影响现金流动的因素(包括美国出口优惠、外汇管制、浮动汇率、现金流动管理),人为障碍(包括关税、外汇管制、进口限制),税收(包括美国联邦所得税、美国联邦其他税收、外国税收),经济结构(包括美国出口优惠、外国经济状况)。

表2.1 转让定价影响因素排序表

按重要性排序	影响因素
1	外国市场条件
2	外国竞争状况
3	国外子公司合理利润
4	美国联邦所得税
5	外国经济状况
6	进口限制
7	关税
8	价格控制
9	外国税收
10	外汇管制
11	美国出口优惠
12	浮动汇率
13	现金流动管理
14	美国联邦其他税收

　　另两位美国学者 J. 巴贝哈和 J. K. 瑞安也曾就列入美国《财福》杂志 500 家大公司行列中的 51 家美国消费品跨国公司定价行为进行了调查,并在他们所撰写的《若干国际定价问题》一文中,将企业认为最为重要的影响跨国公司转让定价的因素罗列出来(见表 2.2)。

表2.2　跨国公司转让定价最重要影响因素表

次序	定价时考虑的因素	平均等级值	把该项作为最为重要等级的企业
1	生产成本	4.92	22
2	国际竞争对手价格	4.92	20
3	国内竞争对手价格	4.30	15
4	顾客需求	4.24	12
5	运输成本	3.58	7
6	中间人要求加成	3.17	4
7	关税与不同税收	3.10	4
8	广告与促销量	1.97	1

　　同样,Tang(1993)在对列入 1990 年《财富》500 强大企业的问卷调查结果进行总结时,发现影响转让定价的因素主要有 5 项,其顺序依次为:①公司整体利润;②各国公司收入税率的差异;③东道国对子公司利润汇回的约束;④子公司在东道国本地市场上的竞争地位;⑤关税。此外,还有许多学者从理论与实证两方面分别研究、论证对跨国公司转让定价的影响因素。综合上述这些方面分析,我们可以将对转让定价的影响因素大致分为内部影响因素与外部影响因素两部分。

2.2.1　内部影响因素

　　1. 股权结构的影响

　　就股权结构的影响方面,先前的学者展开了激烈的讨论,且持不同的观点。Konrad(1999)表示,跨国公司采用合资企业形式对外投资,目的是为了节约交易成本而不是避税;Kant(1988)证明了合资企业往往会有转移小股东利润的动机;Desaietal(2002)用美国的企业数据研究跨国公司所有权形式的演变对其转让定价行为的影响。回归分析显示独资子公司更利于跨国公司通过转让定价在内部转移收入,减少公司整体税负;Diaw(2004)认为,当跨国公司控股超过一半时,都将严格地降低东道国的福利；我国学者王顺林在其《外商投资企业转让定价研究》的博士论文中，通过定量分析，得出结论：跨国公司在合营企业中的股份比例越小，向中外合营企业高价转让中间产品的动机越强。

2. 公司组织结构分散程度的影响

跨国公司的组织结构大致分为集权化与分权化两种结构，不同的组织结构本身并没有什么优劣之分。很多国际集团组织建设的经验也证明，当不同情况时，集权管理与分权管理这两种组织结构都有各自的成功范例。但公司的集权或分权程度却对跨国公司转让价格定价系统产生极大的影响。Dawson 和 Miller（2000）研究了集权管理和分权管理的跨国公司如何制定内部转让定价。两者的区别在于实行集权管理的跨国公司的内部交易量不依赖于转让价格，转让价格的范围受相关国家公司税率的影响；分权管理的公司的内部交易量依赖于转出与转入部门的供需状况，从而是转让价格的函数。因此，集权管理的跨国公司制定内部转让定价系统时，转让定价的（税收）政策遵从程度高于分权管理的公司。公司内部面临不完全信息的情况下，分权公司内部谈判确定转让定价时，会发生财务转移。转让价格有可能在公平交易值域以外，但会比集权公司更接近公平交易价格值域的边界。当然，还有一些公司兼集权管理与分权管理于一身，即对不同部分的产品实行不同的管理方式，因此就要同时运用多种转让价格定价方法。综上，我们看到，跨国公司在确定国际转让价格定价系统时，总要考虑公司的分散程度这一影响因素。只有这样，才能保证公司组织管理体制的有效运行，提高其经济效益。

3. 公司的业绩评价体制

所谓业绩评价体制，是指跨国公司集团对各利润中心的工作业绩和经营效果进行严格的考核、评价，再根据考核的结果实施相应的奖惩，以帮助利润中心的主管人员发现问题，进而解决问题，以最终实现集团的战略目标。业绩评价体制的实施对转让价格定价系统有着明显的影响。当跨国公司在选择一种转让定价方法时，都要慎重考虑这种方法的运用是否能对公司下属的各子公司或分支机构的经营绩效进行充分和科学的计量，并且能对下属各公司产生激励作用。由此可见，公司的业绩评价体制是转让价格定价系统的重要影响因素和决定因素。

4. 公司管理信息系统的影响

跨国公司的转让定价机制的建立与企业的管理信息系统特别是内部管理会计信息系统密切相关。前者不仅依赖于后者，在某些具体内容和目标上二者也是相互融合、相互交叉的。很多实证研究表明,管理信息系统产生的数据不同,对公司确定转让定价方法的作用也不同。Siegel 和 Fouraker（1960）认为,对会计信息与"公平性"的关注,不仅影响转让价格的期望值,还影响达成转让定价协议的成本;Luft, J. L. 和 R. Libby 通过对有经验管理者的测试显示,即便交易双方能够在外部市场中进行,生产成本和会计利润仍然严重影响着管理者期望达成的协议价格。同时,通过比较分部利润信息会影响管理者对转让价格的估计。总之,由于管理信息系统的产生,会将下属各公司的信息集中到公司总部,并对其进行快速处理。而后,公司总部再具体分析信息处理的结果,并做出相应决策,并反馈给下属部门,责令其执行。这样,转让价格定价的决策权就集中到了跨国公司集团的总部,由总部根据各下属公司反馈上来的相关信息进行统一制定,保证了部门目标与公司整体目标的一致性。由此可见,转让价格的制定权限要受到管理信息系统水平的限制。

2.2.2 外部影响因素

1. 税收的影响因素

尽管在许多实证研究中,税收因素并未被列入首要因素,但众多学者都共同持有这样一个观点,税收因素极为重要且不可忽视。税收因素主要包括所得税和关税两方面。首先说说所得税。由于"国家税收主权原则"的规定,使得各国在税收立法方面各行其是,导致各国税收法律制度之间存在诸多不同程度的差异。与转让定价紧密相关的所得税表现得尤为突出。目前,仅从所得税税率来看,就差别很大。对世界平均所得税税率作个比较,美国为 34%,加拿大为 21%,澳大利亚为 30%,法国为 33.33%,英国为 35%,德国为 25%,印度为 30%,韩国为 25%,中国 25%（2008年 1 月 1 日起）。不同税率的存在,为跨国公司通过转让定价以实现避税提供了广阔的空间。跨国公司将处于某一国家的公司生产的产品或货物转移到处于另一国家的子公司去时,这种内部交易的价格,分别在这两个国家形成了纳税收入和抵税成本。而内部交易的价格主要是由跨国公司内部所确定的转让价格来决定的。如果跨国公司能在高税国的收入尽量低或者成本尽量高,而将相应的利润转移至低税国,则会降低整体企业所得税负。反之,则会增加。因此,跨国公司在制定内部转让定价时,通常要考虑各公司所在国之间所得税税率的不同因素,并力图使公司整体负担最低的所得税税负。其次说说关税。与所得税相似,各国在关税税率上也同样存在很大差别。关税分为从量税和从价税。但对跨国公司内部转让定价产生影响的主要是从价税。关税是基于关税完税价格来计算的。所以,跨国公司可以利用各国之间不同的关税税率,通过调整关税完税价格,进而减少公司整体税负,促使其整体利润最大。一般情况下,对进入关税税率较低的国家,跨国公司通常制定较高的内部转让价格,对进入关税税率较高的国家,则采取相反的措施。

2. 东道国竞争状况的影响因素

许多实证调查都将东道国的竞争状况列入较为重要的地位。在日趋全球化、一体化的国际贸易活动中,跨国公司将触角伸向了世界各个角落。由于各国经济发展阶段、程度不同,故而跨国公司各子公司将面临不同的市场竞争状况。而不同的市场竞争状况,如产品销售在东道国市场具有垄断能力时,或是面临寡头竞争时,要想使其子公司能够更好地存续与发展,跨国公司就可以在转让定价策略方面做文章。面对不同的市场竞争状况选取不同的转让定价策略,以支持其子公司与外部的竞争。

3. 政府限制的影响因素

跨国公司的母公司及其下属的子公司所在国的政府,出于维护本国利益的考虑,通常要对跨国公司在该国的经营行为做出种种限制。如对跨国公司内部转让价格制定的限制、对外国公司利润汇回的限制等。各国政府之所以会采取各种限制措施,是由于跨国公司在运用转让定价手段时,损害了所在国的经济利益。如跨国公司利用转让定价转移利润,减少税负,其结果则造成了所在国政府税收收入的减少。又如,子公司利润返还的增加,另一面则造成所在国外汇的大量流失,诸如此类。目前,更多国家意识到转让定价所带来的负面影响,因此纷纷采取措施以限制跨国公司转让价格的制定。在这种情况下,跨国公司要想更好地发挥转让定价功能,必须事先充分考虑所在国政府的各种限制,在合法的前提下恰当运用转让定价策略以实现公司的战略目标。

4. 外汇交易风险

世界各国通常都是要求按照本国货币的计量方法来计算、记载企业的经营情况。而在浮动汇率下,由于各国的汇率不是恒定的,这就使得跨国公司在跨国经营活动中经常面临外汇交易的风险。而转让定价手段则是规避外汇交易风险,减少外汇交易损失的最佳的一种工具。因为通过灵活运用内部转让价格,跨国公司将软货币国家里的资金向硬货币国家转移。正是由于这样,跨国公司在制定内部转让价格时,各国汇率的变动是必要的考虑因素。

3 我国与贸易伙伴间跨国公司转让定价现状的比较研究

本章摘要:

    本部分主要从四个方面进行了研究,一是基于美、日、英和加拿大等国家在华跨国公司转让定价的动机的比较研究;二是基于美、日、英和加拿大转让定价方式的比较研究;三是基于美、日、英和加拿大对转让定价存在性的比较研究;四是基于美、日、英和加拿大转让定价效应比较研究,比较的目的在于找出对我国经济、制度乃至一些利益相关者产生极大负面效应的因素,使研究更具有积极意义。

3.1 美、日、英和加拿大等国在华跨国公司转让定价的动机分析

    吉尔·C.佩甘与J.斯科特·威尔基在其合著的《全球经济中的转让定价策略》一书中,曾对转让定价动机的研究持这样一种看法:"动机无关紧要,这类问题已经存在,必须予以解决,税务当局只会运用转让定价条款去取代原来的定价,而不是取代企业的业务决策。"对此笔者颇有微议。动机论的研究者们告诉我们,"动机是一种能够满足某些需要的活动动力。倘若需要是个体的各种积极性的实质与机制,动机就是实质的具体体现。动机起因的不同会导致动机所需种类不同,所采取形式不同,以及其赖以实现活动的具体内容不同。复杂的活动往往需要几种相互联系、相互影响、同时起作用的动机来推动。"由此我们可以得出结论:个体所

采取的行动及行动过程中所采用的方式是与其动机紧密相连的。笔者之所以着眼于动机上的分析,就是想通过动机研究,更好地认识美、日、英和加拿大几国在华跨国公司的转让定价行为的本质,从而为进一步提高我国对美、日、英和加拿大跨国公司转让定价行为规制的效果提供理论借鉴。在华跨国公司进行转让定价的动机与在其母国内或其他东道国的动机基本相同,概括起来大致分为两种,即税务动机和非税务动机。

3.1.1 税务动机

所谓税务动机,即美、日、英和加拿大等国跨国公司试图依据各国所得税和关税税率之间的差异以及各国税收优惠政策的不同,利用转让定价手段来实现自身的税后利润最大化。美、日、英和加拿大等国外的许多学者都将重点放在了税务动机的研究上来,并进行了大量的实证分析。如毕马威、安永、德勤等著名国际会计师事务所均作过多次全球调查,并得出结论:避税是大多数美、日、英和加拿大几国跨国公司转让定价的首要动机,为实现利润最大化的目标,美、日、英和加拿大等国跨国公司出现的避税性转让定价行为,是国际转让定价的主流。归纳在华美、日、英和加拿大等国跨国公司的避税动机主要表现为以下三种情况:

1. 减少或规避在华所得税

美、日、英和加拿大在华跨国公司的避税行为主要体现在对所得税的规避上,因为利润的转移更多的是与所得税相关。由于美、日、英和加拿大几国跨国公司进行跨国经营,其子公司遍布具有不同税率与税收政策的国家和地区,这样就会出现相等的利润总额在不同的所得税制下,所缴纳的所得税额不同。由于所得税额是利润的抵减额,少缴所得税的公司自然获得比正常缴税的公司更多的利润。作为理性经济人的跨国公司在追求全球利润最大化的前提下,势必要把避税纳入其经营战略之中。从美、日、英和加拿大几国来内地的外商直接投资来源地区分布特征看(见图3.1),以2008年商务部外资统计数据为证,主要集中在中国香港、维尔京群岛、开曼群岛等"避税地",外商投资额分别占44.41%、17.27%、3.40%。由于这些国家(地区)的所得税率低于内地,跨国公司便会充分利用转让定价手段,将在内地产生的利润转移至这些国家(地区),致使大量税收收入外流。

国家 （地区）	中国 香港	维尔京 群岛	日 本	韩 国	美 国	新加 坡	中国 台湾	开曼 群岛	毛里 求斯	萨摩 亚
实际利用外资 额（亿美元）	400	150	40	35	35	50	30	35	20	35

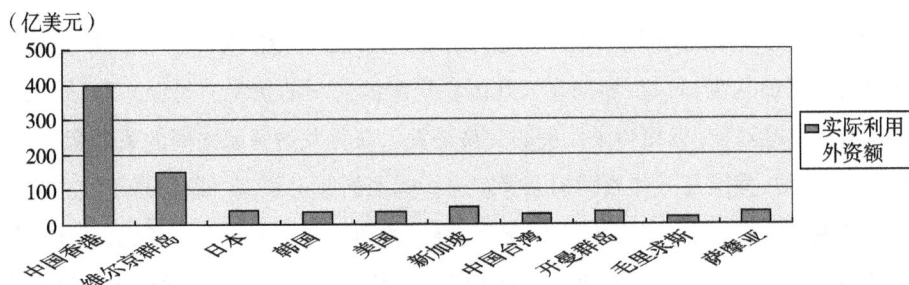

资料来源：商务部利用外资统计（2008），http://www.mofeom.gov.cn/article/tongjiziliao。

图3.1　2008年对内地投资前十位国家/地区投资情况图

2. 减低或逃避在华预提税

依据国际惯例，美、日、英和加拿大等国要对跨国公司在本国境内取得的股息、红利、租金等消极收入征收预提税，我国亦不例外。由于预提税的征收对象是不做任何扣除的毛所得，因此，如果两国之间不存在相互降低预提税率的税收条约或协定，税负一定不容忽视。跨国公司的转让定价行为在很大程度上是为了减轻或逃避预提税。例如A、B公司均为美国跨国集团下的子公司，并分设在我国与另外一个国家。A公司应当从当期盈利中向B公司支付股息，按照税法规定，A公司应按我国的预提所得税率纳税。但如果A公司能运用不同方式的转让定价，如以低价提供产品将利润转移到B公司，而不用支付股息，就可规避预提税。但在规避预提税的同时也要考虑，是否能够造成其他税负的增加。所以跨国公司一般都是在进行得失权衡后才做出决定。

3. 减轻或消除在华关税

关税是属于流转税的一种，是通过从价计征的方式，采取比例税率征收的。因此，报关进口的价格则成为企业规避关税的对象。美、日、英和加拿大几国的在华跨国公司通常通过低价向具有关联关系的卖方进口货物来减轻关税的影响。当然在规避关税的同时，还要考虑转让定价对其他税种产生的影响。如低价进口，规避了关税,但可能造成流转税和所得税的增加,而且出口国也丧失了一部分出口退税的优惠。尽管国内研究者们大都认为在华跨国公司有避税的动机,并对动机的强弱程度及其影响因素进行了定量分析,许多机构还通过问卷调查的方式进行了随时跟踪、访问,并得出避税占有很重要地位的结论。但我们仍要清醒地认识到,税务动机绝不是美、日、英和加拿大几国在华跨国公司转让定价的唯一动机。原因有二:其一,形成避税的客观条件并不总是存在的。"避税港"或"避税地"毕竟还是有限的。目前从美、日、英和加拿大几国在华跨国公司的贸易交易额来看,无论是相对数还是绝对数,有相当大比例的交易是发生在与发达国家之间的关联交易上,如日本、韩国、美国及一些西欧国家等。这些国家的所得税率一般都高于我国或是与我国税率差异较小。在这样的情况下,避税的动机会相对较弱。其二,转让定价在跨国公司内部贸易中还有许多其他功能,其作用的发挥可能要远远大于避税带来的好处。在二者执行中发生冲突或是非税务功能的发挥要大于税务功能时,跨国公司可能会选择放弃避税。因此,并不是所有的转让定价都要归因于避税动机。很多时候,非税务动机的情况会更多一些。但无论如何,我们都不能忽视在华跨国公司的税务动机,寻找其利润转移的根源。因为跨国公司如果能够成功运用转让定价以合理避税,定会给跨国集团带来更多的收益。更重要的是避税动机的存在会促使跨国公司产生避税行为,从而对我国乃至世界经济的发展、税收公平分配等方面造成极大的负面影响。

3.1.2 非税务动机

从转让定价产生伊始至今,转让定价经历了由单纯的记录工具到资源配置机制,进而成为企业内部协调、控制乃至成为激励经理决策的行为工具这样一个过程。但无论是怎样一种身份的变换,有一点毋庸置疑,转让定价的存在为跨国公司经营效率的提高及全球目标的实现立下了汗马功劳。下面,我们就从非税务动机方面进行详细归纳与评述。

1. 增强本公司在华竞争优势

当今,市场竞争日趋激烈,美、日、英和加拿大的跨国公司要想开拓其在中国的市场,并牢牢站稳脚跟,势必要不断地扩大自己的市场占有率。若在同样的条件下,要实现上述目标,必定困难重重,但是转让定价的运用则能有效地促使企业实现战略目标。例如美国和加拿大的跨国公司可以从整体利益出发,低价向正处于开拓市场阶段的在华子公司销售原材料、燃料、半成品或提供低息贷款等,则该子公司便可以按当地竞争者无法匹敌的价格出售产品,进而抢占市场。尽管我国有反倾销法的制约,但该子公司可以采取装配或简单加工再低价出售的方式予以实现。因为最后的工序是在我国国内完成的,属于我国国内生产,不属于反倾销范围,因而仍可以实现公司占有市场的目标。

2. 树立在华子公司良好形象

当美、日、英和加拿大几国跨国公司要使其在华新建子公司拥有良好的形象,较高的声誉,以便能拓宽融资渠道,扩大经营规模时,转让定价便发挥了重要作用。通过转让定价手段,跨国公司采取低价提供原材料、零部件、劳务,再高价回购其产品的做法,使美、日、英和加拿大在华子公司呈现出较高的利润率,表现出强劲的发展势头,这样就会提高企业在我国的声誉,并得到更多的信贷支持。因为一个企业的竞争力是与企业的资信水平、股票价格升降、信贷融资等方面紧密相连的。转让定价的存在,不仅为子公司获取一定的创业收入,还为子公司的生存与发展奠定了坚实的基础。

3. 从中外合资企业中分得更多的羹

外商对我国直接投资的主要形式之一是创建中外合资企业。既然是合资企业,那么中方必在其中占有一定控股比例。随着对外开放的不断发展,外商投资环境的逐渐改善,我国逐渐放宽了对外商投资股权比例的限制因素,市场准入范围也逐渐扩大。尽管如此,一些合资企业中的外方投资者由于众多因素的影响,其控股比例可能达不到50%。由于合资企业的经济利润最终是按股权比例进行分配的,因此无论合资公司经营业绩如何,外方投资者也只能分得不到50%的利润。外商投资者便利用转让定价手段,在最终利润分配前将一部分利润转移出国境。因为中方投资者只能从美、日、英和加拿大在华合资企业中分得利润,却无权分享外方投资者国外母公司的利润。我国目前出现的逆向转让定价避税现象就是这一动机最有力的解释。

4. 逃避价格管制,降低投资风险

尽管我国对美、日、英和加拿大几国来华跨国公司投资经营给予了优厚的待遇,但出于保护本国市场价格的稳定及消费者的权益,维护民族工业的发展之目的,我国制定了一系列价格管制政策,以阻止美、日、英和加拿大几国跨国公司产品在价格方面对国内市场的冲击。但转让定价仍可以使跨国公司有效地摆脱这些管制,从而为自己公司的经营与发展扫除障碍。对于我国的反倾销政策,美、日、英和加拿大几国在华跨国公司的母公司采取改直接行销策略为在我国设立子公司直接生产策略,并采用低价转移方法,将低廉的原料、设备等提供给其在华子公司,从而降低子公司产成品的账面成本,再由制造子公司制成极有竞争力的价廉产品在当地市场直接销售。这样既规避了反倾销的限制,又实现了公司的经营战略。反之,当我国政府对跨国公司在国内市场上高价销售商品牟取暴利加以限制时,跨国公司母公司则采取以较高的价格将原料、半成品、设备等输往设在我国的制造子公司。而该子公司以高成本生产的产品以高价出售是合法的。虽然在子公司体现较高的生产成本,但就整个跨国公司而言,仍可获得高额利润。

5. 实现集团内部的协调与控制

跨国公司为实现其更大的全球战略目标,会不断地为自己扩容。从目前世界跨国公司的发展现状来看,巨型跨国公司不断涌现。美、日、英和加拿大几国跨国公司在迅速发展的同时,也面临着一个亟待解决的问题——内部协调与控制。美、日、英和加拿大跨国公司规模的增大已使原有的集权化管理受到限制,因此分权化管理普遍适行,但并不排除集权化管理的存在。在分权化管理的情况下,各子公司作为独立的利润中心,虽然在集团的统一控制下,但作为理性经济人,他们也同样追求其自身利益最大化,这样就出现委托—代理风险问题、道德风险问题。因此,在集团内部必须采用一种兼有考核与激励作用的机制。既能有效评估各子公司的经营业绩,又能促使代理人与委托人之间的目标一致。而转让定价最明显、最基本的作用就是能够在一定程度上影响各部门之间的利润分配。跨国公司能够根据制定和实施的转让价格作为业绩评估的标准,并可以依据评估结果给予相应的奖惩。由此我们可以看出,转让定价是实现跨国公司内部协调与控制的最佳选择。

3.2 我国跨国公司转让定价的动机分析

"逆向避税"模式的观点是由于我国在外汇、价格等方面存在管制及风险等原因,所得才从"低税负"的我国转向"高税负"的居民国,起到重要作用的影响因素并不是税收,而是强调我国转让定价操纵行为的非税动因。为了能够清楚地认识我国跨国公司转让定价避税模式,本文将从我国是否为"低税负"国家、我国所得是否向"高税负"的居民国转移以及我国投资环境的改善是否带来了转让定价操纵行为的减少等三个方面进行分析,得出在我国税收因素仍然对转让定价操纵行为起着重要作用的结论。由此可以推出,完善税制、抑制避税动机、尽可能消除税收综合因素的差异,将更有利于遏制我国的转让定价操纵行为。

3.2.1 转让定价避税模式:"逆向避税"的新诠释

一般情况下,转让定价避税模式是所得从"高税负"的居民国转移到"低税负"的东道国。那么作为一个"低税负"国家,我国为什么还会存在转出所得的转让定价避税行为呢?目前,理论界普遍认为是我国特殊的"逆向避税"模式所致。简单地说,就是所得从"低税负"的我国向"高税负"的居民国转移的主要动因是跨国公司的非税动机,且以我国在价格、外汇等方面存在的管制及风险为背景条件,就是说税收因素仅是我国转让定价税收流失的次要因素。那么能否推出:随着我国这些背景因素逐渐改善或消除,是否能够减少转让定价引起的所得转出现象甚至让其不复存在呢?为了对我国的避税现实有着更清晰的认识,需要重新审视以下几个问题:一是在跨国公司内部交易关系中,我国是否属于"低税负"国家;二是我国所得被转出境外这一现象有目共睹,但是所得是否真正被转移到了"高税负"居民国;三是非税扭曲环境的改善是否能够减少转让定价操纵行为的发生。

1. 对我国"低税负"特征的分析

我国实行对外开放政策以来,一直实行的是招商引资的税收优惠政策,所以在企业所得税税率设置及税收优惠措施上都体现了以"低税负"吸引外商增加投资的政策。相对于其他发达国家,我国的企业所得税税负水平确实较低。但是,由于我国转让定价税收问题具有一定的特殊性,在比较税负高低的同时,必须要考虑投资资金来源的具体国家或地区。

从表3.1、表3.2可以看出,中国香港、维尔京群岛、日本、韩国等国家和地区成为了我国内地的主要外商投资来源,其中,中国香港的地位尤其明显。从1979年对外开放以后,内地外商直接投资的最主要来源一直是中国香港,与法、德、英等发达国家相比,中国香港对中国内地的外商直接投资总额超过了20倍之多,与美国相比,也超出了4倍。从建立投资的外商投资企业户数来看,中国香港外商投资企业数量超出一般国家（或地区）10 多倍，处于遥遥领先的地位。然而，倘若追究其资金的真正来源，问题将会变得很复杂。原因在于，许多发达国家通过合理安排税收筹划，通过其在中国香港的子公司取道内地投资，这样一来，许多其他发达国家的投资额被包含在中国香港的投资额中，由此内地的统计数据将低于发达国家的实际投资额。即使这样，无论资金从何而来，还是会进入中国香港并最终进入到中国内地。在进行税负对比时，对于中国香港直接投资的部分，还是应该考察中国香港与中国内地之间的税负差异。

表3.1　2008年在中国内地直接投资的外商所在国家和地区投资总额对比表

（单位：万美元）

国家和地区	中国香港	英国	德国	法国	美国
外商直接投资额	17 700 100	742 475	856 976	604 311	4 198 514
国家和地区	日本	韩国	新加坡	中国台湾	维尔京群岛
外商直接投资额	5 054 191	4 488 540	2 058 403	3 377 243	5 776 964

表3.2　　2008年新登记投资总额在10 000万美元以上企业投资商户数对比表

（单位：户数）

国家和地区	中国香港	英国	德国	日本	美国	中国台湾	韩国	新加坡
户数	1 610	48	42	197	380	193	184	118

可见，一般来说，作为避税圣地，中国香港的综合税负水平低于中国内地整体水平。中国香港的公司所得税税率为 16.5%（1996 年）。另外，其他几个主要的投资国（或地区），例如韩国为 29%（2005 年），日本为 27%（2005 年），除此之外，维尔京群岛的税率也相对较低，一般不会超过 30%。而投资额相对较少的发达国家的所得税率也出现了普遍下降的趋势。而内地外商投资企业的法定税率很长时间是 33%（现在为 25%），只有经济特区的优惠税率较低，为 15%，沿海开放城市的税率为 24%。并且，对于新设立的企业，可从盈利年度开始享受"两免三减半"的税收优惠。根据中国财政部的一份调查资料测算，1998 年到 2000 年之间，外商投资企业所得税的综合税率水平分别为 22.06%、21.85% 和 22.37%。可见，从外商直接投资来源的主要国家或地区这一方面分析，严格意义上，我国不能被称为"低税负"国家。

3.2.2 对我国的所得是否被转移到"高税负"国家的分析

所得是否真正从"低税负"国家向"高税负"国家转移同样能证明我国转让定价的主要避税模式是否为真正意义上的"逆向避税"。假如我国的所得大部分被转移到税负水平低于我国内地的国家或地区,这是正常流向的避税,自然称不上"逆向避税"了。假如站在中国香港投资背后资金来源这个角度去分析,在一定程度上,似乎证实了存在着通过操纵转让定价以达到避税目的的行为。这种把我国内地的所得向中国香港转移的税务安排,不但巧妙地规避了发达国家高税负的税收,同时也规避了我国内地的税收。

假设母公司 A 所在的居民国税率为 40%,若 A 在中国香港投资建立子公司 B,B 又在中国内地投资建立子公司 C。中国香港和中国内地的所得税法定税率分别为 16% 和 33%。最初 A 应该直接销售材料给 C,但是为了获得最大的避税效果,A 首先选择将材料低价出售给 B,然后由 B 高价卖给 C,这样一来,第一层原材料采购利润被留在了香港;等 C 将材料生产加工成产品后先以低价销售给 B,B 再将产品以高价转售给 A,这样一来,第二层产品销售利润也被留在了香港。通过这种简单的避税模式,跨国公司可以获得的好处至少有以下三点:

(1)将大部分所得转移到中国香港,承担最低的税负。不仅高税负的国家的税收收入会遭受损失,中间税负水平上的我国内地同样会遭受损失,而只有中国香港从中获取利益。

(2)假如高税负国家成员是实行"第一销售原则"的美国等国家,这种模式能够降低美国的进口关税。由于第一销售原则规定,在美国进口前已有过多次进出口销售的货物能够以该货物第一次的销售价格为依据计算关税。在这种模式下,只要条件允许,就可根据我国出口时的低价计算货物的关税。

(3)可以将资金放置在中国香港,规避来自于中国内地的管制,能够更加方便和灵活使用资金。

然而,现实生活中避税手段和花样复杂、繁多,远远超过上述简单的例子。但至少可以在一定程度上说明:

(1)跨国公司存在着通过操纵转让定价行为将所得由我国向其他税负更低的国家或地区转移的可能,因此不能证明"逆向避税"认为的所得是由"低税负"的我国转移到了"高税负"国家或地区这一观点的正确性和客观性。

（2）跨国公司为实现规避我国和其他"高税负"国家税收的目的而采取的避税方式多种多样，所以完全有可能大量存在着以规避我国税收为目的的转让定价操纵行为。

3. 对我国其他非税因素变化的分析

改革开放后，我国外商投资环境得到了很大的改善。朱青教授等在其《企业税务管理操作实务》中将我国投资环境的改善归纳为以下几个方面：

（1）对外商投资的限制放松。例如，2004年4月商业部发布了《商业部门外商投资管理措施》降低了对外商投资商业企业的资本要求，零售行业由原来的5 000万元减少为30万元。再如，2002年4月1日实行的新《外商投资产业指导目录》增加了86条鼓励类项目，减少了37条限制类项目，还包括某些外商投资项目的股权比例的限制得到放宽等。

（2）关税壁垒扭曲作用减轻。中国加入WTO后，关税水平一直在降低，2005年时关税总水平大约已降至10%。而且，外资企业进口作为外国投资者出资的机器设备、零部件和其他物料以及外资企业为出口产品的生产，从国外进口的原材料、元器件、零部件等可以享受减免关税的优惠。

（3）外汇管理体制进一步完善。1996年实现了经常项目下的自由兑换，并且，国家对经常性国际支付和转移不予限制，若外资企业外方投资者需要将税后利润、红利汇出，可持董事会利润分配决议书，直接从其外汇账户中支付或者在外汇指定银行完成兑付。可见，我国的改革力度逐步加大，政府在逐步缩小对跨国公司经营行为的限制和扭曲效应，大大降低了由此带来的经济风险。按照"逆向避税"理论的分析，我国的转让定价操纵导致的税收流失应有所遏制。而事实恰恰相反，根据税务局和理论界估算的数据，在我国，通过操纵转让定价引起的税收流失的现象只增不减。根据历年外商投资企业年度所得税汇算清缴统计数据，1988—1993年亏损面平均为40%，2001年亏损面已达到60%。在一定程度上，也相对证明了跨国公司并非是出于非税动机而操纵转让定价。此外，我们也可以从跨国公司对我国投资环境的评级中发现出一些相关启示。

表3.3　全球排名（60个国家）价值指数

价值指数	2004-2008 年	2008-2009 年	2004-2008 年	2008-2009 年
整体地位	5.3	6.2	42	38
政治环境	4.3	4.5	49	46
宏观经济	9.3	9.0	5	3
市场机会	8.4	8.4	2	1
对外商投资的政策	6.1	7.2	41	33
外贸和外汇管制	4.9	7.8	50	36
税收	5.1	5.2	34	52
融资	3.6	5.5	52	44
劳动力市场	5.3	6.0	52	42
基础设施	2.6	3.9	57	51

从整体地位评分来看，2009 年我国在 60 名国家中处于第 38 位，与 2008 年以前相比，上升了 4 位。从投资环境组成因素来看，市场机会因素处第 2 位，而宏观经济因素处第 5 位，共同成为最吸引外商投资的因素。从非税因素来看，外贸和外汇管制以及外商投资政策评分较高，与以往相比，各自地位有所改善。然而，税收因素地位却在下降，成为我国在世界环境因素排名中最低的因素，基础设施因素亦是如此。也就是说，我国的综合税收负担比较高，这不仅与我国的税率水平有关，而且与我国整体税收制度的透明度低、清晰度差、执行不统一等缺陷不无关系。例如，在 Richard Simmons 做的一项实证调查研究中发现，跨国公司对我国企业所得税制透明度的评分仅仅为 3.38，对我国企业所得税制表述和判断的一致程度的评分是 2.71，对税收征管的有效性的评分是 3.95，对遵从税制的成本的评分是 4.05（其中，评分为 1—10，1 表示"非常不同意"，10 表示"非常同意"）。从以上评分中可以得出，剔除税率高低因素，跨国公司对我国企业所得税制度仍持不满意态度。原因在于，我国税制中存在的这些缺陷会增加跨国公司经营投资的不确定性并带来潜在的风险。实际上，税制本身的不足属于税收综合因素的一部分，且其对跨国公司转让定价决策所产生的影响可能超过其他因素。

所以，本文探讨"逆向避税"模式的目的在于：尽管转让定价对于跨国公司是一个多重目标实现工具，避税仅为目的之一。但是，对我国来说，税收动因仍然严重影响着跨国公司转让定价操纵行为。清楚地认识到这一点对于指导我国的税收实践工作有一定的意义,即税收因素不可忽视,消除税收综合差异仍是解决转让定价避税问题的长远且根本的途径。因此,顺应世界税制改革趋势,实现适合我国国情的税制优化才能更加有效地解决转让定价避税问题。其中包括了整体企业所得税制和转让定价税制及实施体系的统一和优化。首先,要实现内外资企业所得税税制的统一,提高税制的透明度和清晰度,加大税收征管力度,提升税收征管和服务水平,增加我国的纳税满意度。其次,通过合并内外资企业所得税法,统一和完善我国跨国公司转让定价税制:①将完整一致的转让定价税制写入合并后的所得税法中,提高其法律级别。②在所得税法中明确转让定价税法规制中正常交易原则的重要地位。③建立和健全无形资产转让定价税制和对劳务转让定价的税法规制。④适当运用“实质重于形式”原则,并制定和颁布“资本弱化”相关条款。⑤明确规定转让定价方法的适用条件、范围和程序,并引入“正常交易值域”的概念和方法等。再次,加强和完善跨国公司转让定价税制的实施体系,包括细化实施程序和方法,颁布转让定价税务审计规程,明确举证责任和制定统一的举证信息要求、规范等。最后,进一步优化预约定价协议程序,例如增加相应的条款,以激励双边和多边预约定价协议的签订,保证预约定价协议回溯效力的发挥等。因此,不断减少我国和其他各国之间的综合税收差异,如税负、税制和税收征管水平等,从而抑制和减弱纳税人操纵转让定价避税的动机,从根本上减少转让定价的避税行为。

3.3 美、日、英和加拿大转让定价方式的比较研究

美、日、英和加拿大在华跨国公司转让定价的手段、方式很多,既有国际上惯用的方法,也有与我国特有的经济、社会、制度紧密相关的一些方式。

3.3.1 有形资产的转让定价方式

美、日、英和加拿大在华跨国公司通常采取“高进低出”的方法对有形资产进行转让定价。“高进低出”是指从境外关联企业高价购入原材料、零部件、设备等,在国内加工制成成品后,再以低价向境外关联企业销售。通过这样一进一出,美、日、英和加拿大在华的跨国公司的销售收入减少,购进成本加大,导致企业产品的增值

空间下降,企业利润也将被转移到境外关联企业,因此不但缩小了我国的税基,而且逃避了企业所得税。这种转让定价避税手段在我国最明显,也是外资企业所采用的最有效、最便捷的避税手段。

1. 商品的购销

从图3.2分析,我们看到了美、日、英和加拿大在华的跨国公司更多的是投资于制造业,其中以加工贸易居多。这些企业从国外进口原材料或中间产品,再将产出品销往国际市场。而从在华外商投资企业股权安排情况来看(见图3.3),外商独资企业占相当比重。而对于一些中外合资企业,由于合资企业的购销权往往由外方掌控,再加之中方投资者对国际市场的信息掌握得又很少,这样便给美、日、英和加拿大跨国公司运用转让定价转移利润提供了天赐良机。投资者往往抓住这一良机,从境外关联企业高价购入原材料、燃料、零部件、低值易耗品等,再将半成品、产成品低价销售给境外关联企业,以此来操纵购销渠道和价格,达到转移利润、逃避税收的目的。

行业	农林牧渔业	制造业	房地产业	批发和零售业	电力燃气及水的生产供应业	租赁及商务服务业	其他
投资百分比	1%	50%	20%	3%	20%	5%	1%

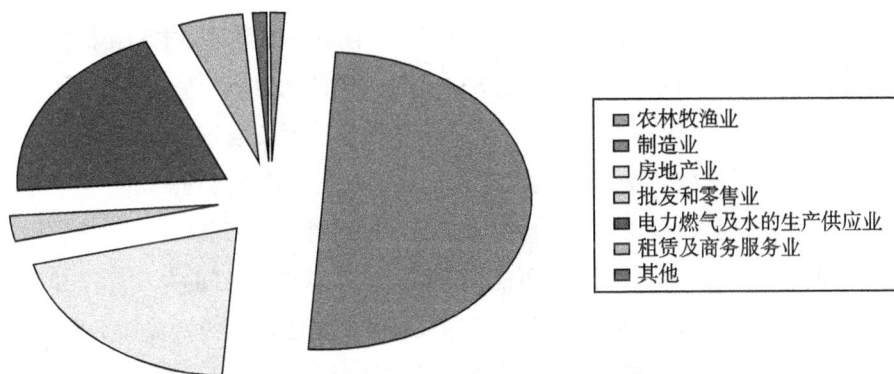

资料来源:商务部利用外资统计(2009),http://www.mofcom.gov.cn/article/tongjiziliao。

图3.2 2009年按行业分布外商直接投资额占全国投资比重图

年份	2000	2001	2002	2003	2004	2005	2006	2007	2008	2009
在外华商直接投资额（亿美元）	600	500	580	590	600	710	700	800	960	1 046

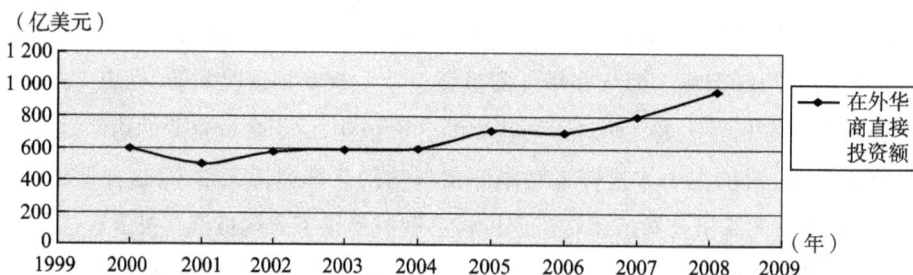

（亿美元）

资料来源：商务部利用外资统计（2000—2009），http://www.mofcom.gov.cn/article/tongjiziliao。

图3.3 在华外商直接投资趋势图

2.设备采购

美、日、英和加拿大跨国公司常常利用设备采购环节,采取高价购买的方式转移利润。这一方面主要存在三种情况:①美、日、英和加拿大跨国公司以设备作为股本投资时。固定资产购置额的高低会在以其作价投资时,影响合资、合作企业的股权份额,同时也会影响折旧费用的摊销。并且由于各国对资本利得的税务处理方式不同,所以纳税人可以在关联方的固定资产的购置额上做文章,以达到避税的目的。此外,由于中方投资者一般不十分了解国际市场行情,所以外方投资者掌控设备的采购权,就很容易运用转让定价手段以实现其目的。②设备制造厂或供应商不能开具设备发票而是由外方经营者的境外公司开具,这给外商虚增设备价格创造了机会。③很多外商可能采用以旧充新、以次充好的办法来增加设备投入量,而这些设备的性能往往不符合标准。甚至将已淘汰的设备加工处理后,按新设备作价以取代先进设备。上面所有这些因素和条件,促成了跨国公司运用转让定价高价进口设备以达到转移利润的最终目的。就这一方面的案例不胜枚举。例如深圳的一家公司与某外商合资经营彩扩业务。外商根据协议约定提供设备,虽然该设备由日本某厂家购买却未提供相关发票,而由中国香港一家联行在原价基础之上另加 25% 开出发票,作为该项进口设备的价格。价格的提高,增加了企业固定资产的入账价值,增加各期的折旧,减少了各期利润,税收也随之减少,然而外商却通过较少的投资获得较多的利润,从而实现了将本应属于我国的利润转移到境外的目的。

3.3.2 劳务提供的转让定价方式

劳务一般是指与人身有关的劳动服务,其所涉及的范围很广。在转让定价制度中的劳务是指关联企业一方为另一方提供行销管理、技术服务等。OECD 认为,几乎每一跨国集团公司都安排向其成员提供范围广泛的劳务,特别是行政性、技术性、财政性和商业性劳务。在我国,美、日、英和加拿大跨国公司之间也存在如 OECD 所描述的劳务。因此,这就存在着一个跨国公司内部间所提供的劳务是否存在收费及劳务收费标准高低的问题。站在我国税收实践的角度上,可以看出美、日、英和加拿大在我国内地的跨国公司的劳务收费标准存在高进低出现象。一方面,通过高报或虚列接受境外的劳务费用,在我国内地的跨国公司向境外关联企业支付时实现了将利润转移到境外的目的。如深圳市某外商投资企业 1990 年以帮助公司开发产品为由,先后向中国香港两家关联企业支付推销开发费用。事实上,该公司与中国香港两家公司从未签订过有关产品推销或市场开发协议。另一方面,外资企业向境外母公司提供无偿或低价劳务,劳务成本由外资企业负担。

3.3.3 资金融通的转让定价方式

我国是发展中国家,尽管近些年我国经济得到迅猛发展,但资金的短缺仍然成为束缚经济发展的瓶颈。所以,从境外借入资金成为我国实际经营中常见的融资渠道之一。我国税法有关资金融通方面的规定是,允许所得税前扣除融通资金所需支付的利息费用,但股息支付不能作为成本费用在在税前扣除。由于这些因素的存在,跨国公司与关联企业间发生借贷活动时,通过有意增加利息成本,进而实现了其向境外转移利润的目的。主要表现方式有两种:①接受境外高息贷款。境外关联企业以高于国际市场平均水平的利率向在华跨国公司提供资金,进而将利润转移出境。②美、日、英和加拿大在华跨国公司向境外关联企业提供的是低息或无息贷款,而账上却虚增相应的利息费用,降低了企业的盈余水平,利润由此被转移到境外。

3.3.4 无形资产的转让定价方式

到目前为止,对无形资产的界定无一权威、精确的定义。OECD 在其《转让定价指南》中通过列举的方式说明了无形资产的范围,无形资产一词既包括使用工业资产,如专利、商标、商号、设计或模型的权利,还包括文学和艺术财产的权利以及诸如专有技术、行业秘密之类的知识产权。而在转让定价研究中主要是指商业性无形资产,包括用于生产商品或提供服务的专利、专有技术、设计和模型,也包括转让给客户或用于商业运作、本身就是商业资产的无形资产。我国在对外招商中很重要的一个目的就是要引进国外先进技术,以促进产品的升级换代,优化产品结构,进而促进经济的长足发展。但在实践中,我们发现,伴随着技术的引进同样滋生了和存在着转让定价问题,并产生了许多负面影响。主要表现为:首先,通过抬高进口设备进价,将特许权使用费隐藏在设备投资额中,无需另外收取。因为我国税法规定,转让技术收取的特许权使用费要征收预提所得税,但作为投资的进口设备则可以享受免税优惠。其次,在转让无形资产的同时提供商品或技术援助、人员培训等劳务并将其混合捆绑。一般情况下,税法对无形资产交易利润的征税额往往高于商品和服务收入。如果混合无形资产交易与商品销售、劳务服务,不仅可以降低无形资产的售价,降低利润以减少课税,还可以免费方式随商品、服务一同提供,再通过提高商品、服务的价格方式达到避税目的。对于这方面的实际案例也很多。如,一家美国公司将价值 1 000 万美元的设备转让给与其有关联关系的在华的跨国公司,同时收取 20 万美元的专利转让费。那么,该美国公司须就该专利转让收入缴纳 2 万美元的预提所得税,实际得到专利转让费为 18 万美元。但如果该外国公司把设备价格提高到 1 010 万美元,专利费只收取 10 万美元,则其所缴纳的预提所得税就降至 1 万美元,从中规避税收 1 万美元。又如深圳某电机有限公司,使用境外关联公司某项专有技术。从 1991 年至今,每年向境外支付的特许权使用费,其中有许多是通过关联公司提供技术指导和培训进行支付的,从而逃避预提所得税。

3.3.5 设备租赁的转让定价方式

在外资企业的设备租赁领域中,由于各国对国际租赁业务规定不尽一致,所以也常常成为美、日、英和加拿大跨国公司转移利润的对象。主要方式表现为两种：首先，通过自定租金方式来转移利润。如果因购买机器设备需要借入资金的公司位于高税负国家，该公司再给关联企业最低的租赁价格，且这一关联企业位于低税负的国家，后者再以高价租给我国境内的关联企业，这样便一箭双雕，既减少了本国的税基，达到了避税的目的，又实现了设备投资的回报。如在广东投资的一家日资公司，其生产所需设备绝大部分由境外关联公司租入，租赁的方式是首先由日本的母公司将机器设备以较低价格租给中国香港的一子公司，该子公司又通过较高价格将设备转租给我国内地该日资公司。这样，大部分租金收入留在香港的公司，从而实现利润转移，规避我国内地的税收；其次，通过售后返租，在投入生产后，对购进的设备计提折旧。若售后返租的对象是刚投产一段时间的设备，不仅承租方的租金可以税前扣除，交易双方还可以对该设备同时计提首年的折旧，并准予税前扣除。

3.4　我国转让定价方式的比较研究

我国关联企业转让定价的方式主要有以下几种。

3.4.1　货物的转让定价

集团公司通常采用"高进低出"或"低进高出"的方法对其与关联企业之间销售产品、提供原料等交易进行作价，一方面，将费用转移到位于"高税负"国家或地区的企业，另一方面，将收入转移到位于"低税负"的国家或地区的企业，只要该企业可以独立核算，就可以将利润转移以实现减少公司应纳税额的目的。

3.4.2　劳务的转让定价

除产品销售和原料提供两个业务往来之外，关联企业间的提供劳务和服务往来也时常发生。关联企业同样可以通过内部作价来虚增接受的服务成本，降低其提供的服务收入转移利润，以实现公司税负的降低。

3.4.3　管理费用的转让定价

有时，集团公司向其下属公司提供各种管理服务。因此，下属公司就会承担相应的管理费用。集团企业就可以违背费用分配标准,将更多的费用分配到高税率子公司,低税率公司只承担较少的管理费用,从而使集团公司的整体税负得到减轻,以获得最大的收益。

3.4.4　有形资产的转让定价

在生产经营中,关联企业间有形资产租赁行为也较为普遍,例如生产设备的租赁,这给关联企业的纳税筹划留下了一定的空间。

3.4.5　无形资产的转让定价

无形资产,是指企业拥有的商标、商誉、专利权、专有技术等产权。无形资产的单一性和专有性这一特点使其在转让价格的制定上没有一个统一、可参照的市场标准,相对于货物或劳务,无形资产的转让定价更加灵活、易于操作。此外,与设备同时转让时,其转让价格可隐藏在设备价款中,而若设备价款中包含转让定价的情形发生在国内企业,那么国家对固定资产出售征税的政策法规将不容忽视。

3.4.6　资金的转让定价

资金的价格表现为贷款或借款的利息。关联公司之间的资金借贷也可以通过其内部银行结算,较为常见的是分公司向总公司贷款。因此,总公司就可以采用高利率对位于高税率国家或地区的分公司贷款,而将低利率贷款发放给低税率分公司,从而实现利润在两个分公司之间的转移,以最佳效果降低总公司的税负。综上所述,当卖方处于高税率地区而买方处于低税地区时,就以低于市场价进行交易以降低集团公司整体税负;反之,则通过高于市场价进行交易达到降低集团公司的整体税负。

3.5　美、日、英和加拿大对转让定价存在性的研究

3.5.1　在华外商直接投资的历史发展及现状

1979 年 7 月我国正式颁布了《中华人民共和国中外合资经营企业法》,外资企业开始了在我国直接投资的历史。从 1979 年开始至今,我国外商直接投资大

致经历了三个历史阶段：一是 1979—1991 年，有限制的区位选择阶段。这一时期，由于中国市场尚处于开放初期，不确定因素很多，并且中国的经济发展还处于起步阶段，无论是宏观经济环境还是市场容量及消费能力都不尽如人意，因此更多的外商是持观望态度。所以这一时期的外商直接投资大部分都分布在沿海地区，并以加工贸易为主。从来源地看，投资几乎集中来自中国港、澳、台地区。二是 1992—2000 年，多层次的区位选择阶段。1992 年，邓小平南方谈话，对我国的改革开放起到了巨大的推动作用。这一阶段我国的外商直接投资无论是数量上还是质量上都较上一时期有了质的飞跃。自 1993 年以来，我国一直是世界上最大的外商直接投资东道国之一，同时也是发展中国家中的最大的外国直接投资吸收国。中国已真正成为吸引世界各国的对外投资的热点地区。从投资来源国来看，来自欧洲、美国与日本的跨国公司数量得到迅速增加，投资地区也逐渐从沿海开放城市扩展到全国。我国出现了多层次、全方位、有重点的对外开放新格局。三是 2001 年至今，外商大范围进入阶段。2001 年中国加入 WTO 后再次将中国的改革开放推向高潮。这一时期，全球的跨国投资呈现下降趋势，而中国却一枝独秀，逆势上扬，以不可遏制之势，始终保持迅猛发展势头。2002 年我国的外资利用首次超过美国，实现实际利用外资 527.43 亿美元，成为全世界最大的外资吸收国。此后，中国的外商直接投资更呈增长趋势（见图 3.3 ）。到 2008 年 12 月底，我国已累计批准 64.46 个外商直接投资项目，实际利用外资累计金额高达 8 521 亿美元，已连续 15 年在发展中国家居于第一的位置。目前，在中国设立机构或建立投资的跨国公司中已有 480 多家来自世界 500 强跨国公司。另据日前商务部外资司对外发布的信息，到 2007 年底为止，跨国公司已经在中国设立了 1 160 家研发机构。该司有关负责人表示，根据联合国贸发组织的调查，全球跨国公司海外研发活动的首选国家仍然是中国，其中，62% 的跨国公司将中国作为其 2005—2009 年设立海外研发机构的首选。

3.5.2　在华外商直接投资的特征与转让定价避税

（1）来源地区分布。从外商直接投资的来源国（地区）来看，以 2009 年数据为证，对内地投资前十位国家（地区）中，被列入"避税地"的国家（地区）占有绝对比重。其中：中国香港占 44.41%、维尔京群岛占 17.27%、新加坡占 4.8%、开曼群岛占 3.4%、萨摩亚占 2.76%、毛里求斯占 1.62%，合计为 74.26%（见图 3.1 ）。由于"避税地"会为纳税人提供一种税收制度与政策,使其不承担或少承担所得税及财产税的税收负担,因而会促使在华跨国公司产生转移利润、规避税负的动机,使得转让定价有了存在的可能性。

（2）行业分布。从行业分布情况来看,我国外商直接投资主要集中在第二产业的制造业(见图3.2)。而在第二产业中,加工贸易又占有相当大的比例,仅从外商投资企业进出口贸易在全国进出口贸易中所占比重来考察就足以证明(见表3.1)。《中华人民共和国海关对加工贸易货物监管办法》(海关总署令第113号)对加工贸易的概念有了明确的界定,即加工贸易是指经营企业进口全部或者部分原辅材料、零部件、元器件、包装物料,经加工或者装配后,将制成品再出口的经营活动,包括来料加工和进料加工。可见,加工贸易的购销环节一般都在国外,而只将加工制造过程在我国国内实现,因此被称为"两头在外"的贸易方式。而另据有关学者调查,美、日、英和加拿大在华跨国公司其子公司内部贸易价格决定权的掌握往往并不在子公司的手中。价格决定权的归属是判定是否存在转让定价的起点。从表3.2所显示的调研结果来看,美、日、英和加拿大在华跨国公司价格的决定常常是由母公司起主导作用,即或是母公司决定或是由母公司参与决定,而美、日、英和加拿大在华子公司仅类似一个"成本责任中心"的角色,这样就不可避免地存在利用转让定价转移利润的行为发生。

表3.4 近几年外商投资企业进出口情况一览表　　　　（单位：亿美元）

年度项目	2004 年	2005 年	2006 年	2007 年	2008 年	2009 年
加工贸易进出口总额	2 287.55	3 220.33	4 500.16	5 778.75	7 055.50	8 311.27
占外商投资企业进出口总额的比例	69.3%	68.19%	67.86%	69.48%	68.07%	66.23%
加工贸易进口总额	941.55	1 317.62	1 836.62	2 312.46	2 743.87	3 096.65
占外商投资企业进口总额的比例	58.7%	56.82%	56.59%	59.67%	58.06%	55.35%
加工贸易出口总额	1 346.00	1 902.71	2 663.53	3 466.29	4 311.63	5 214.62
占外商投资企业出口总额的比例	79.2%	79.2%	78.66%	78.03%	76.47%	74.97%

资料来源：商务部利用外资统计（2004—2009），http//www.mofcom.gov.cn/article/tongjiziliao。

表3.5 在华跨国公司子公司内部贸易价格决定权的调研结果表

项目	企业数(个)	所占比例(%)
母公司统一决定	11	7.75
在华子公司编制方案,由母公司作出全球性调整	27	19.01
在华子公司与母公司协商决定	38	26.76
在华子公司自主决定	55	38.73

资料来源:李敏、袁静、毛蕴诗,跨国公司在华经营策略,第一版,北京:中国财政经济出版社,2009:279。

(3)股权安排。自外商进入中国以来,其股权安排选择上发生了较大的变化。1997 年,外商独资企业所占比重为 34.6%,而在 2007 年迅速上升到 68.5%,远远超过了中外合作和中外合资企业(见图 3.4),可见,跨国公司进入中国的主流方式正逐渐向外商独资企业转变。由于股权结构的变化,外商由原来的控制部分股权到控制全部股权,这样外方投资者便可操纵企业的全部经营活动,包括材料的采购、产品的销售、费用的分摊,等等,使得其在华转让定价有了更大的可能性。

企业类型	2002 年	2003 年	2004 年	2005 年	2006 年	2007 年
外商独资	60%	62%	67%	60%	68%	69%
中外合作	10%	8%	5%	2%	3%	1%
中外合资	29%	29%	28%	20%	20%	9%

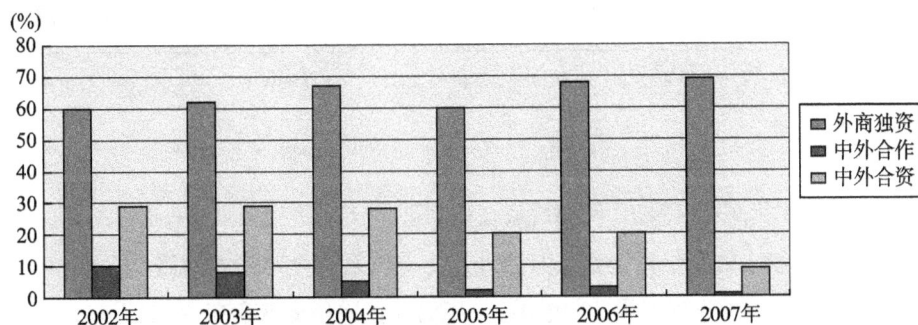

资料来源:商务部利用外资统计(2002—2007),http://www.mofcom.gov.cn/article/tongjiziliao。

图3.4 外商直接投资的结构变动趋势图

（4）进出口商品构成。从我国进出口商品的构成来看，仅以2006年数据为例，进口最多的是集成电路和电子附件、电视与收音机以及无线电设备零部件、自动数据处理设备零件、初级形状的塑料、钢材等。而出口产品则以电视机、自动处理设备及零件、电视与收音机及无线电设备零附件、服装及衣着附件、纺织纱线和织物制品等为主。从进出口商品种类及其构成比例，我们可以推断出二者具有上下游产品的关系。这种进出口商品构成表明，在华跨国公司有运用转让定价避税的可能性。

3.5.3 在华跨国公司内部贸易与转让定价避税

随着外商在我国直接投资的不断增加，跨国贸易在我国经济活动中的地位呈不断上升趋势，并已处于核心的、极为重要的位置。仅从外商投资企业进出口总值在我国进出口总值中所占的比重这一指标来考察，就足以证明其地位的重要性。见表3.6。

表3.6 外商投资企业进出口总值及其占全国进出口总值的比重一览表

（单位：亿美元）

项目	2000年	2001年	2002年	2003年	2004年	2005年	2006年	2007年	2008年
进口总值	1 172.73	1 258.63	1 602.86	2 319.14	3 245.57	3 875.31	4 726.16	5 594.08	6 199.56
占全国比重（%）	52.1	51.67	54.3	56.18	57.81	58.7	59.7	58.53	54.71
出口总值	1 194.41	1 332.35	1 699.37	2 403.41	3 386.06	4 443.92	5 638.35	6 955.2	7 906.2
占全国比重（%）	47.93	50.06	52.2	54.83	57.07	58.29	58.18	57.1	55.34

资料来源：商务部利用外资统计（2000—2008），http//www.mofcom.gov.cn/article/tongjiziliao。

由表3.6我们可以看出，外商投资企业的进、出口总值占全国进、出口总值的比率在逐年增加。由于外资企业具有全球性生产体系和全球销售网络这一特点，其国际市场开拓能力逐渐增强，对我国近十年的外贸增长贡献率高达62%，有力地拉动着我国的进口需求，而跨国公司的内部贸易又在来华的跨国贸易中占有相当大的比重。但是要搜集到跨国公司内部贸易相关统计数据十分困难，为证明上述结论的正确性，笔者在此借用了由毛蕴诗等专家组成的课题组关于我国跨国公司内部贸易的调研成果。从 2002 年开始,该课题组首先选取了研究样本,样本的 269 家跨国子公司都来自跨国公司分布集中的地区;然后通过对美国、日本关联企业国际贸易的定期统计数据加以整理,得出我国投资跨国公司的内部贸易数据。以这两部分数据为基础,该课题组运用各种统计方法,经过七年的研究,终于得出以下结论:中国跨国公司的内部贸易出口为 10 000 亿美元左右,内部贸易进口也在 8 000—10 000 亿美元,同年我国的出口总值为 32 550 亿美元,进口总值为 29 510 亿美元。因此,可以推算出跨国公司内部贸易在我国进出口贸易所占比重为 1/3 左右。由本书第 2 章的分析我们知道,由于跨国公司内部贸易的存在才有了转让定价的产生。也就是说,跨国公司内部贸易是转让定价产生的前提与基础,根据跨国公司内部贸易在我国的迅速发展这一现状,我们就能够判断出我国存在着转让定价的可能。

3.5.4 美、日、英和加拿大在华跨国公司经营绩效与转让定价避税

通过图 3.3,我们可以看出,跨国公司在我国表现出强劲的发展势头。那么是什么促使美、日、英和加拿大等国跨国公司在中国改革开放的短短几十年就会有如此骄人的发展业绩呢? 最主要的原因应归结于美、日、英和加拿大的跨国公司具有内资企业所无法比拟的竞争优势。美、日、英和加拿大跨国公司的竞争优势主要表现为资源优势、能力优势以及税收政策优势。

(1)资源优势。资源优势是美、日、英和加拿大跨国公司整体竞争优势的基础与保障,是企业竞争实力的核心与体现。一是人力资源。现代企业的竞争归根到底就是人才的竞争,因此人力资源是企业的核心资源。在人才争夺战中,跨国公司比内资企业表现出更明显的优势。他们重视人才,通过各种方式收罗人才。支付高薪是他们吸引高级管理和技术人员最主要的手段。此外,他们还投入大量的成本进行人才培训。而与此相对比,内资企业在人才方面则处于十分尴尬的境地。一方面是技术人才特别是高层次人才奇缺,制约着企业的发展与成长;另一方面是在原单位无用武之地的大量人才闲置,使得这些人才不得不另谋高就,纷纷投入外资企业的怀抱。因此出现了大量人才外流的现象。二是财务资源。该资源是指与企业经营和发展所需的资金保证程度有关的资源,包括资本的结构、资金来源与数量、资产状况,等等。从在华跨国公司的投资规模、注册资本金等几项指标与内资企业相比,无论用绝对值还是用相对值来比较都表现出强大的优势。三是信息

资源。在当今国际化、全球化的时代,信息已成为企业竞争所必不可少的资源与要素,并且其与企业发展的关联度已在实践中被有效验证。从信息渠道上来看,外资企业拥有广阔的国际市场信息,这是内资企业所无法比拟的。

（2）能力优势。一是企业的研发能力。通常我们在讨论企业的研发能力时,习惯用企业对科技活动的投入量来衡量企业的技术实力。从表3.7中,我们可以看出,外商投资企业在科技活动经费、研究开发费用以及新产品开发费用等方面的平均支出都要远远高于内资企业。二是制造能力。由图3.2,我们知道,目前外资企业在华投资的行业主要集中在制造业。而对于制造行业来说,制造能力则是企业获取竞争优势的最重要的基础。包括:先进的制造系统的应用、适应多变国际市场的生产组织能力、生产效率,等等。就这一点来看,内外资企业又存在着巨大的差距。我国招商引资的目的就是为了引进先进的技术、设备,以及与其相配套的先进的应用系统。通过这些资源的引进,以达到提高生产组织能力、生产效率的目的。而我国目前的制造生产能力同外资企业相比仅相当于后者上世纪六七十年代的水平。三是战略管理能力。所谓战略管理能力是指企业通过对未来的国际市场与环境加以把握,具有对资源进行有效利用和整合以及对企业发展进行规划、组织管理和控制的能力。在这一方面,内外资企业的差异很大。而战略管理能力也恰恰是我国需要借鉴与学习之处。四是组织创新能力。主要包括学习型组织的建立、企业创新体系的设立、企业的培训水平、企业的知识管理水平等,这一方面也是内外资企业差距产生的一个很重要因素。

表3.7　内、外资企业科技活动费用支出比较表　　（单位：万元）

企业类型	有科技活动企业数	科技活动经费内部支出	平均经费支出/企业	有R&D企业数	R&D费用支出	平均费用支出/企业	新产品开发企业数	新产品开发费	平均开发费/企业
内资企业	26 327	17 938 473	681	13 584	8 050 468	593	15 034	6 871 098	457
外商投资企业	3 626	4 083 151	1 126	2 013	2 105 189	1 046	2 125	1 902 404	895
港澳台投资企业	2 971	2 000 657	673	1 478	889 852	602	1 670	883 462	529
合计	32 924	24 022 281	730	17 075	11 045 509	647	18 829	9 656 964	513

资料来源：中国经济普查年鉴,2008,第一版,北京统计局。

（3）税收政策优势。自跨国公司迈入中国市场以来,为了更好地实现招商引资政策,给外资企业提供一个宽松、更具吸引力的投资环境,外资企业可以在我国税收政策中享受到"超国民待遇"的优惠。即使是 2008 年新《中华人民共和国企业所得税法》的实施,国家也给予外资企业以五年过渡期的优惠。2008 年以前,外资企业享受的税收优惠主要具有下几个方面的特点:一是广泛的税收优惠主体,无论地区、行业或技术先进程度的差异,只要满足涉外的条件,企业都能至少享受到一种与自己相关的税收优惠;二是地区性优惠多于产业性和技术性优惠,并且主要集中在沿海开放地区,内陆地区实际只能享受到非常有限的优惠;三是税收优惠表现为门类多、层次多、环节多等特点,时常发生交叉和重复现象;四是作为重中之重而被强调的一直都是出口导向型税收优惠。这些无疑又进一步促进了外资企业竞争力的提高。上述几方面的因素分析表明,不管是在外部环境还是内部实力上,在华外资企业都远远优于内资企业,这些也恰恰是促成跨国公司在华迅猛发展的重要因素。然而对比表 3.8 显示的数据,却看出一系列隐藏在外资企业的优势背后并足以令我们瞠目结舌的事实。

表3.8　规模以上内、外资工业企业亏损情况比较表

年份	企业类型	总户数	亏损企业户数	亏损面
1999	内资企业	135 196	35 951	26.59%
	外资企业	26 837	8 235	30.69%
2000	内资企业	134 440	30 407	22.62%
	外资企业	28 445	7 635	26.84%
2001	内资企业	139 833	30 677	21.94%
	外资企业	31 423	8 669	27.59%
2002	内资企业	147 091	29 085	19.77%
	外资企业	34 466	8 698	27.59%
2003	内资企业	157 641	27 386	17.37%
	外资企业	38 581	9 134	23.67%
2004	内资企业	219 309	42 210	19.25%
	外资企业	57 165	15 993	27.98%
2005	内资企业	215 448	34 826	16.16%
	外资企业	56 387	13 479	23.90%
2006	内资企业	241 089	33 907	14.06%
	外资企业	60 872	13 228	21.73%

资料来源:《中国经济贸易年鉴》(2000—2007)。

在分析上述数据之后,我们得出了矛盾的结论:跨国公司在中国蓬勃发展,方兴未艾,并一路走在世界跨国投资行列的最前端,但是本应随其发展成正比的经营业绩却出现持续下滑的趋势。我们看不到随经营业绩不断提高而带来的投资发展,看到的是越来越多与其相伴而生的微利企业或者亏损企业。我们不得不对这一截然相反、矛盾的事实加以重视,不断地进行思考和分析。站在经济学的角度上,我们将跨国公司假设为已经过论证的并具有一定经济、社会基础的"理性经济人",这个"理性经济人"必定要以利益最大化为自身的追求目标。为了得到更大的投资收益,跨国公司才在中国大量投资,而且只有在取得投资收益后跨国公司才能不断地进行投资以追求更大的利益。表面上来看,这一逻辑推理很是符合经济的正常发展规律,然而在跨国公司在华的实际经营中,我们看到的只有微利和亏损,甚至很多企业长期持续亏损,完全看不到其经营业绩的提高,这样不免在我们的脑海里会产生许多疑问。跨国公司为何一面亏损,一面投资不断呢?是真亏还是假亏呢?导致亏损的原因是什么呢?亏损能产生哪些效应呢?

综观国内外对于亏损的研究,主要存在以下几方面的观点:转让定价说,该观点认为,跨国公司长亏不倒的背后是转让定价在发挥作用;管理效率说,一些学者将外资企业的亏损归因于管理效率,国外学者多倾向于这一方面的研究;交易成本说,这一观点主要是从外资企业的进入方式这一方面来研究交易成本对绩效的影响;制度影响说,主张这一观点的学者们认为外资企业的绩效差异是与东道国的制度因素(如行业因素、国家产业政策、国家税收政策等)密切相关的;投资不足说,许多学者从投资的角度对亏损进行了剖析,持有这种观点的人认为,企业规模太小和投资时间不足是致使经营亏损的重要因素。上述这些观点为我们分析、解释跨国公司在华长亏不倒现象提供了理论依据。但由于各学者来自不同经济、政治、文化的国家,其研究的角度与样本的不同会得出不同的结论。此外,世界各国之间差异的存在,即使运用同样的研究方法也往往会产生不同的结论。因此,研究在华跨国公司必须根据我国的特点,从我国经济发展的现实出发,才是本文研究的切入点与立脚点。我国是一个发展中国家,具有发展中国家的共性;同时我国又处于令世界瞩目的经济迅猛腾飞时期,其具有的中国特色的市场经济又使其与其他国家有所不同。因此,探讨中国的转让定价问题只有以在华的跨国公司为研究样本,才能使我们的研究更具有针对性与现实性。笔者的观点更倾向于转让定价说。一是通过大量有关我国转让定价研究文献的查阅,认为这些研究符合中国的实际;二是笔者在税务部门工作多年，与外资企业有过较多的接触，因而在实践中也有切身的体会。但由于跨国公司内部交易涉及企业的商业秘密，且转让定价策略更是企业最核心的机密，因此其许多信息与数据是不可能公之于众的。即使我们采取问卷调查等方式，了解外资企业转让定价的目的、方法等，外资企业也会出于自身利益的考虑，回避其利用转让定价手段避税的有关信息。另外，在他们送交政府管理部门的财务报告中也不会自行披露存在利润调控的行为。此外，我国相关部门对此方面信息的收集也极其有限。因此凭借本人自身去收集、取样是力所不能及的。所以，笔者借用由毛蕴诗等专家组成的"跨国公司在华策略与中国企业的应对措施"课题组通过抽样调查并运用统计分析工具对跨国公司在华子公司的内部贸易转让定价行为进行分析，来证明我国转让定价的存在性。

该课题组对跨国公司内部贸易价格决策权由谁掌握进行了研究。其结论是母公司起主导作用，而在华子公司仅在其中充当一个"成本责任中心"的角色。由母公司的地位与特点决定了跨国公司内部贸易中不可避免地会存在母公司转移子公司利润的行为。尔后，该课题组又从在华跨国公司内部贸易定价方法使用情况来进行研究。其调研的结果是，近50%的企业运用成本加利润法。所谓成本加利润法是以产品的成本为基础，再加上适当的利润，以此来确定公平交易价格。由此可见，该方法下确定的价格是由两个指标来决定的，即成本与利润加成比例。由于在跨国公司内部中，子公司在产品的技术控制、经营管理、市场选择、财务控制等方面都对母公司产生极大的依赖性，许多子公司的供销也是由母公司来操控的。因此在华跨国公司能够掌控采购成本。另外在成本中还包括一些与母公司有关的费用，如管理费、促销广告费、研发费等，这些费用的分摊存在很大的随意性。对于利润加成率，前面我们提到子公司的许多价格是由母公司参与制定的。母公司会站在全球角度来确定，而不会按照市场的平均利润率。综上这些情况都有助于跨国公司通过转让定价来操纵利润。

该课题组又通过样本中外资企业与内资企业进口商品平均价格进行了比较，发现所统计的样本中，外商投资企业的进口商品平均价格要远远大于内资企业的进口商品平均价格。这表明跨国公司确实存在着通过高报进口价格的手段转移利润的行为。除上面所提到的实证调查外，对于转让定价存在性的分析，我国还有一些学者也同样运用了抽样调查、问卷调查或是统计分析等方法从不同的角度进行了验证。例如徐海康（2004）以1997—2000年江苏省外商投资企业的数据为样本，对我国外商投资转让定价的存在性进行实证分析,并得出结论:外资企业几乎都存在着利用增加债务比例这一手段来实现转让定价的倾向,独资企业利润操纵能力更强;此外,陈屹(2005)同样以1997—2000年江苏省外商投资企业的统计数据为样本进行分析,但其应用了更为科学的单因素方差分析、可重复双因素方差分析以及回归分析等方法,发现转让定价对东道国和母国税率的差异都十分敏感。当然还有学者从其他方面进行了论证。但无论是运用什么样的研究方法,采取什么样的数据,最终都能得到一个趋同的答案,就是在华跨国公司在进行跨国内部交易时存在操纵性转让定价行为。这些行为的直接后果则表现为企业的连年亏损或是微利。

3.6　我国对转让定价存在性的研究

我国对转让定价的定义是:转让定价是指企业集团内部机构之间或关联企业之间相互约定的出口和采购商品、劳务、技术时所采用的内部交易价格。它作为一种避税方法,在国际贸易中被广泛采用。目前,我国政府为了鼓励华企投资,制定并实施了一系列税收激励政策。

(1)通过控制中间产品的供应价格来影响产品价格。例如母公司以较高的价格向子公司出售产品,从而增加子公司的产品成本,减少利润,进而减轻税负。

(2)通过调整固定资产的售价或使用年限来影响产品成本。如母公司向子公司投资及其设备时,通过提高设备的售价,减少设备的折旧年限,由于子公司付出的成本增加且设备折旧可以在所得税前扣除,降低了子公司的利润,减轻税负。

(3)通过收取专利权、专有技术和商标权等特许权使用费来影响子公司的成本和利润。例如,母公司向大部分子公司收取较低的特许权使用费,只是对一部分由少数股东控制的子公司收取正常或较高的使用费,从而能减少子公司的应纳税所得额。

(4)通过提高技术咨询、管理等劳务费用来影响子公司经营成本。除此之外,母公司通过及时收回对子公司的投资,实施积极的利润分配政策或者向子公司发放较高利率的贷款,增加子公司的利息费用,减少子公司的应纳税所得额。

我国对转让定价的税收管理,经过10余年的研究和探索,已经初具规模。关联企业应当按照独立企业间业务往来的相关规定,对与其他关联企业间的业务收取或支付价款、费用；若不按照这一规定，税务机关有权对其减少应纳税所得额的行为进行约束。对有形财产的购销业务，税务机关可以采用可比非受控价格法、再销售价格法和成本加成法等核定其应纳税所得额。若上述调整方法均不能适用，可采用可比利润法、利润分割法、净利润法等来进行调整；对融通资金利息参照正常利率水平来调整；对劳务费用依据类似劳务活动正常收费标准进行调整；对以租赁等形式提供有形财产的使用权涉及的租金的调整，按与非关联企业之间提供使用相同或类似的有形财产的正常费用标准调整，根据租赁费的构成要素，还可以采用财产折旧加合理费用和利润作为正常租金，并据以进行调整；对转让无形财产的作价或收取的使用费参照没有关联关系所能同意的数额进行调整。考察我国转让定价税收管理的有关规定，我们发现，这些规定虽然保证了我国在转让定价方面有法可依，但由于不具备科学、严谨的操作方法和程序，税务机关在实施时还有较大的难度。例如，在"减少应税收入"的税收调整，由于没有相应的流转税方面的规定以及具体的调整方法，使调整应税收入（主要涉及增值税和消费税等方面）变得相当复杂，实际上难以操作。

3.7 美、日、英和加拿大在华跨国公司不公允转让定价的效应分析

前面我们用了大量的篇幅分析了转让定价，使我们进一步对转让定价的本质有了更深刻的认识。就转让定价本身而言，其仅仅是一个经济术语，并无"褒"、"贬"之分。但为什么在现实经济生活中，人们一提到转让定价，就往往易将其与"避税"、"破坏公平竞争"等贬义词句相联系起来呢？均因为转让定价中存在不公允情况。而这些不公允情况的出现对各国乃至世界经济的发展产生了极大的负面效应。在这里，我们不再分析转让定价积极的一面，因为美、日、英和加拿大跨国公司内部贸易的蓬勃发展，已足以说明处于其核心地位的转让定价所发挥的积极作用。本书的重点是剖析不公允转让定价所造成的负面效应，为的是能正确评判转让定价，以便为我们有针对性地、有效地进行税收规制提供参考与借鉴。

3.7.1 经济效率效应

现代经济学中的效率主要是指帕累托效率，即资源配置的最佳状态，也就是在经济资源稀缺的条件下，如何有效安排和充分利用资源，通过投入最小的资源来获

得最大的经济效益。从经济效率的角度来评判转让定价,我们应持一分为二的观点来看待。前面我们分析,转让定价行为是美、日、英和加拿大跨国公司适用外部市场失灵和国家对经济干预的一种自我调节和理性选择,是适应企业分权化组织结构需要和满足协调控制要求而出现的一种内部资源配置机制,是实现激励或协调的一种较好制度工具。从这一点上来看,转让定价在一定程度上改善了由于国家政策和市场因素而导致的资源配置的扭曲,使经济效率相对有了提高,其产生的效应是积极的、正面的。但从另一方面,不公允的转让定价又极大地破坏了资源的配置,进而影响了经济效率的提高。主要表现为:

(1)价格信号的扭曲。微观经济学告诉我们,市场是通过受供求规律影响的价格机制来调配资源的,以使资源配置达到最佳效率。而转让定价是美、日、英和加拿大跨国公司将外部市场内部化后根据集团整体战略由决策层来制定的。这一价格不是由外部市场力量决定的,是不受外部市场中的价格机制影响的。特别是转让定价往往在运行过程中出现与正常交易价格偏离的现象,因此产生了价格信号的扭曲,进而产生了对资源配置的扭曲。

(2)加剧了税收竞争与国际纠纷。美、日、英和加拿大跨国公司运用转让定价手段,无论是出于避税的目的,还是为实现集团全球统一战略,如抢占某个国家的市场、树立在某国当地子公司良好形象,等等,都会迅速提高美、日、英和加拿大跨国公司整体的竞争力。但其结果却会引发跨国公司间的激烈竞争,并最终有可能形成市场垄断现象。此外,不公允的转让定价还会引发政府与跨国公司间的矛盾,以及各国政府间的税收竞争,从而增加国际税收纠纷。

3.7.2 税收效应

我们所讨论的税收效应是指转让定价同税收之间的因果关系,即转让定价对税收造成了哪些影响。本文从以下三个方面进行剖析。

(1)税收收入效应。一国财政收入最主要的来源是税收收入,国家财政收入中大约有 95% 来自税收。由此可见,税收在各国经济发展中的重要地位。因此,各国政府都在不断完善税收制度与法律,不断地加强税收征管,不断地提高税务机关及税务人员的整体素质,目的就是要更好地保护税基不被侵蚀,税收收入不被流失。通常,美、日、英和加拿大跨国公司在生产经营既定的情况下,若按照公平交易价格进行计价,其所取得的正常的经营利润是既定的积极的利润。而跨国公司若利用各国税收制度的差异,通过转让定价的手段来转移利润以获取税收利益,这部分利润则属于消极利润。这种利润的获取是以相关国家税收利益的让渡为代价的。我国由于对转让定价的规制较晚,无论在制度建设上还是在税务管理的实践方面都尚处于逐步完善的过程。因而,美、日、英和加拿大在华跨国公司利用转让定价避税行为在很大程度上侵蚀了我国税基,侵犯了我国的税收利益。据有关资料统计,我国的税收收入中因美、日、英和加拿大跨国公司转让定价造成的损失大约为400亿元左右。

(2)税制公平效应。站在福利经济学的角度,必须结合公平原则去考虑社会资源配置的效率。所谓公平,就是指收入分配的合理性与平等性。转让定价对税制公平的影响体现在:转让定价引起了税基在国际间的流动,使得收入或资源在不同企业间或国家间进行重新分配或不合理分配。由于各国税收主权是相对独立的,这种不合理的分配必会影响到各国税收利益的实现。因此,为保护本国税基不被侵蚀,同时也为了维持本国既定的公共产品供给水平,各国政府会采取不同的措施以避免税收的流失。如将原来由流动性较强的税基承担的税收负担转移到流动性较弱的税基之上。这样便破坏了原有税制的公平性并导致社会整体福利水平的下降。

(3)税收政策扭曲效应。我国自改革开放伊始至今,为吸引更多国外的资金以及先进的技术与管理,为外资企业大开方便之门,给予了大量的税收优惠政策,其目的就是为摆脱我国资金缺乏的束缚,优化我国产业结构,引领我国经济朝着健康、有序的方向发展。但若享受税收优惠政策的跨国公司通过转让定价手段将本应服务于我国的资源转移至他国,将会违背我国税收政策的初衷。税收优惠政策的失效和滥用转让定价并存的局面将会导致判断跨国资本与我国税收政策目标是否吻合的信号甄别机制不显著,使我国政府错误判断政策效果的不显著是由于税收优惠的程度不够所致。这样便会对我国税收政策的制定产生一种误导。另外,这种局面的存在在某些情况下还会加剧各国之间的税收竞争。

3.7.3 相关利益效应

(1)对我国投资者利益的影响。当跨国公司在我国创建合资企业时,转让定价会直接影响到我国其他投资者的利益。因为按照股份公司的一般原则,资本所得的份额以股东的投资份额为依据,因而控股权就成为各方股东争夺的主要目标。然而,控股权并不简单地等于控制权。有些外方投资企业尽管没有取得控股权,但其却能凭借自身的垄断优势而取得控制权,如掌控产品的购销渠道或公司的决策,等等。就我国合资企业而言,由于中方投资者信息的不对称,以及对国际行情了解的不足,因此造成了在产品的购销等方面对于外方投资者的过度依赖,这样便为转让定价的实现提供了丰厚的土壤。跨国公司通过转让定价将合资企业的利润大量转移到国外,达到独享合作成果的目的,以弥补由于所占股权份额比例小而造成的利润分配少的缺陷。这种结果会直接造成中方投资者应分利润的减少,损害了他们的自身利益。如果由于转让定价而导致公司的亏损,中方投资者还要承担亏损的后果,这进一步加大了对我国投资者权益的侵害。另外,由于外方投资者能从转让定价中受益,他们可能不再真正关心公司的收益,不再热衷公司的经营管理,致使公司经营出现困难甚至是亏损。而我国的投资者也会因为无利可图而影响其经营热情与信心。这些都将对合资企业的发展极为不利,也违背了我国招商引资的初衷。

(2)对我国外汇收支的影响。跨国公司转让定价不仅引起利润在各国间的非正常流动,而且也造成了国际资金流动秩序的混乱。这是因为转让定价所引起的经济资源的跨国流动要通过相关国家外汇收支的形式实现,这样便会影响到相关国家的国际收支平衡。我国是一个正在迅速崛起的发展中大国,经济建设的快速发展对资金产生了极大的需求。但由于国内资金供给的不足,因此对外资的供给就格外青睐。所以,为增加外汇收入并保持外汇收支的稳定,我国实行一定程度的外汇管制政策。跨国公司为尽快收回投资,就通过内部贸易渠道用转让定价的形式把利润转移出去,这样便会造成我国外汇管制政策的失败。而与此同时,转让定价引起国际资本的不正常转移,还会使我国出现严重的收支不平衡。

(3)对我国当地竞争者的影响。税收是企业成本的重要组成部分,税收的大小直接影响到企业净利水平。跨国公司运用转让定价的手段规避了税收,使其税负水平远远低于一般经营情况下的正常税负标准,从而使其在市场竞争中拥有强大的优势。这种优势会对未采用和不能用转让定价策略的对手造成威胁,使他们在一种不平等的环境下进行竞争。这样一方面会使竞争者产生一种强烈的不满或对抗情绪,另一方面又会产生消极示范作用,对竞争者产生一种激励,使其想方设法去规避税收。若此种双方博弈行为反复进行,会严重破坏市场经济的公平竞争,阻碍经济的向前发展。

4 我国与贸易伙伴间跨国公司转让定价税收规制比较研究

本章摘要：

　　本章进行四个方面比较研究。一是关联方确认的比较研究；二是同期资料管理的比较研究；三是转让定价调整方法的比较研究；四是预约定价协议（APA）的比较研究。通过比较完善、细化我国关联方的认定标准，为税务当局的转让定价调查提供充分的证明文件，旨在主张各国采用成本利润率这一新的定量分析工具，重新评估跨国公司通过转让定价避税的程度，使我们更加清晰地认识到各国的转让定价行为。

4.1 转让定价的概念及其基本方法

　　关联方之间业务往来的定价十分灵活，极大地影响着关联企业的财务状况和经营成果及关联各方的经济利益，因此，规范和约束关联方交易与转让定价显得十分重要。首先要正确理解转让定价和关联方交易等相关概念，其次要清楚地认识到关联交易中转让定价的动机和对交易各方的影响。

4.1.1 关联交易的概念

　　在市场经济环境下，为维护自身的利益，企业与企业或企业与个人会按照公平、自由原则来进行交易。但是,当交易双方具有关联关系时,由于关联各方并不是完全独立的经济个体,考虑到交易双方动机的不同,交易各方很可能违背公平原则来进行交易定价,这就可能影响到双方的财务状况和经营成果。《企业会计准则第36号——关联方披露》和新《企业所得税法》都对关联方关系及其交易作了具体规定。

1. 关联方

根据《企业会计准则第36号——关联方披露》准则,判断关联方存在的基本标准是:一方控制、共同控制另一方或对另一方施加重大影响,以及两方或两方以上同受一方控制、共同控制或重大影响的构成关联方。其中,控制,是指有权决定一个企业的财务和经营政策,并能据以从该企业的经营活动中获取利益;共同控制,是指按照合同约定对某项经济活动所共有的控制,仅在与该项经济活动相关的重要财务和经营决策需要分享控制权的投资方一致同意时存在;重大影响,是指对一个企业的财务和经营政策有参与决策的权力,但并不能够控制或者与其他方一起共同控制这些政策的制定。我国新《企业所得税法》规定,满足下列条件之一的公司、企业或其他经济组织为关联企业:①在资金、经营、购销等方面,存在直接或间接的拥有或者控制关系;②直接或者间接地同时被第三方拥有或控制;③其他在利益上具有关联的关系。

2. 关联交易

关联交易是指关联方之间发生的交易,其交易类型通常包括以下几种:①购买或销售商品;②购买或销售除商品以外的资产;③资金提供(贷款或股权投资);④提供或接受劳务;⑤债务担保;⑥研究与开发项目的转移;⑦许可协议;⑧租赁;⑨代理;⑩代表企业或由企业代表另一方进行债务结算。

4.1.2 转让定价的概念

转让定价,是指企业集团内部成员企业之间或其他关联企业之间相互提供产品、财产或劳务时进行的内部交易作价,同时包括同一企业内部各部门之间的交易作价。通过转让定价所确定的价格称为转让价格或转移价格。从政府角度来看,转让价格是跨国或集团公司为逃避预提税和增加国外税收抵免额以减轻公司税和关税的税负,以及为规避投资国相关政策的监管和外汇、通胀风险等而对关联企业制定的内部交易价格;从跨国或集团公司角度来看,转让价格是公司为追求利润最大化,以总体的经营战略目标为基础,在母子公司、子子公司之间发生产品购销业务或提供劳务业务时所制定的内部作价;从国际税收研究领域来看,转让价格是指跨国或集团公司及其内部有联属关系或利益关系的各个企业之间的货物购销、劳务提供、资金借贷以及财产租赁和转让等往来交易所确定的一种结算价格。

综上所述,转让定价主要是指跨国或集团公司内部的交易价格及关联方之间的交易价格。关联方之间的交易在非关联方之间可能不会发生,即使发生交易价格也可能不同。由于不具有关联关系的企业一般按照公允价值进行交易,而投资企业对被投资企业的财务、经营决策施加影响,使得关联企业之间交易定价十分灵活,往往不等于市场公允价值,关联方交易的转让定价深刻影响着交易各方的经济利益,从而成为关联方交易中的核心问题。关联方交易的转让定价主要包括关联方之间对货物和劳务购销、贷款利息、有形资产、无形资产以及股权等的转让定价。理论上讲,转让定价的制定方法主要包括基于市价和成本的定价以及以此为基础的协商价格和双重价格。但是,由目标于关联交易转让定价是企业实现经营战略的重要手段,在实际交易中,企业往往根据其战略需要来调整交易定价。所以,关联方交易的实际转让定价与理论定价往往存在一定的差异。甚至在某些情况下,关联方交易的转让定价与其成本或市价相差甚远。

4.1.3 关联交易转让定价的基本方法

为了更好地发挥转让定价的各项功能,如何制订转让定价成了关键的问题。目前,跨国公司转让定价的制定方法主要有四种:基于市价的定价、基于成本的定价、协商定价和双重定价。

1. 市价法及其优缺点

市价法就是基于市价的转让定价,是以外部正常功能市场价格为基础而制定的。其实质是将母公司与跨国公司内部各个关联子公司均视作独立经营的企业。具体而言,就是以转移产品(包括劳务、无形资产、贷款和有形资产的转让与出租)时的外部市场价格作为企业内部转让价格基础的一种方法。正是由于各关联子公司这种经营上的独立性,采用这种方法制定的转让定价与正常的市场交易价格一般不存在差异。

该种方法的优点是:①有助于发挥子公司的独立自主权,实现了企业经营权与所有权的分离;②由于市场价格较好地代表产品的真实价值,该方法有利于有效地利用有限的资源,取得正常的收益;③有助于子公司管理人员有效利用市场,提高公司的市场适应能力;④在采用市场价格的情况下,业绩报告上的营业利润反映的是实际经营情况,其确定的子公司收益较为真实,从而有利于业绩的考评;⑤在一定程度上消除了人为因素的干扰,提高了客观性与公平性;⑥由于市场价格往往是一种公允价格,会被有关国家政府认为是"正常交易"价格,这样,采用市场价格法确定转让定价可以避免有关联交易的公司与本国政府有关法规之间发生冲突。因此,这种转让定价容易被所在国政府接受,目前,许多国家都倾向于这种定价方法。这种方法的缺点则在于:①采用以市价为基础的定价方法,跨国公司管理当局在利用转让定价人为调整收益时会受到一定的限制;②为内部交易的中间产品选取中间市场和公允市价具有一定的困难,即使存在这样的市场,也很少是完全竞争性的,因此,很难为定价选取一个公正的市场价格基础;③采用这种定价方法,也有可能导致对成本数据收集工作的忽视;④由于市场瞬息万变,所处的时间和地点不同,市场价格也就不同,所以较难建立一个稳定的以市场价格为基础的转让定价系统。

2. 成本法及其优缺点

基于成本的转让定价是由供货企业的实际成本、标准成本或预算成本加上固定比率的毛利来决定。这种方法经常用于纵向一体化战略来降低中间产品的成本。具体可分为四种方法:完全生产成本法、变动生产成本法、成本加成定价法和边际成本定价法。我们可将其汇总如表4.1所示。

表4.1 成本法

成本法	转让定价
完全生产成本法	全部成本＝直接材料＋直接人工＋制造费用
变动生产成本法	变动成本＝直接材料＋直接人工＋变动制造费用
成本加成定价法	成本＋毛利＝成本 × (1+ 毛利率)
边际成本定价法	边际成本

基于成本制定的转让定价有以下优点:①操作简单,可以避免基于市价制定的转让定价中受到的各种限制;②数据易得,有现有成本资料作为基础,有据可依,经得起税务当局审查,跨国公司也可有正当理由申辩;③容易形成惯例,减少随意性

的定价,增加部门之间的融洽。成本基础定价法的缺点则在于:①以产品的实际成本为基础制订国际转让定价,会使供货方公司的低效率和经营管理不善所造成的高成本的经营责任转嫁给购买方公司。这样就不能及时反映出购买方公司的经营成果,容易导致供应方公司忽视加强对成本的管理。②以成本为基础制订转让定价,可能会导致跨国公司整体难以实现利益最大化目标。当以成本为基础制订的转让定价大于外部市场上类似产品或服务的价格时,购买方公司就不愿选择供货方公司的产品或服务,而转向外部市场。③成本的各种概念并不统一,成本的分配方法多种多样,加上各国所确定的成本在内容和范围上存在差别,所以,即使同样的产品,其成本也缺乏可比性。

3. 协商法及其优缺点

以协商为基础的定价方法,是指将每个利润中心都视为一个独立核算的经营企业,它们可以自主交易的定价。协商定价法不但能够将各子公司的经理人员的权责相结合,促进企业分权化经营,而且有助于企业管理者对各子公司的经营业绩进行考评和奖惩。但是,由于交易是自愿的,对子公司有利的价格可能对跨国公司整体不利,因此,不利于企业实现利益最大化和全球化战略目标。而且,以协商为基础的转让定价,仅以跨国公司内部买卖双方子公司的谈判为基础来定价,与市价法和成本法相比,协商法缺少严格的参照标准,具有较强的随意性,显然其定量性和科学性较差。

4. 双重法及其优缺点

双重定价方法,是指跨国公司对购买利润中心采取以完全成本为基础的定价方法,而对销售利润中心则采取以市场价格为基础的定价方法。这一定价法下,不存在完全成本定价法下的销售利润中心既作为成本中心,又作为利润中心的矛盾,也不存在基于市价的定价方法下购买利润中心不愿意内购的可能。双重定价方法有利于企业集团实现纵向一体化战略目标,减少了各利润中心的责任,但不改变各利润中心的职权。当然,双重定价方法也有其缺点。这种定价方法往往使跨国公司的总体收益小于各利润中心的收益之和,甚至当一些利润中心仍处于盈利时,总公司却已出现了亏损。而且,双重定价方法还可能会出现责任不明的问题。因此,双重定价方法必需根据公司的实际情况制订,并与其他方法结合。

以上归纳了跨国公司制订转让定价的常见方法。如上所述,每种方法都有各自的优缺点,我们将其总结为表4.2所示。

表4.2 转让定价制订方法小结

方法＼特点	优点	缺点
市价法	正常交易，客观公允	缺乏完全竞争的市场
成本法	有据可依，简便易行	成本转嫁，绩效不明
协商法	激励机制，灵活操作	不利整体，不够严谨
双重法	综合方法，兼顾各方	责任不明，不利考评

事实上，跨国公司选择转让定价是一个综合考虑的过程，需结合自身实际情况和外部现实环境，在对各种相互联系又相互制约的因素进行权衡之后，确定合适的定价方法，并随时调整。一般在实际运用中，以生产、销售一条龙的综合性纵向管理的跨国公司，当产品由生产的上一个部门转移到下一个部门时，如果提供产品的部门或子公司是一个成本中心，则通常按实际成本或边际成本制订其转让定价；如果提供产品的部门或子公司是一个利润中心，则通常采用一定的成本加成法或市价基础法来制订转让定价。但是，目前国际上并不存在选择转让定价制订方法的通行标准。因此，跨国公司究竟选择何种具体方法，完全是依据自身的战略与目标。对此，国外学者曾做过大量的实证调查。如著名的 Wagdy M. Abdallah 对美国、加拿大、日本和英国的跨国公司采用转让定价方法的实证调查进行了比较，并在其著作《跨国转让定价政策》*International Transfer Pricing Policies* 中列示如表 4.3。

表4.3 跨国公司采用转让定价方法的实证调查结果

方法＼调查者	美国 ECCLES TANG WALTER RAYMENT		日本 TANG WALTER RAYMENT	加拿大 TANG	英国 TANG
市场价格法	30.3%	20.4%	22.2%	26.9%	23.9%
成本基础法					
变动成本法	4.5%	0.81%	1.6%	2.7%	
全额成本法	24.7%	10.2%	4.8%	6.5%	7.0%
成本加成法	16.2%				
变动成本加成法		1.7%	1.6%	2.8%	2.8%
全额成本加成法		32.2%	33.3%	19.4%	22.6%
协议价格法	21.5%	13.6%	22.2%	25.9%	26.8%
其他方法	3.2%	21.1%	14.3%	15.8%	16.9%
合计	100%	100%	100%	100%	100%

资料来源：Wagdy M. Abdallah, 1989, International Transfer Pricing Policies,Greenwood Press, Inc.。

从上述实证调查结果可看出,由于跨国公司的转让定价方法各有利弊,针对不同的调查对象和子公司所在国家的不同,很难得出完整的结论。因此现实中,往往采用某一种主要的定价方法,同时辅佐其他方法。虽然跨国公司制定转让定价的方法并无统一的标准和结论,但是总体的发展趋势还是很明显的。如美国《财富》杂志比较了500家公司在2008年和2005年选择转让定价的方法,具体参见表4.4。

表4.4 美国《财富》杂志对跨国集团公司转让定价方法的对比表

转让定价方法	2005 年 (%)	2008 年 (%)
成本法	46.6	41.4
市价法	39.0	45.9
协议法	13.6	12.7
其他方法	0.8	0
合计	100	100

资料来源:刘威,《新编国际会计学》,苏州大学出版社2008年版。

由上表可见,2008年与2005年相比,相对成本法与协议法而言,市价法的比重递增较快(由39%上升至45.9%),另两种方法的使用则在下降。这种趋势表明,跨国公司选择转让定价的方法正逐渐偏好以市场为基础。

4.2 同期资料的概述与比较

4.2.1 "同期资料管理"的涵义

同期资料又称同期文档、同期证明文件,是指根据各国和地区的相关税法规定,纳税人对于关联交易发生时按时准备、保存、提供的转让定价相关的资料或证明文件,是企业转让定价文档管理的基础。《中华人民共和国企业所得税法》第43条第2款和《企业所得税法实施条例》第114条明确规定,企业有义务在发生关联交易的当期准备包括转让定价的交易价格、费用制定标准和计算方法等的同期资料文档,来证明关联交易的独立性,并向税务机关提供保存下来的同期资料。同期资料的管理即同期资料的准备、保存和提供,是企业转让定价文档管理的基础。

纳税人提供转让定价同期资料并承担协力举证责任,对税务机关进行转让定价的税务调查具有重要作用。一方面,从纳税人角度来看,这表示纳税人确保根据独立交易原则制定并执行转让定价,规范了纳税人的纳税行为和实务操作。从税务机关角度来看,由于跨国公司关联交易的复杂多变,税务机关不可能搜集到详细的转让定价相关证据,同时企业又是转让定价的制定者,详细的转让定价资料,更加清楚关联交易是否符合独立性原则,这一点要超过税务机关。纳税人准备的同期资料有助于税务机关检查并评估纳税人是否存在转让定价或者转让定价中可能的税务违规行为,并以此为根据进行纳税调整,提高了行政效率,维护税法的严肃性。很多 OECD 成员国或其他国家,只要建立转让定价相关税制,一般都在法律中规定纳税人应在税务机关进行转让定价等反避税调查之前准备所保存的同期证明资料,在调查发生时提供资料并承担协力义务和举证责任,以证明其转让定价的合理性。《办法》借鉴了 OECD 转让定价指南和各国关于同期资料税务管理的法律条文,总结了我国以往反避税工作中关于同期资料税务管理的实践,在此基础上,对同期资料管理作出了具体、全面、细化的规定,使举证责任在反避税调查中成为企业的法律义务。

4.2.2　同期资料的准备要求和提交期限

企业提供的同期资料必须依据税务机关要求由法定代表人或法定代表人授权的代表签字或盖章。同期资料应使用中文,对涉及的引用信息资料标明出处与来源,若原始资料为外文的,应附送中文副本。企业需要在进行关联申报时所提交的关联业务往来报告表中披露其转让定价资料的准备是否符合要求、是否免予准备以及企业当年是否签署成本分摊协议等相关信息。同期资料必须自企业关联交易发生年度的次年 5 月 31 日前准备完毕并自此开始保存 10 年。企业应当在税务机关要求之日起 20 天内提供转让定价同期资料,若企业处于成本分摊协议执行期间,不管协议是否采取预约定价的方式,都应该在本年度的次年 6 月 20 日之前向税务机关提供成本分摊协议的同期资料。企业通常在次年的 3 月 31 日才能报出年度审计报告,而同期资料准备的截止期限为 5 月 31 日,因此在实际准备工作中,企业将面临较大的时间压力。

4.2.3　同期资料内容

同期资料的内容包括:

（1）组织结构。包括企业所属集团的相关组织结构及股权结构,企业关联关系的年度变化情况,与企业发生交易的关联方的信息、税收情况等。

（2）生产经营情况。包括企业所处行业地位分析,市场竞争环境分析,企业的业务概况、主营业务的构成等。

（3）关联交易情况。包括关联交易的类型、关联交易的贸易方式、关联交易的业务流程等。

（4）可比性分析。包括可比企业的相关信息,可比信息的来源、选择条件,可比性分析考虑的因素,对可比交易的说明,可比数据的差异调整及理由等。

（5）转让定价方法的选择和使用。包括转让定价方法的选用及理由;可比信息如何支持所选用的转让定价方法;确定可比非关联交易价格或利润的过程中所做的假设和判断;运用合理的转让定价方法和可比性分析结果,确定可比非关联交易价格或利润,以及遵循独立交易原则的说明;其他支持所选用转让定价方法的资料。同时还需要准备《企业功能风险分析表》《企业年度关联交易财务状况分析表》及关联交易合同副本等内容。

4.2.4　同期资料基本要求

企业必须按照全面、详尽、准确的要求去准备同期资料。在实际操作中,企业的财务核算往往不能掌握企业的全部资料,有些资料的完成必须建立在各部门之间相互协作的基础上,企业应该意识到保存并提供充分的同期证明文件的重要性,这有助于检查和解决转让定价中出现的问题,从而减少转让定价的税务风险。资料的准备工作必须按要求逐步展开,若在次年会算清缴期间开始准备,其工作量非常大,此外,考虑到人员变动因素和时间推移因素,准备好完整的、符合税务机关要求的资料是十分困难的。同时,重视集团企业间、企业各部门间的相互协调与合作,一项产品和服务经过开发商到生产商再到供应商等众多环节,任何环节的资料衔接不当都可能增加企业的风险,因此,对于频繁发生关联交易的集团内部企业,要特别注意同期资料的连贯性和完备性。

4.2.5　同期资料准备注意事项

首先是企业组织结构的梳理与文件准备。

组织结构的申报内容有：

1. 企业所属的企业集团相关组织结构及股权结构

包括企业的境外投资公司、境内分公司、与企业高级管理人员有亲戚关系的公司的组织结构与股权结构信息。即使双方没有股权关系，但如果一方对另一方的生产经营和财务决策具有实际的控制关系，即符合关联关系认定标准的关联企业、其他组织或个人都需提供上述信息并加以披露。

2. 企业关联关系的年度变化情况

这一部分应当披露关联方的股权和集团内新设、合并、分立和注销等组织关系的年度变更信息。可以从集团战略、经营策略及内部分工等角度来对关联方进行相关披露，具体包括：关联方企业的注册地、成立时间、主营业务及市场等概要内容。

3. 与企业发生交易的关联方信息

对于关联个人，要披露其名称、国籍、居住地、家庭成员构成等情况；对于关联企业，需要披露企业的名称、注册地址及实际经营地址、法定代表人及董事和经理等高级管理人员构成情况；还需披露各关联方所适用的所得税性质的税种、税率及可享受的税收优惠等，并标明能够直接影响企业关联交易定价的关联方。这部分信息较为简单，但对"具有直接影响的关联方"的描述，建议参照《企业关联业务往来报告表》中的"占销售或采购总额10%以上的境外对象"这一概念。

4. 关联方适用的具有所得税性质的税种、税率及相应可享受的税收优惠

正是由于企业可以通过税率差异达到避税的目的，转让定价才成为关注的焦点。因此，境外关联企业进行纳税申报时，一定要考虑当地"名义税负和实际税负"对税率的影响并在年度审计报告中反映。

其次是企业生产经营状况的撰写与分析。

生产经营情况的申报内容有：

1. 企业的业务概况

企业的业务概况应当包括企业发展的经济环境要素，行业发展状况，企业使命和目标，战略制定与实施，法律的完善程度以及执行的力度；集团产业链以及企业所处地位。需要说明的是，企业在申报业务概况时，可以参照其他外资企业的可行性研究报告。需要注意的是，税务机关根据申报相关内容作出企业盈利能力的判断时，会将企业在集团产业链中所处地位作为重要的依据，如果该项披露与《企业功能风险分析表》的内容没有任何呼应或是出入较大，就会对税务机关的判断产生

不利的影响。撰写企业的业务概况时,内容要求完整,以企业发展的战略部署为主线,综合考虑外部环境与内部环境以及风险的识别与防范,依据企业所拥有的资源和战略能力进行明确的分工。

2. 企业的经营状况

企业经营状况分析涉及公司总体经营情况,主营业务及经营情况以及未来发展思路。包括主营业务的构成、主营业务收入、主营业务成本及相关费用、主营业务收入占收入总额的比重、主营业务利润及其占利润总额的比重。税务机关可以据此判断企业经营状况,进行相关数据分析,譬如销售净利率、净资产收益率、偿债比率等传递的信息等。同时,企业以前年度的相关数据也应当充分地披露,以提供可比性分析,这是转让定价调查中不可或缺的一部分。企业提供的年报及审计报告中主要涉及该项内容,是信息使用者尤其是税务机关了解企业的重要依据,因此,企业针对经营状况作出企业对资源管理、生产和运营的自我分析能够为企业今后沿着战略目标发展提供有效的保证。

3. 企业所处的行业地位及相关市场竞争环境的分析

由于各行各业都有其自身的运营特点,因此只有同行业才具有可比性。进行行业地位分析的目的是找出公司在所处行业中的竞争地位,主要指标为行业综合排序和产品的市场占有率。通过对企业所处行业地位的分析,有助于评价企业取得的业绩与未来发展的预测。要想充分获取全行业的可比信息,需要企业各部门通过不同渠道作出努力,完成相关资料的准备。这可以参考行业相关信息披露的报告,通过社会专业机构的调查协助完成。在进行企业所处的行业地位分析时应当着重考虑企业外部环境,企业的一切生产要素都要从外部环境中获得,并将生产的产品在市场中进行营销获利。分析企业的核心产业与核心竞争力,结合市场管理政策与环境形势、机遇风险等对企业发展进行介绍;通过真实可靠的数据做大量分析,进一步介绍行业发展现状与竞争压力。根据既有的数据作出行业内企业规模经济性、企业销售增长速度与行业数据差异,分析替代品威胁与新加入竞争者威胁。通过对全行业发展状况和竞争环境的分析,简要介绍企业自身发展优势与未来发展的合理预期,判断企业在整个产业链中扮演的角色。

4. 企业内部组织结构

该项因素在企业中处于基础地位并发挥着关键作用,是将企业各个要素有机地联系起来的基本架构。不同的企业内部结构在职能与分工方面有不同的功效,在促进企业生产经营过程中意义重大。一般来讲,企业组织内部不同职能或事业部的数目越多,而且越专业化,分工的程度就越高。企业内部组织结构的制定是否合理可以通过经营目标的完成情况和公司战略的实施进度来判断,不同的组织结构对战略的影响也不尽相同。譬如,纵向的分工结构中分出适当的管理层次和控制幅度,有利于高层管理人员实施管理活动;横向的分工结构根据不同的特点各有优势,职能制组织结构能够有效地实现规模经济,而事业部制组织结构则能够做出更快的地区决策。此外,企业所属的集团相关组织结构与股权机构以及关联方信息都会影响企业的生产经营情况。

5. 企业集团合并财务报表

需要编制合并报表的企业应当提供企业集团合并财务报表,报表准备工作应在关联交易发生年度的次年资产负债表日之前完成,未发生合并事项则无需提供合并财务报表。

4.2.6 企业关联交易情况的说明

1. 关联交易情况需要说明的内容

根据《公司法》和《企业会计准则》的相关规定披露关联方、关联关系和关联交易。关联交易的业务流程及其与非关联交易的差异,该内容应当完整地说明包括初始的信息沟通,交易开始后关联方之间的资产转移事项。关联交易在连续年度内的交易方式如果发生变化应当做出说明,交易方式的选择取决于该项交易的功能,应当注意企业交易方式的改变与其功能的变化不符的情况。企业关联交易的具体信息以及交易合同中的相关内容应当具有公允性。

2. 企业注意事项

当集团内部发生的关联交易数量较多时,判断其真实性应当首先按照交易企业对所有的关联交易进行分类,然后依据记录交易业务的单据来做出判断。在经济生活中存在各种各样的关联交易:购买、销售商品是关联方交易最常见的交易事项,这种交易为公司调节利润提供了一种途径;购买其他资产,包括生产设备、建筑物以及无形资产等;相互提供或者接受劳务;其他不常见的还有担保、筹资、租赁等。关联交易所涉及的无形资产对转让定价会产生的影响应当进行说明。多数情况下,针对无形资产的各项专利权的公允价值难以计量,收费标准很大程度上与商业行为不吻合。因此,针对"特许权使用费(含技术服务,专有技术,商标权)",企业应当通过市场开发部或者行业专业机构来证明其合理性。特许权使用费是一个综合性的概念,并非指某一个需要有偿付费使用的特许权,而是一类权利,这一类权利绝大部分属于知识产权类(非专利技术除外)。一般说来,特许权利费包括为使用以下权利而支付的费用:与制造被估货物有关的专利、设计、图样、工序和诀窍等;与被估货物的出口销售有关的商标、注册设计等;与被估货物的使用有关的著作权、版权等。

影响技术转让费的因素主要有两个,即独占性转让和非独占性转让。独占性转让和非独占转让对技术的使用权限有所不同。相比非独占技术转让,独占转让的费用要高出很多。这是因为在独占转让的合同条款中规定,转让方在取得某技术后不得在划定的地区内再次转让给其他方,这就对转让方形成了一种限制条件。其结果毫无疑问有利于受让方保持在该地区的垄断地位,缺少新的有力的市场竞争者,使受让方在销售产品的定价方面享有绝对的自由。转让方在转让技术后的损失与失去的市场规模有关,市场越大经营损失越严重。因此,转让方通常会对转让产生的损失进行估计,转让费用也因此会有不同程度的增幅;使用权限的不同对技术转让费的影响在某些情况下比独占转让的影响还要大,甚至出现成倍的涨幅。根据使用权限的不同,可以将技术转让分为一次性使用和一次性买断。一次性使用的转让技术是指在合同中规定受让方取得的技术仅能在现有的规模内进行生产,超出范围的扩大再生产能力或重新建厂的行为是不被允许的。而一次性买断的技术转让合同,受让方在生产经营过程中可以不受限制,随意扩大生产能力和建设厂房等基础设施,充分发挥该项技术的作用。以上两项影响因素在关联交易中的影响重大,在相关说明中应进行充分披露。

与关联交易相关的合同或协议副本及其履行情况的说明。为了证明交易合同的真实性及其履行情况,企业应当提供关联交易进行过程中双方开出的原始票据和服务情况说明书以及相关证明证件(包括复印件在内)。

经济和法律因素对关联交易定价的影响分析。经济因素和法律因素对关联交易的影响范围较大,分析其对成本、贸易方式、税收政策等方面的影响有助于提高交易定价的合理性,也是准备同期资料的重要要求。经济因素主要由社会经济结构、经济发展水平、经济体制和宏观经济政策等四个要素构成。如何把握经济发展趋势和预测经济发展前景对企业的生产经营决策意义重大。随着外部经济环境中各因素的变化,企业的定价策略会发生相应的改变。原材料价格、劳务成本、行业竞争者、市场利率以及通货膨胀诸多因素的调整或波动都是企业经营者和管理者需要考虑的问题。其中最大的麻烦来自于通货膨胀,当货币贬值时将引起销售商品、提供劳务的名义价格上涨,关联交易的定价随之上涨;反之,货币升值,商品与劳务的名义价格下降,则会降低定价。当跨国公司的子公司遍布多个国家或地区时,就要考虑如何应对通货膨胀带来的资产和收益风险。此外,生产成本是企业支出的集中部分,而原材料的购买又占据了相当高的比例。当市场上原材料的价格受到非正常因素,诸如战争、恶劣天气等影响时,会出现大幅上涨的现象,此类客观因素对关联交易造成的重大影响应当作出详尽的分析。法律因素方面的最大影响因素是针对跨国公司的关联交易制定的税收政策。跨国公司通过内部交易转移利润以逃避税收是各东道国面临的最大难题,对东道国的税收收入造成了严重损害,反避税自然而然地也成为了其制定相关税收协定首要考虑的问题。除了税收制度,东道国在海关与外汇上亦加强制度的制定与实施过程中的管理,尤其在经济危机等特殊时期的特殊法律法规更应在资料中有所描述。

企业应当对关联交易以及非关联交易的财务状况进行分析,按照统一的划分原则与分配标准,将营业收入、营业成本、日常费用和利润进行直接划分。某些项目不满足直接划分条件的,应采取合理的方法进行分配。譬如,某项关联方交易的车间直接生产成本存在多个受益对象时,可以按照销售量或者销售额进行分配。一旦选定了某种分配标准,其他项目也应当采用相同的分配方法。例如在直接生产成本按销售量进行分配时,不能直接划分的车间工人工资的分配也必须按照销售量分配,不能按照销售额标准,否则成本的分配结果就是混乱的,没有遵循一致性原则。

4.3 转让定价调整方法

4.3.1 从国别出发的比较

当今跨国公司的足迹遍布全球,在国际经济形势的推动下,国际贸易发展迅猛,跨国公司利用转让定价策略转移利润逃避税收的行为也愈演愈烈。依据 OECD 提出的公平交易原则,笔者将针对个别发达国家的转让定价调整方法作如下具体描述。

1. 转让定价调整方法概述

转让定价是关联企业在销售货物、提供劳务、转让资产等活动时制定的内部交易价格,转让定价的制定有利于企业依据自身贸易往来特点,将利润转移实现纳税压力的降低。为了限制跨国公司内部交易的自主性,OECD 于 1995 年提出了"正常交易原则",亦称"独立核算原则""独立竞争原则"。这是国际收入与分配的基本原则之一,即将关联企业视作无关联关系的独立企业,依据市场价格对内部交易的收入与费用进行计量。"正常交易原则"是建立在市场是有效的、完全竞争的基础上的,其发生的交易活动完全按照公允合理的价格进行。跨国集团公司与独立企业适用相同的税收政策下,该原则旨在消除跨国公司利用转让定价避税的动机,规范国际贸易活动。OECD 的成员国之间已经将该项原则作为基本依据来签订双边税收协定,同时,为了对经济贸易中的各种价格进行公平性评估,OECD 提出了多种方法对转让定价进行调整,包括传统交易方法与其他方法。

已得到广泛认可的传统交易方法包括可比非受控价格法、再销售价格法和成本加成法,在某些特定条件下,传统方法单独使用不合理或者不完全合理时,需要借助其他方法作为补充,譬如交易净利润法和预约定价法。交易净利润法以可比非关联交易的资产收益率、销售利润率等利润率指标确定关联交易的净利润,该方法运用的方式与传统交易方法中的再销售价格法和成本加成法相同。净利润必须是扣除所有经营费用后的数额,这是交易净利润法的关键,一般只有在毛利无法获得时才考虑用此方法,从理论上说,一个企业利润率高于其他竞争对手,那么它就可以扩大生产和销售,这时其他低效率的竞争对手就可能被淘汰出局,或者提高效率迎头赶上,从而也把自己的利润率提上来。根据这个原理,交易净利润率法要求在受控交易下,纳税人取得的收益要与独立交易情况下非受控交易的利润指标进行比较。但是由于企业战略目标不同,管理活动各异,利润差异也很大,值得争议的是交易净利润法在某种程度上也背离了正常交易原则。预约定价法是大多数国家调整转让定价行为和反避税的最有效的手段之一。关联交易发生之前,有纳税义务的关联方向税务机关提出申请,用主税务机关事先制定的一系列合理的标准,来解决和确定未来一个固定时期内关联交易的定价及相应的税收问题。预约定价协议 APA 的推行使税务机关对关联企业转让定价实施事前审计,减少了原先繁琐的程序,降低税企双方人力、财力与时间上的消耗,避免了国际双重征税问题,发展前景被广泛看好。

2. 转让定价调整方法的国际比较

(1)美国。美国作为国际上第一个制定转让定价调整规则的国家,其制定的相关原则相当完善,而且适用性很强。美国税法认可度最高的是最佳方法原则,该原则规定,各种调整方法不分优劣,也没有先后适用顺序。实际运用中,通常会使用两种或多种方法进行定价调整,进而选择最接近市场公正合理的价格方法作为最佳方法。在选择最佳方法时,应当考虑的影响因素为可比性分析和所使用的数据与假设的可靠性,可比程度在判断价格是否公正时起了决定性影响。美国税收法典中明确指出可比非受控价格法的可靠程度最高,因为这种方法的可比性较高,能够有效地降低分析结果的差异。美国还是第一个试行预约定价的国家,作为非传统交易方法,预约定价协议在美国国内研究范围日益扩大,相关机制也逐渐完善。

(2)德国。德国的规则与国际通行的标准基本符合,虽然没有优先适用的规定,但是在认可传统交易方法的前提下更青睐于可比非受控价格法。德国与 OECD 相左的一个观点是偏爱利润分割法,将跨国集团公司的合并利润或者合并亏损在各关联方进行合理的分配。这种方法对可比性的要求较低,可以适用于缺乏可比性的交易活动。然而 OECD 却极为排斥利润分割法,与利润的分割存在主观性且外部数据与交易本身的关联度不够高等因素有关,往往将利润分割作为最后的调整方法。此外,德国税务当局对于定价的公正性判断有着很高的权利,即使采用了最优的方法进行调整且得到了合理公正的价格,只要税务当局认定此方法得不到合理的利润就能对交易定价再次进行调整。

(3)法国。与德国相似,法国也倾向于利润分割法,认为该方法有利于从纳税人递交的申报材料中了解跨国公司净利润的构成以及营业费用的分配情况。法国在 APA 的推广方面做了很大努力,积极加强转让定价审计,大力宣传 APA 协议,并在 1999 年颁布了预约定价协议法案,号召各大公司加入 APA。由于 APA 对纳税人尤其是外商投资企业来说,可以建立明确的转让定价政策,有利于企业进行长远的投资成本、效益的预算,增强企业对未来财务状况的预见性。且有利于融洽税企关系,达到税企共赢,促进经济的健康发展,加入 APA 的成员逐步增加。

(4)日本。日本现行的税务法律没有对公平交易价格作出明确的定义,也没有对如何使用调整定价的方法制定相关准则。由于可以取得合理可靠的结果,其税法在认可三种传统方法的同时对其运用却不甚广泛,而交易净边际法等利润交易法的运用却比较广泛。日本国税厅在 2000 年作出的转让定价补充规定中主要涉及的是利润分割法,将跨国集团公司的利润按照一定的比例进行合理分配后确定公正的交易价格。

（5）加拿大。作为美国重要贸易伙伴的毗邻国家,加拿大在转让定价调整方法上也有独到之处。目前,针对转让定价的调整方法主要发生在转让有形财产与无形财产以及跨国公司间的金融交易等领域。

4.3.2 从调整方法出发的比较

1. 有形财产的调整方法

针对初期有形资产的调整,美国实行的是传统交易方法,但是由于其对可比性的要求较高,具体的数据在获取时难度较大,很多情况下上述三种传统交易方法都很难得到公平合理的价格。这种情况下,作为补充方法的"比较利润法"应运而生。美国 1994 年出台的相关实施细则中正式引进可比利润法与利润分割法,将跨国集团公司内在关联方之间的利润转移进行合理的分配。这种方法实施过程相对传统交易方法没有繁琐的步骤,降低了工作难度。加拿大与 OECD 在定价调整的规则上态度一致,传统交易方法也沿用了美国的做法,只是在 OECD 转让定价指南颁布之后,根据当时的国际经济形势引入了交易净利润法和利润分割法作为补充方法。交易净利润法要求比较的是净利润率,而非传统交易方法下比较的总利润法,由于净利润受到交易条件的改变波动比总利润要小,所以其审核与调整更加合理。但是交易净利润法调整过程中不考虑无形资产对利润的影响,不适用于无形资产的定价调整。

美国最优法原则广泛的适用性使得有形资产的定价调整有很大的灵活性,调整时不受其他使用方法的限制,通过最合理方式选择最可靠的方法。然而加拿大税务机关则更倾向于传统的交易方法,认为应当首先使用传统交易方法,只有传统方法在实施过程中由于可比数据的获取或其他原因无法得到合理公正价格时,才考虑补充方法。1991 年,美国新增预约定价制度,APA 将转让定价的事后税务审计变为事前约定,简化了原先复杂繁琐的操作。通过预约定价安排,最终与税务机关签订协议,解决和确定在未来年度关联交易所涉及的税收问题。企业内部可以建立明确的转让定价政策,接受税务调查、审计的财务风险随之减小,避免了双重征税或双重不征税的问题;税务机关则可以更有效地监控外资企业关联交易的转让定价问题。降低监控调查成本,更好地了解和掌握税收的可预见性,有效地掌控税源。

2. 无形资产的调整方法

关联企业间的无形资产转让定价的非正常交易行为通常就是授予许可证并且收取不符合市场交易价格的特许权使用费。美国针对无形资产的转让定价规定了四种方法，包括传统方法中的可比非受控交易法，补充方法中的可比利润法、利润分割法以及其他方法。其中，非受控交易法在确定无形资产的正常特许使用费时，主要是看在可比情况下可比无形资产的可比交易。在这四种方法中不存在先后顺序，即最优法原则同样适用。加拿大国内收入局关于无形资产转让定价调整方法的规定为，如果关联企业间在销售或特许使用无形资产时，同时为具有独立竞争地位的第三方提供了相同或类似的无形资产，那么可以用可比较非受控价格法来检测关联企业间的这项转让定价是否符合独立竞争原则的要求。但是，有的无形资产价值非常之高，或者该项无形资是独一无二的，其价值根本无法确认，没有适当的资产可与之相比较。在这种情况下，以可比非受控价格法为代表的比较价格法和交易净利润法的可操作性越来越小。因此，加拿大遵从 OECD 准则中推荐的利润分割法来解决无形资产的价格问题。

3. 金融交易领域的调整方法

关联企业间的金融交易的一种主要形式就是资本弱化，即调整企业资本结构，降低自由资本的同时，通过直接或间接贷款以及信贷等方式增加外来资本，增加纳税时的利息扣除。资本弱化也被视为转让定价的一种形式，而针对资本弱化的纳税调整主要是依靠本国的资本弱化条例。对资本弱化的税务处理，美国和加拿大都遵循安全港原则（又称固定债务、权益比例法），是 OECD 委员会在 1987 年发布的《资本弱化政策》中提出的两种应对措施之一，即对资本结构中债务资金与权益资金的比例作出了限定，超过了特定的债务、股权比率的企业将会适用于资本弱化规定，不允许利息在税前扣除。但是两国在适用范围和适用条件上有差别，美国的资本弱化条例适用于非居民股东直接或间接地参股达到 50% 以上的美国公司，而加拿大的这一比例为 25%。此外，在适用条件上，加拿大规定的债务与净资产比例为 2：1，超过了此比例即满足资本弱化条例，其多余部分的债务所支付的利息，在支付给非居民时既不能扣除，也不能向以后年度结转。而美国的规定为债务与净资产比例为 1.5：1，且还需满足净利息费用要超过企业当年的利息扣除限额，即企业调整应税所得后的 50% 加上上年度结转的限额余额，超过部分即属于"不合格的贷款利息"，不允许税前扣除。

4.3.3 每一种具体方法的比较

1. 以交易为基础的方法

以交易为基础的方法又称传统交易法,是在调整转让定价时将独立企业交易作为标准,依据市场的公正价格将关联交易价格与其比较后进行调整的方法。比较价格法主要有: 可比非受控价格法、再销售价格法和成本加价法三种。

(1)可比非受控价格法(comparable uncontrol led price method,简称 CUPM),又称独立销售价格法,它是指将关联交易中发生的销售商品、提供劳务以及转让资产的价格与具有相同或类似性质的独立企业交易比较,把后者作为标准判断前者是否公正合理,进而对关联交易中不合理的转让定价进行调整。可比非受控价格法适用于存在可比独立企业交易,且独立交易的价格能够可靠地获取的情形下。需要注意的是,独立企业交易应当是严格的非关联方交易,即交易双方不存在控制等关联关系,交易按照市场公平价格进行。只有选取的可比参照对象真实有效,可比非受控价格法才能准确地判断关联交易转让定价的合理性。 在如何判断两种交易具可比因素及造成其价格差异并消除此差异上,美国 1994 年转让定价税制中要求从以下几个方面判断其影响: 产品质量、销售数量、市场情况、交易发生的区域市场、交易日期、涉及的无形资产部分、买卖双方可供选择的商业替代安排,等等。实施过程中,这些因素的考虑应当有所取舍,譬如,作购销产品可比性判断时,可以考虑品牌、质量、型号、包装等因素;作购销过程比较时,可从交易的时间与地点、支付条件、售后服务等因素考虑;购销环节则可以从检验、出厂、批发、零售、出口等因素考虑;最后,比较所处的外部环境时,可以从经济环境、法律环境、社会环境等进行考虑。只有进行充分分析,保证可比企业交易的合理性,才能将转让定价调整为正常价格。

(2)再销售价格法(resale price method,简称 RPM)。再销售价格法又称再转售价格法,是指企业买进关联企业的产品后再转售给无关联企业的销售价格。正确应用再销售价格法的关键是销售毛利率的合理确定,因为该方法是把关联交易中的卖方销售价扣除销售毛利作为公平交易价格,由此可以看出,再销售价格法实际上要将价格结合利润,销售毛利率是否合理是使用再销售价格法的关键问题,也需要与独立企业的交易数进行对比作出判断。需要说明的是,再销售价格法要求再销售方没有大幅度提高产品的价值,如果再销售方采用了一些独有的无形资产或追加了一些实质性的东西(如商标、独有的许可权等),再销售价格法就难以使用。也就是说,这种方法应限于再销售方未对产品进行实质性增值加工,仅是简单加工或单纯的购销。总的来说,必须从以下两个方面考虑再销售价格法的应用:一是可比性要求。当产品差别影响到关联交易或独立企业交易中再销售毛利,调整后的价格也应当反映此差异;关联方企业交易与独立企业的方式存在实质差别时,再销售价格法的可靠性就要受到影响。二是再销售价格法对毛利润的确定。合理的销售毛利率是指关联企业购方在非受控条件下转售获得的毛利率。再销售价格法依赖于企业所行使功能的可比性,如果再销售方没有进行其他性质的商业行为而只是将货物转售给了第三方,此时的再销售利润率就会较小。相反,如果再销售方在这种商品的营销中应用了某些特殊技巧并因此承担了特殊的风险,那么这时的再销售利润率就应当较高。当关联方与独立企业的账务处理不同时,也需要对再销售方的利润率数据进行适当的调整,只有这样,两种情况下所核算的收入、成本、利润才能相同。

(3)成本加价法(cost plus method,简称CPM),又称为成本加利润法,是以关联交易销售方的合理成本加上非关联交易利润作为正常交易价格。成本加成法常用于涉及制造、装配或生产向关联方销售的产品的情况,以及用于确定集团内部服务供应商应得到的正常利润,如果制造商无研发,也无无形资产时,使用成本加成法就比较合适。该方法要求对比产品在类型、市场要素、功能、销售数量上的变动情况,这些因素的变动量都应考虑。使用成本加价法的关键即合理成本加成率的确定,该加成率应当体现无关联关系的双方交易活动中的正常利润率水平,关联企业的销售成本也应当区分是完全成本法还是直接成本法计算。当关联交易和非关联交易之间存在功能风险和合同条款上的差异,以及影响成本加成率的其他因素,具体包括制造、加工、安装及测试功能,市场及汇兑风险,机器、设备的价值及使用年限,无形资产的使用及价值,商业经验,会计处理及管理效率等因素,应就该差异对成本加成率的影响进行合理调整,无法合理调整的,可以选择其他合理的转让定价方法。

2. 以利润为基础的方法

比较利润法又称交易利润法(transactional profit methods),美国与OECD分别在1994年、1995年引入此方法。作为传统方法的补充,它通过内部交易的利润来说明交易定价的不合理性,在对应纳税额作出调整后,以合理的利润来体现市场合理交易与公正价格。比较利润法主要有：可比利润法、利润分割法和交易净利润法。

（1）可比利润法（comparable profit method，简称 CPM）。可比利润法把利润水平作为关联方内部交易与独立企业的比较对象,在充分满足可比性时,内部交易的利润水平与独立企业的营业利润存在差异则表明转让定价是不合理的,需要进行调整。企业的利润水平可以通过资产收益率、销售利润率等指标进行衡量,具有可比性的独立企业的利润水平才可以作为调整的标准。在进行关联方与独立企业利润水平比较时,最常用的指标为资本回报率、营业利润与销售费用比、营业利润与销售成本比、营业利润与营业费用比。资本回报率是指投资资金与相关回报的比例,它是评估企业绩效与企业价值的重要指标,也是可比利润法使用最广泛的利润指标。可比利润法的适用对企业与交易的可比性要求较高,尤其是在使用后三种指标衡量企业利润水平时。

（2）利润分割法（profit split method，简称 PSM）。利润分割法是指将关联方企业的利润或亏损按照合理的比例在各关联方企业之间进行分配。分配原则通常是按照各关联企业在交易中的贡献,即通过分析财务数据来确定利润分配的比例。当涉及关联企业研究与开发费的问题时,还要进行残值分析。分配方法通常有一般利润分割法与剩余利润分割法,前者根据各关联方执行的功能以及承担的风险确定各自应取得的利润,后者则是在合并利润分配后的基础上,将剩余利润按照各关联方的贡献程度再次进行分配。根据利润分割法,因为对交易双方都做了贡献评估,所以任何一方都要接受调整结果。利润分割法有很强的灵活性,特别是在各关联方通过提供无形资产的使用而作出的贡献时,这一点尤为重要。利润分割法在使用时应按照最优法原则选取最准确的数据以及最可靠的估计,其结果一般能够使得纳税人和税务机关都满意。

（3）交易净利润率法（transactional net margin method，简称 TNMM）。交易净利润法关注的是企业的包括资产收益率、销售净利率等在内的净利润指标。由于利润指标的计算取决于收入、成本、费用等数据,所以该方法在使用上与在销售价格法和成本加成法相似。在判断关联交易企业的净利润指标是否合理时,应当以该企业在非关联可比交易中或独立企业的可比交易中的净利润数据作为参照。采用交易净利润率法的关键是确认净利润的影响因素。影响净利润的因素中,常见的有替代品威胁、新竞争者威胁、资本成本中的差异、经营经验以及企业战略目标与管理活动等,实际操作中只有综合考虑上述各因素才能对转让定价作出合理的调整。此外,当企业存在多项关联交易时,各项交易的综合基础可能存在差别,将所有的关联交易同时与独立企业的可比交易进行对比,明显是不合理的。因此,只有关联方在特定交易中的利润才是交易净利润率法所要分析和调整的。

3. 比较价格法与比较利润法的比较与评价

分析以上各种调整方法可看出,比较价格法以价格作为比较的核心,若关联企业之间的转让定价与正常交易价格不符,税务当局就可以进行调整。比较价格法的优点是:①它以真实发生的交易信息作为依据,并且贯彻了正常交易原则;②它是最简便的方法。其缺点是由于可比交易与公正价格不易确定,在实际操作中难度很大。而比较利润法以利润作为比较的核心,其优点是计算容易,操作简便。其缺点是:①可能不符合正常交易原则。利润水平受到很多因素的影响,在衡量企业经营成果时,战略目标,经营管理,风险水平的差异都会对企业造成不同程度的差异,即使是两家规模、业务相似的企业也会因为上述条件而存在差异。利润是一个综合性指标,收入、费用、税收等多种因素在计算利润时都要考虑,所以利润与价格不能等价,利润偏差不等同于价格偏差。换言之,价格不能唯一确定利润,价格的调整与利润的调整没有直接关系。②比较利润法过度依赖关联方资料,与独立企业交易联系甚少。操作过程中应当根据实际情况选择具体的调整方法,不能过度倾向于企业内部资料而忽略对独立企业的调查,应当将获取的真实可靠的数据进行比较,才能得到公正、合理的价格。

4.4 预约定价协议(APA) 的比较研究

预约定价协议(APA),也称预约定价安排,是指纳税人事先将其和关联企业之间的内部交易与收支往来所涉及的转让定价方法向税务机关申请报告,经过磋商,预先确定关联交易所适用的标准共同签署的一项协议。预约定价协议是指企业就其未来年度关联交易的定价原则和计算方法,与税务机关达成的协议,它适用于自企业提交正式书面申请年度的次年起3—5个连续年度的关联交易。预约定价安排的类型按照参与的国家税务主管当局的数量,可以分为单边、双边和多边三种类型。美国的预约定价协议通常是建立在企业与两个或者多于两个国家的税务机关之间的,所以往往是双边或者多边的。国际上现有的预约定价协议已经达到了几百例,虽然它们的内容会根据国家与企业的具体情况有所差异,但大体上包括了以下几个方面:交易发生的国家或地区没有发布国际税收协定,它是国际税收重要的基本内容,是解决各国税收权益分配矛盾和冲突的有效工具;在考虑成本的前提下,当跨国集团公司的交易涉及多个国家,且交易额较小的情况下,其他措施是不合适的。预约转让定价协议能够有效地简化转让定价的调查机制,降低企税双方的成本耗用,是国际通行的一种调整方法。

4.4.1　缔结预约定价协议的国家

预约定价协议被引进后受到多个国家的青睐,美国、澳大利亚、加拿大、日本、西班牙、英国等国家税务机关纷纷大力宣传预约定价协议,鼓励纳税企业积极缔结该项协议。值得一提的是,英国国税局在政府还未立法规定预约定价协议时,通过主管当局已经参与了缔结预约定价协议。在引进该协议的初期,许多操作的具体层面都还不成熟,纳税义务人却被要求严格按照预约定价协议的原则进行调整处理。由此可见,预约定价协议已经被大多数国家视为解决转让定价问题的最可靠方法,笔者将对这几个国家的立场进行一一研究。

4.4.2　纳税人缔结预约定价协议的情况

企业要想获得最大的经济效益就要对成本进行控制,讲求成本效益。实例中,并非所有的预约定价协议都符合成本效益原则。缔结预约定价协议的多数公司是已经受到税务机关的调查或者肯定要接受转让定价合理性审查的关联企业,关联方企业主动接受税务当局对其转让定价问题的深入调查取证时,有利于其预约定价协议的缔结。签订了预约定价协议后,企业的纳税程序与税务机关的调查过程都可以得到简化,大量的时间与财力得到节约,同时也加强了两者在转让定价问题上的沟通与交流,对于优化税务管理程序,加强税务监督机制有很大的积极作用。

对于接受转让定价问题调查的可能性较小的关联交易,预约定价协议只有在下面两种特定的情况下才有实际意义:①财务报表的确定性对于未来实际利率有决定性作用。②纳税人有特别的理由认为要避免争端。新建立的企业在上述情况下,如果涉及转让定价问题,就会非常倾向于预约定价协议。所以,企业与税务机关对以前年度关于转让定价的未结问题无需过多关注,可以积极致力于寻求缔结预约定价协议。总体上讲,在做好充分的成本效益分析后,预约定价协议不仅节省资源,而且减少了企税之间的分歧,有利于实现双赢的局面,这也是相比传统方法的进步之处。

4.4.3 美国对预约定价协议公开披露的态度与纳税人寻求预约定价协议的意愿的关系

预约定价协议之前对敏感信息的保护和重要机密的删除要十分谨慎,美国联邦税务局曾在一起有关披露其文件的诉讼中败诉,而更早的一起要求强制联邦税务局披露其预约定价协议的诉讼仍未结案。当前,许多额外诉讼涉及的问题不得不要求当事人作出相关披露,纳税人在繁杂的法律争议面前应当学会维护自己的权利,包括通过披露个人信息的方式。与此同时,美国联邦税务局需要积极配合。共同保护纳税人的各项权利。在要求对预约定价协议的披露中,涉及双边或者多边协议时便牵扯到与潜在的他国政府的逆向反应问题。预约定价安排类型的差异是否会对披露制度的适用造成影响还是一个未知数,美国当前的披露制度也只是针对单边预约定价安排设定的。美国在解决未审结诉讼案的过程中所使用的策略会引用一些短期方法,因其对涉及预约定价协议的他国政府观点比较敏感。但是,依笔者看,预约定价协议在国际上的发展趋势是向前的,因为双边或多边预约定价协议是符合成本效益原则的,对各国的税务管理活动有着积极的推动作用。然而,在美国预约定价协议的披露制度完善的进程中,许多问题有待解决,譬如允许删除的范围和双边或多边预约定价协议涉及的主管待遇问题。

4.4.4 预约定价协议中的公司行为

在签订预约定价协议之前,企业应当在行业专家的指导下,熟悉解决转让定价问题的相关程序,并权衡预约定价协议带来的收益与所耗成本,如果预约定价协议满足成本效益原则,那么企业与关联交易的各国进行一次填报前的会议,会议程序可以根据各国已有的规则进行。即使是同一关联交易,所涉及的各个国家情况也会存在差异,有些国家已经制定了严格的会议程序,那么,稍微落后的国家应当依据会议精神对本国程序进行修正,如果分析结果不满足成本效益原则的话,应当考虑使用其他的方法。为了确保会议的依据真实可靠,避免参会各方对既定事实的遗漏,交易涉及的所有国家均应同时同步出席会议。如果企业正处于接受转让定价的调查阶段,为了会议能够顺利进行,避免企业与东道国之间出现过激的言论与冲突,企业应当重视出席人员的认定,尽量不考虑对预约定价协议中涉及企业利益部分负责的检察人员。政府相关工作部门应当做好会议准备工作,积极地向企业传达预约定价协议的有效设计方式,使企业充分了解预约定价协议对解决转让定价问题的优势。填报前会议的顺利进行对企业做出正确选择以及预约定价协议的成功签订和发挥最大作用有积极的影响。

4.4.5 预约定价协议与特定行业或特殊情况

通常情况下,预约定价协议的使用不受行业类型的限制,且其适用的范围逐步扩大。从最初的有形资产转让定价问题,延伸至无形资产的特许权费、不能直接分摊的行政管理费用的定价以及关联方交易的股价等。预约定价协议的发展迅速,几乎所有的行业都采用这种方法,尤其是银行业。统计资料显示,银行业出现在预约定价协议的比例高达四分之一到三分之一之间。然而,这一现象却透露出国际上对银行、金融、基金、投资等行业的相关产品转让定价监督机制的缺失,以至于现在各国都纷纷出台了与金融产品相关的转让定价规章制度,跨国银行对预约定价协议的使用力度将有所加大,其对整个银行业的作用可能会稍有变化。所有涉及转让定价问题的调整与解决过程各异,难度不同。相比工业企业内部购销产品的转让定价问题,无形资产特许权费率的问题则稍显复杂繁琐。解决问题方法难度的差异不仅适用于预约定价协议,而且也适用于通过其他传统的解决转让定价问题的方法。即使是传统交易方法也存在相同的难题,试图解决此类麻烦的出发点应当是提供调整过程中的成本优势,譬如判定难度较大问题的预约定价协议的使用时应尽可能避免成本因素的影响。当然,与很多协议相同的一点是,受到特殊情况的约束,预约定价协议并非适用于任何纳税人。企业的转让定价问题正处于税务机关调查取证阶段或者难以避免的将要接受调查时才有可能使用预约定价协议。除此之外,预约定价协议还适用于纳税人对财务报表的确定性有特别需求的情况。预约定价协议能够很大程度地节约社会资源,对企业与税务机关双方都有好的影响。所以,有些国家试图在一些复杂的领域实行预约定价协议。经过美国与加拿大两国税务机关的长期努力,其双边预约定价协议得到广泛的认可。

1. 澳大利亚的预约定价协议过程

澳大利亚国家税务局(ATO)认为预约定价协议对于确定纳税人转让定价的问题能够发挥重大作用,依照这个思路,其税务局致力于相关计划的研究,以期有效地识别关联交易中的重大转让定价问题。企业应当积极配合,根据分析结果制定合理的预约定价协议,简化税务机关调查工作的程序,提高税务管理效率。澳大利亚缔结预约定价协议的数量较少,但这丝毫不会动摇其宣传预约定价协议的决心,即使在试图加强缔结预约定价协议的过程中可能会受到美国关于信息披露政策的影响。澳大利亚税务当局有义务保护纳税人的隐私与机密,可以和美国法庭的判决有不同的声音。纳税人在考虑是否选择预约定价协议的过程中,如果不能接受协议内容被披露或者部分披露就可以放弃缔结预约定价协议。除此之外,澳大利亚面临的另一个难题是,预约定价协议通常更适用于规模较大的跨国集团公司,而其税务机关却一直朝着解决中小企业的转让定价问题的方向发展。

2. 加拿大的预约定价协议和主管当局的协议

加拿大在使用预约定价协议解决转让定价问题上处于国际领先地位,其国内通过立法确立了协议的合法性,规范了企业与税务当局在预约定价协议过程中各自的义务。预约定价协议在加拿大实际上是一种制约双方的协议,要求企业提供原始信息,税务机关确定合理交易价格,其预约定价协议的范围遍及工业企业、银行业、金融业等,已经缔结预约定价协议的大部分企业是与美国有交易的企业,其中包括事先填报与未审结的。当征税方对国际交易进行调整或作出相关提议,以及交易涉及加拿大本国居民和预约定价协议的另一国居民时,一般会考虑制定主管当局协议。主管当局可以将非居民纳税人的援助请求转移给协议的另一方,而针对外国审计调整事项的主管当局协议就必须由纳税人自己做出判断。同预约定价协议类似,绝大多数主管当局协议是与美国共同达成的。

3. 日本的预约定价协议过程

在日本国内与预约定价协议类似的程序称为事先确认制度(PCS),该项制度受到越来越多的纳税人肯定。在当今日本国内的经济环境下,纳税人为了保证交易的确定性,正积极地申请双边事先确认制度。日本税务当局以及他国政府会因为纳税人的这种态度而加大对转让定价的调查,以获得合理公正的市场价格。现阶段,针对他国的提议主导了日本的双边事先确认制度,尤其是处理在美国接受审查的子公司的内部交易问题。为了改善这种状态,避免企业重复接受转让定价审查,日本将会加强国内申请事先确认制度议案的提出,相关案件数量的增加将是未来新的发展趋势。实际上,在交易活动的确定性得到可靠的保证时,与转让定价审查没有直接关系的事先确认制度,即纯粹事先确认制度并没有想象中的那么少,其申请量反而在增加。据此,我们可以作出大胆的猜想,在当前的制度逐步完善的过程中,越来越多的纯粹事先确认制度申请会因为谈判期限的缩短,申请程序的简化以及相关成本的下降等条件快速增长。日本国税厅曾经强调重视双边或多边的事先确认制度,并对其未来的趋势作出了合理预测,提出具体的实行方案。就目前日本国内企税之间的预约定价协议范围与内容来讲,已经涉及了资本弱化,研发与估价等方面,但研究与开发方面的预约定价协议与成熟国家相比数量较少,操作的规范性有待提高。

4. 西班牙的预约定价协议

西班牙出台有关预约定价协议的法律法规时间较晚,虽然其官方未透露预约定价协议的具体数量,但通过专业机构等其他渠道获悉,截止到 2000 年,西班牙已经或正在处理的案件总数为 45,其中仅有 2 个是多边的。单边的预约定价之所以占据了绝大部分的比例,或许是因为西班牙关于单边预约定价协议的规定充分保障了纳税人的权利以及简化了调整程序。无论如何,在这种良好的机制下,西班牙企业与税务机关的预约定价协议数量一定会逐步增加。经过对 43 个单边预约定价协议的仔细审查,发现有 22 个发生在跨国企业内部之间,其中 8 个规模较大。已经审结的单边预约定价协议有 29 个,20 个得到有效解决,其余的 9 个遭到拒绝,遭到拒绝的理由多是因为没有满足程序的相关条件或者其他技术原因。得到解决的案件中由企业制定的方案部分通过,未通过的则需要分析比较,选出最佳的方案。在这个过程中,税务机关的态度与建议十分重要,只有企业与税务机关做好充分的沟通与协调工作,才能顺利地处理好转让定价问题。预约定价协议的处理因为案件的性质、关联方关系等因素在时间上会有很大差异,一般在 3 个月至 6 个月,但法律规定不得超过 6 个月。

5. 英国的预约定价协议

英国在预约定价协议相关法规颁布之前,已经依据双边税收协定调节双边的税收分配关系,达成了一定数量的双边预约定价协议。各个国家的经济、政治背景不同,因此,想要在多个国家达成税收协定难度很大,英国初期的预约定价协议的类型几乎不涉及多边,协议范围较大,也以金融业为主。依据国际转让定价环境形势,英国税务当局加快了对预约定价协议规范化的研究与拓展,已经在更为复杂的领域实施了预约定价协议,协议的内容也更为充实。英国国内倾向于纳税人自主审核纳税,据此,英国对转让定价的立法做出了适当修改。1998 年《财政议案草案》

颁布,英国吸取了其他多个国家的经验,引用了他国预约定价协议框架。预约定价协议在《财政议案》正式颁布后实际生效,由于协议期限与程序过于严格,纳税人并没有积极地采纳。英国最初的预约定价协议运用是不成熟的,但其国内却要求每一个内部交易案例都要缔结预约定价协议,这显然是不符合实际的。英国税务当局认为即使不能达成双边预约定价协议,在运用过程中获取的信息也有助于以前年度或将来发生事项的审查。预约定价协议机制在纳税人对确定性有急切的需求时能够提供有效帮助,但必须认识到的是,并非所有的活动都适用这一协议。

6. 其他国家和地区的预约定价协议

除了以上国家,预约定价协议在墨西哥也得到了广泛的应用,其预约定价协议多数发生在美国与墨西哥交界处的制造业企业。相比其他国家预约定价协议发展的缓慢进程,墨西哥其实已经处于构建预约定价协议基本框架的阶段。而且,墨西哥的研究已经涉及多边预约定价协议。在欧洲一些传统转让定价裁定国家或地区,如荷兰与瑞士,仅仅颁布了许多单边协议。拉丁美洲与亚太地区对预约定价的关注度逐渐升温,随着各国政府对预约定价协议项目的认知度上升,相关的案例数量也在增长。巴西国内成立了专门工作组,在各行各业开始研发本国适用的预约定价协议。我国的预约定价制尚处在探索阶段,未全面实施,开展的比较早的厦门、福州等城市已经在三资企业尝试采取预约定价并取得了成功。在充分吸收国内外经验的基础上,青岛在 2001 年正式与外商投资企业签订了预约定价协议,正式开始采用预约定价方法解决转让定价问题。根据以上分析可知,如果某个国家或地区的预约定价协议过于繁琐,那么该预约定价协议很难有效解决企税争端,反而会被认为又是一项新的争端。我国现阶段预约定价立法层次较低,缺乏明确的指导原则,对纳税人秘密保护不够,对预约定价管理还不到位。我们应当在今后的时期里借鉴美国等发达国家的经验,充分引进税务相关人才,在完善预约定价协议和加强税务管理上作出突破性的成绩。

5 我国与贸易伙伴间及跨国公司转让定价税收反规避典型案例比较

本章小结：

    本部分基于上海 A 有限公司转让定价反避税调查案例分析、江苏 B 电子公司转让定价反避税调查案例分析、广东 C 制造公司转让定价反避税调查案例分析、北京 D 食品有限公司转让定价反避税调查案例分析，通过分析税收实践中几个经典案例，使我们对各国跨国公司转让定价行为有一个更深刻的认识和把握，对我国今后进行税收规制有着重要的意义。

5.1 上海A有限公司转让定价反避税调查案例分析

5.1.1 基本情况

    1. 公司概况

    上海 A 有限公司是经沪府外资委批准，由日本株式会社 A 公司在上海市嘉定工业区投资成立的外商独资企业，2006 年 12 月 30 日取得工商营业执照，现有注册资本 4 000 万美元，投资总额为 8 500 万美元，经营期限为 40 年，于 2007 年 5 月开业。公司主要从事空调器生产销售，正常生产能力为 55 万台 / 年，产品 70% 以上出口。

    2. 会计税收背景

    上海 A 有限公司的会计年度为 1 月 1 日至 12 月 31 日，自 2008 年开始，执行

《外商投资企业会计制度》。依照税法规定,自进入获利年度起,经税务机关批准可以享受定期减免税的企业所得税优惠及产品出口企业待遇,产品出口执行"免、抵、退"税收政策。至2012年底,公司累计亏损 15 923 375.67 元(其中:2009年亏 3 113 623.84 元,2010年亏 54 625 679.24 元,2011年亏 45 636 347.69 元,2012年盈 86 404 017.10 元),尚未进入获利年度享受生产性外商投资企业的有关减免税政策。

3. 公司经营状况

上海 A 有限公司自 2007 年 5 月开业投产后,虽然销售收入逐年扩大,但在 2011 年底以前一直亏损,其中 2009 年、2010 年的销售毛利皆为负数,见表 5.1。

表5.1 历年生产经营状况简表 （单位：元）

年度项目	2009 年	2010 年	2011 年
产品销售收入	24 299 767.30	340 002 063.59	582 349 724.95
其中:出销售额	24 299 767.30	336 892 478.13	463 365 308.81
减:产品销售成本	26 942 235.08	379 688 140.24	560 410 446.24
其中:出口产品销售成本	26 942 235.08	377 560 157.98	474 931 593.89
销售成本占销售收入（%）	110.87%	111.67%	96.23%
产品销售毛利	−2 642 467.78	−39 686 076.65	21 939 278.71
毛利率（%）	−10.87%	−11.67%	3.77%
减:销售费用	572 214.26	7 066 430.40	17 010 694.23
管理费用	14 955 079.07	23 310 305.98	20 325 123.57
财务费用	−14 876 444.96	−15 126 717.82	30 832 815.86
产品销售利润	−3 293 316.15	−54 936 095.21	−46 229 354.95
加:其他业务利润	194 928.31	394 888	618 869.43
营业利润	−3 098 387.84	−54 544 307.21	−45 610 485.52
加:营业外收入	—	35 027.41	
减:营业外支出	15 236	116 499.44	25 862.17
利润总额	−3 113 623.84	−54 625 679.24	−45 636 347.69
利润率（%）	−12.81%	−16.07%	7.84%

5.1.2 关联关系及关联交易情况

1. 关联关系确认

日本 A 公司是上海 A 有限公司的投资方,持有 100% 的股份,上海 A 有限公司的经营管理、生产销售全部由日本 A 公司进行控制,两者构成关联关系。

2. 关联交易情况

上海 A 有限公司实质是日本 A 公司在中国设立的加工中心,主要管理人员全部由日本 A 公司委派,产品 70%～90% 由日本 A 公司包销,即外销部分全部为关联交易,且生产、销售的数量和价格全部由日本总公司控制,原材料、辅料大部分从日本 A 公司采购(见表5.2)。

表5.2　上海A有限公司与日本A公司关联交易表　　　　　（单位：元）

项目	2009 年销售	2009 年采购	2010 年销售	2010 年采购	2011 年销售	2012 年采购
关联交易额	24 299 767.30	54 838 773.5	336 892 478.1	13 479 659	466 365 308.8	161 561 948.04
占全年总交易额的比例	100%	38.53%	99.09%	43.46%	79.57%	34.77%

5.1.3　转让定价的基本事实

1. 关联交易额的认定

2009—2011 年度,上海 A 有限公司从日本 A 公司采购原材料合计为 351 197 320.56 元,销售给日本 A 公司产品合计为 824 557 554.24 元。

2. 关联交易的实质判断

上海 A 有限公司在与境外关联企业(日本 A 公司)业务往来中,日本 A 公司提供其主要的原材料、零部件及生产技术,上海 A 有限公司加工成产品后,外销部分全部返销给日本 A 公司。虽然上海 A 有限公司对上述关联交易采用进料加工形式,但根据其采购信用期远大于销售信用期的情况判断,其关联业务实质为来料加工,业务收入为加工费收入。

3. 外销产品成本、费用、利润分析

从企业年度申报材料来看,2009 年度外销产品收入为 24 299 767.30 元,占全部销售收入的 100%;外销成本为 26 942 235.08 元,占全部销售成本的 100%;外销毛利为 –2 642 467.78 元,外销产品毛利率为 –10.87%。2010 年度外销产品收入为 336 892 478.13 元,占全部销售收入的 99.09%;外销成本为 377 560 157.98 元,占全部销售成本的 99.44%;外销毛利为 –40 667 679.85 元,外销产品毛利率为 –12.07%。2011 年度外销产品收入为 463 365 308.81 元,占全部销售收入的 79.57%;外销成本为 474 931 593.89 元,占全部销售成本的 84.75%;外销毛利为 –11 566 285.08 元,外销产品毛利率为 –2.50%。综合以上数据可以看出,上海 A 有限公司 2001—2003

年的外销产品（关联交易）毛利皆为负数。此外，税务机关又对企业 2009—2011 年的部分主要机种销往关联企业的价格及关联企业购进的部分主要原材料价格作了汇总比较，见表 5.3、表 5.4。

表5.3 外销给关联企业的产品价格比较表 （单位：美元/套）

序号	产品名称	2009 年	2010 年	相对 2009 年增减率	2011 年	相对 2009 年增减率
1	ASG12ASECW	333.51	276.50	−17.09%	243.50	−11.93%
2	ASHQWASECW	332.67	276	−17.03%	243.00	−12.32%
3	ASHgASECW	322.43	269.50	−16.42%	237.50	−11.87%
4	ASYgASECW	324.00	269.50	−16.82%	237.00	−12.06%
5	ASY12RSEW	364.93	310.00	−15.05%	273.00	−11.97%
6	ASYgRSECW	345.09	289.00	−16.25%	253.50	−12.28%
	平均	337.11	281.75	−16.42%	247.75	−12.07%

表5.4 关联企业材料采购价格比较表 （单位：美元）

序号	产品名称	2009 年	2010 年	相对 2009 年增减率	2011 年	相对 2010 年增减率
1	压缩机 AOG12RSEC	82.27	77.57	−13.11%	70.59	−9%
2	压缩机 AOA12ASEC	89.27	77.57	−13.11%	70.59	−9%
3	压缩机 AOY12ASEC	89.27	77.57	−13.11%	70.59	−9%
4	压缩机 AOG9RSEC	86.53	74.21	−14.24%	67.82	−8.61%
5	遥控器 P306049010	11.14	9.88	−11.31%	9.05	−8.40%
6	压缩机 AOY19SEC	86.53	74.21	−14.24%	67.82	−8.61%
	平均	75.34	65.17	−13.50%	59.41	−8.84%

注：2009 年至 2011 年的价格均为平均价格

由表 5.1、5.2 分析可知，企业的外销产品价格与原材料关联交易价格两者虽然都呈逐年下降的趋势，但是产品外销价格的下降幅度较大，下降的趋势也比较明显。因此，税务机关又再次对企业亏损较严重的 2010 年度的外销产品的成本利润情况进行了检查。税务机关共检查的产品机种为 27 种（检查面为 100%），销售数量为 297 601 台（内机＋外机）。其中出口数量为 295 887 台（内机＋外机），占总销售量的 99.42%，销售总金额为 336 742 285.01 元，平均外销价格为 2 276.15

元/套,平均单位销售成本为 2 550.72 元/套,平均毛利为 –274.56 元,毛利率为 –12.06%,平均销售利润为 –337.05 元,销售利润率为 –16.57%。其中销售毛利亏损的机种有 18 种,销售数量为 275 513 台(内机 + 外机),销售总额为 311 682 455.49 元,分别占全部的 66.67%、93.11%、92.56%。根据检查结果得出:企业外销产品中,销售数量越大的机种,亏损程度也越大。同时,税务机关又抽取其中亏损最大的机种(ASGGASECW),与盈利最大的机种(ASFGRSECW),两者的单位销售成本与单位毛利分别为:亏损机种(ASGGASECW)的单位销售成本 1 610.91 元,单位毛利为 –593.10 元,盈利机种(ASFGRSECW)的单位销售成本为 875.85 元,单位毛利为 399.79 元。二者相比较后得出,亏损机种的单位销售成本比盈利机种高 83.93%,而亏损机种的单位毛利比盈利机种低 248.35%,两者之间的升降比例很不一致,说明亏损机种的亏损原因并非全部是由销售成本决定的。根据企业提供的可行性报告得到,企业的保本点销售量为 16 万套,2011 年经修正后的正常保本点销售量为 19 万套,而企业 2011 年实际销售量为 249 081 套,超过了保本点,但却没有盈利。对此,企业也未能做出一个合理的解释。

4. 调整方法

转让定价的调整对象。鉴于上海 A 有限公司外销关联业务实质为来料加工,税务机关将调整对象确定为外销加工收入,其具体额度分别为:2009 年总计 1 652 124.49 元,2010 年总计 9 376 601.24 元,2011 年总计 37 826 600.68 元,见表 5.5。

表5.5 外销加工收入计算表 （单位:元）

项目	2009 年	2010 年	2011 年	合计
1. 生产成本	151 673 645.46	353 107 434.41	501 616 912.08	1 006 397 991.95
2. 直接材料	127 497 411.50	30 585 241.14	449 465 061.54	607 547 714.18
3. 材料占生产成本比（2÷1）	84.06%	86.65%	89.60%	
4. 外销销售成本	26 942 235.08	377 560 157.98	474 931 593.89	879 433 986.95
5. 外销销售成本中材料金额（3×4）	22 647 642.81	327 155 876.89	425 538 708.13	775 342 227.83
6. 外销销售收入	24 299 767.30	336 892 478.13	463 365 308.81	824 557 554.24
7. 外销加工收入（6-5）	1 652 124.49	9 736 601.24	37 826 600.68	49 215 326.41

资料来源:企业提交 2009—2011 年度会计年报(生产成本及销售成本明细表)。

一是调整方法的选定

（1）可比非受控价格法。该方法建立在关联方交易与独立企业交易中涉及的资产与或业务具有较强可比性的前提上。实际运用中，需要比较关联方交易价格与独立企业的非受控价格，若二者差异明显，可以考虑用后者代替前者作为合理的成交价格。上海Ａ有限公司的外销部分全部为关联交易，并且目前无法找到一个与上海Ａ有限公司在产品及功能等方面能进行可比的企业。因此，此方法不适用于本次调整。

（2）再销售价格法。与可比非受控价格法不同，再销售价格法要基于企业行使功能的可比性进行判断。其调整的依据是再销售给独立企业的价格应取得的利润水平。而上海Ａ有限公司不能提供日本Ａ公司再销售的有关情况，因此，此方法也不适用于本次调整。

（3）成本加成法。以关联交易中的合理成本为基础，加上正常的利润便构成了成本加成法所谓的公平成交价格。此方法最适用于关联企业间提供服务或销售半成品的业务。依据前面对上海Ａ有限公司与日本Ａ公司于外销业务中所承担的职能分析可判定，双方的业务关系为加工服务。因此，成本加成法在本次调整中为合理的转让定价调整方法。此方法也是经双方洽谈后一致认可的。

然而采用这一方法，商品成本的组成结构要比较合理。考虑到上海Ａ有限公司实际经营中存在不正常因素，我们对其外销成本因素进行了分析。

二是外销成本因素的分析

（1）人工的浪费。关于外籍员工的人工浪费：由于上海Ａ有限公司开业时间较短，经营业务还没有广泛开展，为了确保企业正常经营与运转，日本总公司派遣了较多在各方面有经验的外籍人员到上海Ａ有限公司从事生产管理工作，此部分外籍人员的工资福利水平较高。随着企业的逐渐成熟，此部分外籍人员正在逐渐减少。因此，在进行成本加成法计算时，需排除此部分超标外籍人员的工资福利费用所造成的浪费。我们以2012年度（经营相对正常年度）的外籍员工人数作为标准，计算出2009—2011年的外籍员工的人工费超出部分分别为：2009年为1 392 360.44元、2010年为1 356 166.22元、2011年为733 144元，见表5.6。

关于中方员工的人工浪费：由于企业开业时间较短，工人的生产操作熟练程度有限，因此，为了保证产量，工人必须不断地加班加点，同时还使用了较少的临时工，造成了人工的浪费。因此在进行成本加成分析计算时，也需排除此部分的浪费。经税务机关核实,此部分的浪费额为:2009 年合计 100 079.60 元,2010 年合计 792 047.30 元,2011 年合计 1 375 813.10 元,见表 5.7。

表5.6 外籍员工人工浪费额计算表 （单位：元）

项 目	2009 年	2010 年	2011 年	合计
1. 实有人数	19	17	16	52
2. 2004 年人数	15	15	15	45
3. 浪费人数	4	2	1	7
4. 当年实际的工资总额	6 618 937.15	11 527 412.9	11 730 304.03	29 876 654.08
5. 当年人均工资额（4÷1）	349 365.11	678 083.11	733 144	1 759 592.22
6. 浪费工资额（5×3）	1 393 460.44	1 356 166.22	733 144	3 482 771.66

表5.7 中方员工人工浪费额计算表 （单位：元）

项目	2009 年	2010 年	2011 年	合计
1. 加班工资	100 079.60	218 479.60	303 722.00	622 281.20
2. 临时工工资		573 567.70	1 072 091.00	1 645 658.80
合计浪费（1+2）	100 079.60	792 047.30	1 375 813.00	2 267 940.00

（2）制造费用的浪费。由于企业开业初期,为了达到一定的生产量,前期投入的资金非常大。而另一方面,由于市场等原因产出一直不足,2011 年的产出虽比 2010 年上升了 57%,但仍未达到原设计的生产规模的 50%。这造成了生产能力极大的闲置、浪费。另外考虑可能还有其他方面的浪费,同时还存在每年的产能不同,因此,税务机关在计算此部分浪费时,以制造费用为调整对象,具体计算为:以 2012 年度生产成本中制造费用的比例,乘以销售质量成本,再除以 50 万套（企业设计年生产能力）,得到正常的每台产品所含的制造费用,再乘以 2009 年、2010 年、2011 年度的外销产品数量,得到正常的外销销售成本中的制造费用,再与实际发生额相比较,得出制造费用的浪费金额。

2012 年度制造费用基数 =［（2012 年生产成本中制造费用）÷2012 年生产成本）×2012 年销售成本］÷50 万套 =［（63 177 673.85÷1 070 311 316.60）×1 086 002 005.05÷500 000=128.21 元/套。

调整后 2009—2011 年度的制造费用 = 各年度外销产品数量 × 2012 年度制造费用基数。

2009 年：128.21 × 9 008=1 154 915.68 元

2010 年：128.21 × 147 944=18 967 900.24 元

2011 年：128.21 × 210 064=26 932 305.44 元

[注：2009—2011 年外销产品数量根据当年度（外销内机数量＋外销外机数量）÷2 取得] 原外销销售成本中制造费用额的汇总计算，见表 5.8。

表5.8　外销销售成本中制造费用计算表　（单位：元）

项目	2009 年	2010 年	2011 年	合计
1. 生产成本	151 673 645.45	353 107 434.41	501 616 912.08	1 006 397 991.94
2. 制造费用	23 364 394.79	44 786 269.09	48 708 038.49	116 858 702.37
3. 制造费用占生产成本比例 (2/1)	15.41%	12.68%	9.71%	11.61%
4. 外销销售成本	26 942 235.08	377 560 157.98	474 931 593.89	879 433 986.95
5. 外销销售成本的制造费 (4·3)	4 151 798.43	47 847 628.03	46 115 857.77	102 102 285.9

制造费用的浪费额的汇总计算，见表 5.9。

表5.9　制造费用浪费额计算表　（单位：元）

项目	2009 年	2010 年	2011 年	合计
1. 原外销销售成本中的制造费用	4 151 798.43	47 874 628.03	46 115 857.77	98 142 284.23
2. 调整后的制造费用	1 154 915.68	18 967 900.24	26 932 305.44	47 055 121.36
3. 浪费的制造费用 (1−2)	2 996 882.75	28 906 727.79	19 183 552.33	51 087 162.87

根据以上计算，我们得出，制造费用的浪费额为：2009 年 2 996 882.75 元，2010 年 28 906 727.79 元，2011 年 19 183 552.33 元。

（3）出口退（免）税政策调整结转销售成本部分的浪费。由于该企业出口产品从 2010 年起适用"免、抵、退"税收政策，而上海 A 有限公司产品的征税率与退税率之间存在差异（征收率为 17%；退税率：2010 年为 9%、2011 年调整为 11%、2012 年调整为 17%），按规定此部分不予免抵税额应结转销售成本，由此造成销售成本的增加。因此，我们在运用成本加成法计算时，应剔除此部分因素。由于该企业 2010 年的出口产品经批准享受"两个到零"的政策，因此，我们仅考虑 2011 年该因素。根据市进出口退税处核准，该企业 2011 年度不予"免、抵、退"税额应结转销售成本数为 15 908 281.35 元，经核实当年已结转销售成本数为 10 552 377.01 元。经企业提出申请，我们把其中的 500 万元作为不正常因素从销售成本中剔除。

调整结果：①由于上海 A 有限公司 2009 年 5 月刚开始投产，同时，2009 年中的不正常因素较多，因此，我们对 2009 年度不予调整。②成本加成率的确定：

我们以上海 A 有限公司基期年度（盈利年度）的成本加成率为参照基数。经计算，2012 年的外销产品成本加成率如下：

①材料占生产成本比＝材料除以生产成本

$$=998\ 080\ 427.54 \div 1\ 070\ 311\ 316.60 = 93.25\%$$

②外销销售成本中材料成本＝外销销售成本 × 材料占生产成本比例

$$=866\ 364\ 778 \times 93.25\% = 807\ 885\ 155.49\ 元$$

③外销加工收入＝外销收入 – 材料成本

$$=921\ 274\ 292.22 – 807\ 885\ 155.49 = 113\ 388\ 936.73\ 元$$

④外销加工成本＝外销销售成本 – 材料成本

$$=866\ 364\ 778 – 807\ 885\ 155.49 = 58\ 479\ 622.51\ 元$$

⑤外销产品成本加成率＝（外销加工收入 – 外销加工成本）除以外销加工成本

$$=（113\ 388\ 936.73 – 58\ 479\ 622.5）\div 58\ 479\ 622.51$$

$$=93.88\%$$

税务机关考虑到企业开业初期至今生产能力逐年上升，其盈利能力逐渐增加。因此，在 2012 年度成本加成率的基础上确定上海 A 有限公司 2010 年的成本加成率为 25%，2011 年度的成本加成率为 65%。

3. 调整结果的计算

将原外销成本剔除上述确定的各项不正常因素及材料部分后用基数乘以（1+成本加成率），得出调整后的外销加工收入，再与原外销加工收入相比，得到应调整的金额，见表 5.10。

表5.10　应纳税所得额调整计算表 (单位：元)

项　目	2009 年	2010 年	2011 年	合计
一、外销收入	24 299 767.30	336 892 478.13	463 365 308.81	824 557 554.24
减：材料	22 647 642.81	327 155 876.89	425 538 708.13	775 342 227.83
外销加工收入	1 652 124.49	9 736 601.24	37 826 600.68	49 215 326.41
二、外销成本	26 942 235.08	377 560 157.98	474 931 593.89	879 433 986.95
减：材料	22 647 642.81	327 155 876.89	425 538 708.13	775 342 227.83
减：人工浪费（外方）	1 393 460.44	1 356 166.22	733 144.00	3 482 770.66
减：人工浪费（中方）	100 079.60	792 047.30	1 375 813.10	2 267 940.00
减：制造费用浪费	2 996 882.75	28 906 727.79	19 183 552.33	51 087 162.87
减：不予免、抵、退税额				
转销销售成本部分			5 000 000.00	5 000 000.00
外销加工成本	(195 830.52)	19 349 339.78	23 100 376.33	42 253 885.59
三、调整后加成率		25.00%	65.00%	
四、调整后外销加工收入		241 816 647.73	38 115 620.94	279 932 268.67
减：原外销加工收入		9 736 601.24	37 826 600.68	47 563 201.92
五、调整应纳税所得额		14 450 073.49	289 020.46	14 739 093.95

注：1. 2009 年度不予调整；

　　2. "正常外销加工成本"栏中合计数为 2010 年和 2011 年两年的合计数。

综上所述，在对上海 A 有限公司外销业务关联交易调整中，外销关联交易部分应纳税所得额共计调增 14 739 093.75 元。企业对上述调整无异议。

5.2　江苏B电子公司转让定价反避税调查案例分析

5.2.1　企业基本情况

B 电子科技有限公司（以下简称"B 电子"）是 2000 年在南方某出口加工区设立的生产性外商独资企业。投资总额 3 500 万美元，注册资本 1 000 万美元，主要组装销售笔记本电脑（主要型号为 CIH 系列产品），适用所得税税率 15%。其投资方为位于避税地英属维尔京群岛的 B 国际控股有限公司，最终控制方为中国台湾 B 工业股份有限公司（以下简称"B 工业"）。B 电子经营情况一直不如意，长期处于微利或亏损状态,见表5.11。与境外母公司合并财务报表相比,见表5.12,B电子利润率处于极低的水平。

表5.11 企业经营情况表 (单位:万元)

项目	2006年	2007年	2008年	2009年	四年合计
主营业务收入	514 168	998 701	874 755	1 008 024	3 395 648
主营业务成本	510 155	992 558	862 120	983 115	3 347 948
毛利率	0.78%	0.61%	1.44%	2.47%	1.40%
营业管理费用	7 718	5 716	13 028	22 518	48 980
息前营业利润	−3 750	426	−393	2 391	−1 281
息前营业利润率	−0.72%	0.04%	−0.04%	0.24%	−0.04%
财务费用	212	−40	−109	−1 626	−1 563
营业外收支	5	13	100	15	133
净利润	−3 912	479	−185	4 032	414
净利润率	−0.76%	0.05%	−0.02%	0.40%	0.01%
核定应纳税所得额	−971	3 561	5 419	11 195	19 204

表5.12 与境外母公司利润表对照

项目	2006年	2007年	2008年	2009年
B工业	5.51%	5.30%	3.90%	3.65%
集团	7.09%	6.61%	4.63%	4.63%
B电子	−0.76%	0.05%	−0.02%	0.40%

5.2.2 避税疑点调查

1. 调查重点的确定

该企业主要疑点存在销售环节。其销售的具体流程是:B工业接单,通过关联企业下单到B电子。笔记本组装完成后,由B电子开票销售给关联企业,最终由B工业销售给最终品牌客户。也就是说在B工业与B电子之间是一种内部贸易,且B电子于1996年成立的公司在2006年进入了获利年度。

2. 成本核算方法的变化

通过调查,广州市国税局发现在2009年7月前后,该公司标准成本的核算口径发生了变化。在此之前,制造费用的核算口径为财务制度所规定的制造产品或提供劳务而发生的各项间接费用,包括折旧费、办公费、工资和福利费、机物料消耗以及劳动保护费等费用。而 2009 年 7 月后,该企业制造费用的核算发生了变化,将企业为组织生产及各个部门所产生的费用都囊括了进来。这实际上造成了制造费用范围的扩大,将管理人员工资、水电费、停工损失等计入企业制造费用,使成本加成法的成本基数大大增加,从而提高了转让价格,使该公司的利润情况马上发生了根本性的变化。在 1998 年至 2007 年长达十年的时间里,企业经营状态不佳,年年亏损。归功于定价的改变,却于 2009 年一举扭亏为盈。2010 年的企业利润自然而然地在收入大幅提高的基础上水涨船高。笔记本的售价也是由 B 工业来定。当地税务机关通过对企业经营情况以及与母公司利润率的比较分析,发现以下两方面疑点:其一,该 B 电子利润率与 B 工业或集团比明显偏低;其二,从 2009 年起,B 电子的非关联客户名单中陆续出现了 7 家注册在英属维尔京群岛的公司。由于在笔记本组装加工的市场中,大规模制造是产业的集中趋势,税务机关所掌握的行业信息并没有涉及到突现的这 7 家公司。税务机关意外发现,该 7 家新的竞争者均于该集团内另一公司接受反避税调查之后注册,因此其"非关联性"更是可疑。为排查疑点,当地税务机关遂采取不同分析、取证方法对该企业展开更进一步的调查。

一是通过对该企业的组织架构、各部门所履行的工作职责、业务流程、资源使用功能等的调查、了解,再运用功能分析方法认证,税务机关发现 B 电子是一个典型的合约加工商,其主要的职责就是履行制造功能,包括材料采购、产品制造、物流、设备维护、存货管理等功能,承担着产品质量控制、存货风险等与制造相关的风险。

二是通过网络等信息收集渠道或功能分析等方面,他们最终认定了 7 家"非关联企业"属于具有实际关联交易的关联企业。具体措施是:①在中国台湾证交所网站中查阅了 B 工业自 2006 年以来的所有上市公告,其披露的信息从未涉及"重大客户变更"等相关内容,并在其对外年报中披露注明:"CIH 系列产品 99% 以上最终全部返销 B 工业";对笔记本电脑行业竞争者状况进行了调查,新竞争者出现的说法纯属子虚乌有,相反,竞争者的数量却在减少,其原因大致可归为既有竞争者的不断兼并与合并行为。B 集团的产能不断地向 B 电子转移。至 2009 年下半年,集团内部全部产能除试产线外均陆陆续续地向大陆转移。这些现象都进一步证实了 B 电子与 7 家企业的交易应为"关联交易";税务机关在对该企业的功能调查中证实 B 电子与 7 家企业的交易属于受控交易。调查最终结果是,该企业在事实面前不得不承认其与该 7 家企业的关联关系以及交易价格偏低的事实,并同意税务当局对其利润水平进行调整。通过双方进一步沟通、协调,最终调增 2006—2009 年的应纳税所得额共计 5 亿元之多,弥补原 2004—2008 年的亏损后,共补征企业所得税 2 000 多万元。

5.3　广东C制造公司转让定价反避税调查案例分析

5.3.1　企业基本情况

C 制造有限公司(以下简称"C 制造")于 1995 年成立,为生产性外商独资企业(2006 年 5 月前为中外合资企业),最初注册资本 200 万美元,1999 年增加到 2 150 万美元,2006 年 5 月增加到 7 431 万美元。

5.3.2　避税疑点分析

由于 C 制造是从原广州 C 公司分立而来,完全继承了广州 C 公司的生产业务,1998 年、1999 年虽为投产前两年,但业务已处于稳定期,收入分别为 2.3 亿和 2.4 亿。2000 年由于国家出台了有关直销活动的禁令,对企业影响非常大,2000 年、2001 年销售收入下降为 0.89 亿和 0.99 亿。2002 年后企业处于恢复及急速发展、扩张的阶段,销售收入增长很快,从 2002 年的 2.7 亿元到 2006 的 8 亿元,增长了近 3 倍,年增长速度达 160%。从 2008 年的 9.4 亿元增长到 2011 年的 14 亿元。由于政策影响,2000 年产品销售成本占收入的比例达到 89.69%,其余各年度(2001—2011 年)一直比较平稳,占收入比例在 75% ～ 80% 之间,出口毛利率在 2.81% ～ 29.02% 之间,内销毛利率在 10.96% ～ 19.89% 之间,在化妆品行业中应该说处在较低的水平。C 制造的国内销售是通过其关联企业——C 中国所进行的,其缴纳消费税是以销售给 C 中国的价格,而不是以最后销售给经销商或消费者的价格为基础的。因此,广州市国税局把转让定价调查审计的重点放在 C 制造销售给 C 中国的关联价格上,调查分析其是否存在通过减少应纳税所得额、消费税的计税依据从而故意压低产品价格的行为。

5.3.3　避税疑点分析

随着对以上情况的了解,税务机关意识到 C 集团有选择性避税的动机。C 中国于 1991 年成立,当时是生产性合资企业,享受"两免三减半"的所得税优惠。
1994 年,我国的《消费税暂行条例》出台,《条例》规定对化妆品行业开征消费税。
消费税应征税额本应当以销售价格为计税基础,但 C 集团把生产部门分设,使消费
税应征税额以生产价格计量,这样就压低了消费税的计税基础。C 制造也应运而生。
为了进一步压低消费税计税基数,缩小成本基数,越来越多不合理的成本与费用归
到了 C 中国。 10% 的成本加成率根本不能弥补 C 制造正常的经营支出,亏损状态
不可避免的持续。在两家企业同时亏损无需缴纳所得税的情况下,C 集团的当务
之急转为了规避消费税。至 2008 年,随着 C 集团在中国业务的迅猛发展,坚持采
购低价材料,高价销售产品的 C 中国不可避免地进入了获利年度。由于其性质是
一家销售公司,没有所得税的优惠,税率为 33%。同时消费税税率有所下降,因此
C 集团需要改变其定价策略以利于规避消费税。一方面,2009 年 C 制造改变了定
价原则,将管理费用加入到成本核算的范畴内,提高了销售价格。另一方面,增加
的定价反映为 C 中国的成本,因为包括了增加的定价上升,从而减少其应纳税所得
额。在两者共同的作用下,C 集团的整体税负得到减少,见表 5.13。

表5.13　C集团纳税情况表

		2002 年	2003 年	2004 年	2005 年	2006 年	2007 年	2008 年	2009 年	2010 年
C 制造	应税利润(万元)	–40	–16	–3 500	–2 235	–2	–712	–460	4 426	5 601
	所得税额(万元)	0	0	0	0	0	0	0	0	0
C 中国	应税利润(万元)	2 759	–182	–14 092	–1 645	2 721	5 066	16 512	17 091	26 885
	所得税额(万元)	0	0	0	0	0	0	5 449	5 640	8 872

1. 功能风险分析

C 制造的主要职能是生产制造,其虽不参与产品的研发,但可以在一定技术参
数范围内,根据具体情况对其产品进行简单的基本配方调整,但技术改进失败而导
致的损失由 C 制造承担。同时,部分产品的包装设计也由 C 制造承担。因此,C 制
造更接近于一个承担主要生产职能及少部分研发职能的有限市场风险的制造商。

2. 调整方案

广州市国税局采用交易净利润法来测试 C 制造关联交易的利润水平,用完全
成本加成率来进行关联交易的合理性分析。在具体调整比率方面,以 BVD 数据

库中选取的可比企业的完全成本加成率的中位值对 C 制造 2002—2010 年度的关联交易进行调整。以中位值调整,一方面考虑了 C 品牌在全球化妆品行业排行第五的有利因素,另一方面也考虑了可比企业均为上市公司,在职能风险方面多于承担主要生产职能的 C 制造等不利因素。另外企业提出,禁止直销业务对 C 集团在中国的业务造成了很大的打击,2004 年、2005 年收入下降超过 60%,因此在调整上也对这个因素加以考虑。2004 年不进行调整,2005 年以可比企业的下四分位值进行调整。该方案调增应纳税收入 2 亿多元,调增应纳税所得额 1.8 亿多元,补缴消费税 2 600 多万元,增值税 80 多万元,外商投资企业和外国企业所得税 4 800 多万元。由于上述调整,使 C 制造提前 8 年(即 2002 年)进入获利年度,2012 年由免税期变为全征期,补缴外商投资企业和外国企业所得税 900 多万元,合计补缴所得税 5 800 多万元,补缴各项税款 8 500 多万元。经本次转让定价审计调整后,C 制造除 2004 年由于销售模式的影响仍为亏损外,其余各年度均盈利,加权平均总利润率达到 6%,获利水平与其承担的职能风险以及所处的行业地位基本相符。

5.4　北京D食品有限公司转让定价反避税调查案例分析

5.4.1　企业概况

D 是由 E(中国)投资有限公司在北京市东城区注册兴办的外商独资企业,公司地址:东城区和平路 715 号。该公司于 2002 年 3 月注册登记,批准证书号码为外经贸京府字 [02]234 号,工商登记证号码:企独 2 总字第 435 号,税务登记编码:025742109,生产经营期限 50 年。该公司投资总额 4 000 万美元,注册资本 4 500 万美元,该公司于 2003 年被确认为获利年度。2002 年 4 月开业生产,公司生产所用原料花生主要从国内购进,主要生产销售花生酱及其他系列产品(产品商标: X、Y),属食品制造业。产品 95% 以上的销往 E(注册地在山东的 F 公司)直接或间接投资在东南亚地区设立的子公司和在中国境内设立的子公司,其中内外销比例各占 50%;另外内销产品中大约 5% 的部分销售给山东 F 制品进出口有限公司,然后由 F 公司销往日本客户,但产品由该企业直接发往日本。D 食品有限公司自开业初期历经四次股权变更,从开业初期由 CS 粮油进出口有限公司与 M 亚洲投资有限公司共同出资兴办的中外合资企业,最终变更为由 E(中国)投资有限公司全资控股的外商独资企业。企业历次股权变更情况见表 5.14。

表5.14 股权变更表

股权变更时间	企业投资方名称	注册资本	各方所占比例
2005.09	CS 粮油进出口有限公司	100 万美元	20%
	M 亚洲投资有限公司	400 万美元	80%
2008.05	CS 粮油进出口有限公司	80 万美元	16%
	M 亚洲投资有限公司	420 万美元	84%
2009.01	CS 粮油进出口有限公司	80 万美元	16%
	E（中国）有限公司	420 万美元	84%
2010.08	山东 F 制品进出口有限公司	80 万美元	16%
	E（中国）有限公司	420 万美元	84%
2011.11	E（中国）有限公司	500 万美元	100%

5.4.2 会计税收政策

该公司根据《外商投资企业会计制度》及其补充规定，保持正确完整的账册和其他会计记录。公司根据国际公认的权责发生制和借贷记账法，根据投资方维持其账册和相关记录使用的会计准则，编制账册和其他会计记录。由于该企业 2005 年被确认为获利年度，根据税法规定，该企业享受"两免三减半"所得税税收优惠。

5.4.3 历年生产经营状况

D 食品有限公司自 2002 年开业至 2012 年以来历年生产经营中主业状况见表 5.15。

5.4.4 关联企业和关联交易情况

D 食品有限公司关联企业及关联交易示意图 5.1。

（1）关联企业认定：D 食品有限公司与 E（中国）投资有限公司及其在中国投资成立的各子公司、E 集团在世界各地设立的子公司构成关联关系。

一是境内关联企业：①投资方：E（中国）投资有限公司是 D 食品有限公司的母公司，于 2000 年成立于中国上海。E（中国）投资有限公司是 E 集团在中国境内设立的投资控股公司。目前，E 在中国的投资情况见图 5.2。②日常交易关联方：E 服务（合肥）有限公司于 1997 年成立于天津，2003 年搬迁至北京，为 E 集团所属的

表5.15　历年生产经营状况表

项目	2002年	2003年	2004年	2005年	2006年	2007年	2008年	2009年	2010年	2011年	2012年
主营业务收入	11 845 831.00	46 066 806.14	82 552 906.10	79 469 118.24	81 336 606.61	90 260 759.00	110 130 527.00	134 286 905.00	1 606 423.17	156 252 116.00	196 708 748.00
与上期相比增减率		288.89%	79.20%	-3.74%	2.35%	10.97%	22.01%	21.93%	19.63%	-2.73%	25.70%
其中:出口收入	141 503.00	23 285 992.04	43 513 606.91	43 930 017.15	49 822 982.58	57 861 902.00	61 051 847.00	65 716 975.00	78 057 227.00	82 805 089.00	98 049 708.00
销售折扣与折让		3918.11									
出口收入比例	1.19%	50.55%	52.71%	55.28%	61.26%	64.11%	55.14%	48.94%	48.59%	52.99%	49.92%
主营业务成本	10 396 827.00	39 582 414.34	73 980 188.25	69 423 474.27	71 578 046.08	80 014 602.00	95 274 859.00	106 728 448.00	130 187 811.00	140 224 883.00	181 994 295.00
其中:出口成本					40 570 678.09	50 645 744.57	52 349 830.00	58 970 727.00	67 703 097.00	73 626 166.00	90 647 827.00
主营业务利润	1 449 004.00	6 480 473.69	8 572 717.85	10 045 643.97	9 758 560.53	10 246 257.00	14 855 668.00	27 558 457.00	30 454 506.00	16 027 233.00	14 414 453.00
主营业务利润率	12.23%	14.07%	10.38%	12.64%	12.00%	11.35%	13.49%	20.52%	18.90%	10.26%	7.34%
主营业务费用	277 612.00	4 623 164.34	6 535 303.60	5 775 904.55	2 417 814.21	1 966 626.00	2 362 167.00	9 567 246.00	10 877 679.00	11 963 347.00	6 288 134.00
占主营业务收入比例	2.34%	10.04%	7.92%	7.27%	2.97%	2.18%	2.14%	7.12%	6.77%	7.66%	3.20%
管理费用	2 177 951.00	2 407 405.21	3 239 084.64	5 785 995.48	2 525 872.74	2 233 192.00	2 022 714.00	13 474 968.00	18 588 675.00	9 368 724.00	16 180 446.00
占主营业务收入比例	20.95%	6.08%	4.38%	8.33%	3.53%	2.79%	2.12%	12.63%	14.28%	6.68%	8.89%
财务费用	1 373 998.00	2 563 898.31	2 537 910.12	2 716 855.89	1 541 830.52	766 617.00	69 814.00	755 974.00	80 025.00	1 245 165.00	-8 054 127.00
营业利润	-2 380 557.00	-3 113 994.17	-3 731 580.41	-4 233 111.95	3 273 043.06	5 279 718.00	9 772 623.00	3 760 269.00	188 127.00	-6 550 003.00	-10 356 484.00
营业利润率	-20.10%	-6.76%	-4.53%	-5.33%	4.02%	5.85%	8.87%	2.80%	0.12%	-4.19%	-5.27%

各境内公司提供销售支持及共享服务。自 2005 年起，D 食品有限公司与其签订服务协议，E 公司为 D 食品有限公司提供销售支持、人力资源、公关、财务、税务、法务以及行政后勤等相关服务，并按照接受服务公司销售额所占的比例收取劳务费。

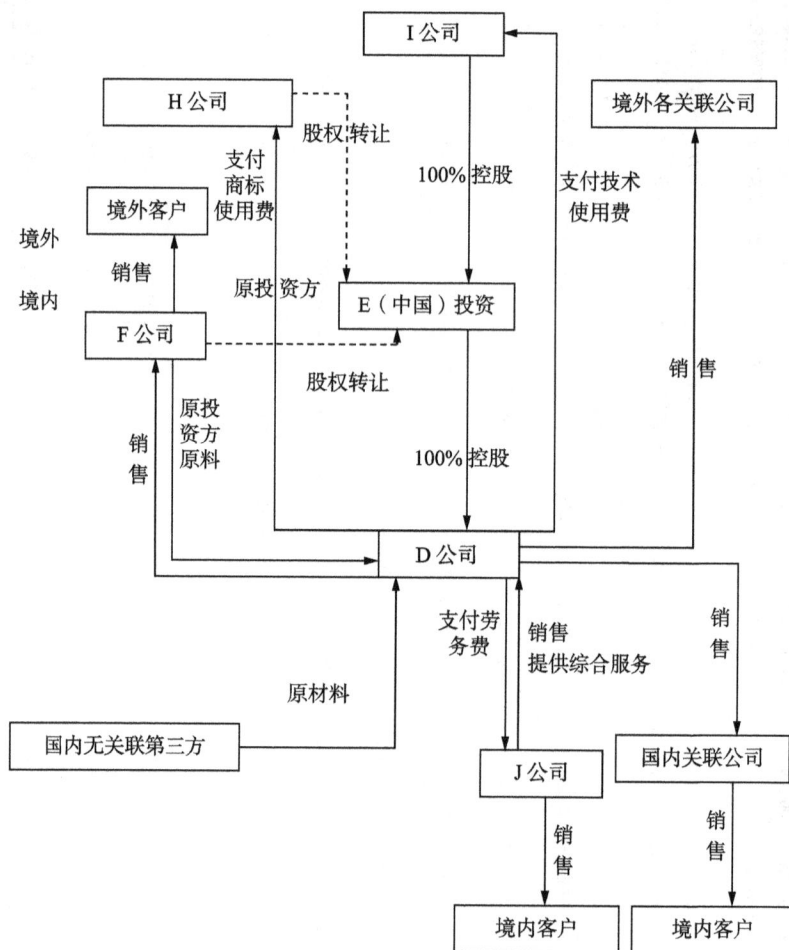

图5.1　D食品有限公司关联企业及关联交易示意图

二是境外关联企业。①控股公司。E 有限公司系 D 食品有限公司的最终控股公司。E 公司成立于 1998 年，是一家大型日用及食品化工集团。该集团拥有约 24 万员工，在 80 个国家设立 400 多个业务机构，1 500 多个著名品牌的产品在 100 多个国家销售，全球年营业额达到 500 亿欧元，每天有 1.5 亿人选择使用它们的产品。D 食品有限公司与原投资方美国 M 亚洲投资有限公司签订按全年内销收入 1.5%

的比例支付技术使用费,2003 年发生股权变动后,改为向 E 有限公司支付,支付比例保持不变。另外,于 2008 年 12 月 24 日同 D 食品有限公司签订《共享服务协议》,由其向 D 公司提供公司服务、事业部服务、区域服务和其他服务,并按照接受服务公司销售额所占的比例收取劳务费。②日常交易关联方 D 食品有限公司外销产品主要销往下列国外关联企业:E(中国)香港有限公司、E 印度尼西亚有限公司、E 马来西亚有限公司、E 越南有限公司、E 新加坡有限公司、E 泰国有限公司、E(中国)台湾有限公司、E 菲律宾有限公司、E 韩国有限公司。D 食品有限公司使用 M 有限公司所拥有的商标,按照产品全年内销收入 2.5% 的比例,每年向其支付商标使用费。根据《中华人民共和国企业所得税法实施细则》第一百零九条及《征管法实施细则》第五十一条的规定,根据 D 食品有限公司 100% 的股份由 E(中国)投资有限公司拥有;E 公司委派公司董事长、部门经理,生产厂长等高级管理人员;产品订单由 E 在世界各地设立的销售公司下达;企业生产的产品全部销售给 E 在世界各地设立的子公司等实际情况,我们认定 D 食品有限公司与 E(中国)投资有限公司及其在中国投资成立的各子公司、E 公司在世界各地设立的子公司、办事处等构成关联企业关系。该公司与上述关联公司间的各项交易符合《特别纳税调整实施办法》第九条第(一)、(二)、(三)、(五)、(六)、(七)项规定,属典型的关联企业转让定价行为。

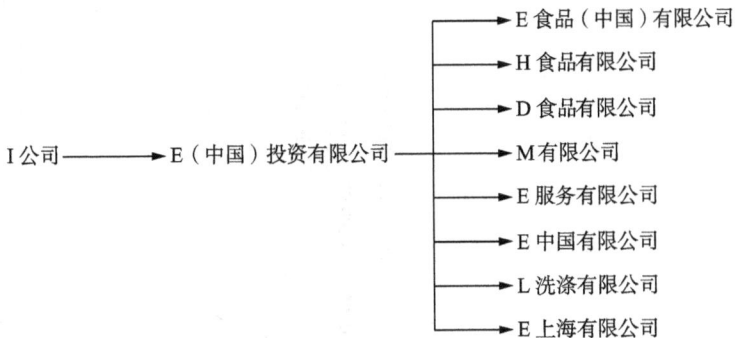

图5.2　投资情况图

(2)关联交易认定: D 食品有限公司与 E(中国)投资有限公司及其在中国成立的各子公司、E 公司在世界各地设立的子公司、山东 F 制品进出口有限公司之间的全部销售额、原材料购进额、支付的商标使用费和技术服务费等全部为关联企业间业务往来关联交易额,具体情况如表 5.16 所示。

表5.16　关联企业间业务往来关联交易额

关联企业名称	与本公司的关系	关联交易类型	2001年	2002年	2003年	2004年	2005年	2006年	2007年
E 服务									
E（合肥）有限公司	受同一母公司控制	销售货物				21 063 326	62 608 931	73 546 494	67 480 897
E 服务									
E（合肥）有限公司	受同一母公司控制	支付综合管理劳务费					10 101 000	11 698 000	3 032 058
E 食品									
E（合肥）有限公司	受同一母公司控制	销售货物	24 941 150	22 634 833	25 845 674	18 287 141			
上海E有限公司	受同一母公司控制	支付综合管理劳务费			115 039				196 324
N越南有限公司	受同一最终控股股份公司控制	销售货物	24 788 727	25 973 561	31 760 317	25 662 849	27 797 374	33 413 674	34 936 987
N马来西亚有限公司	受同一最终控股股份公司控制	销售货物	8 102 562	8 628 938	8 649 629	12 199 025	10 226 751	11 079 945	10 167 445
N（中国）香港有限公司	受同一最终控股股份公司控制	销售货物	6 836 925	9 553 179	9 930 432	11 493 972	9 802 476	12 034 582	13 663 453
N新加坡有限公司	受同一最终控股股份公司控制	销售货物			2 171 526	5 047 974	7 697 243	9 214 485	10 835 192
N菲律宾有限公司	受同一最终控股股份公司控制	销售货物					4 865 155	4 571 476	5 463 522
N（中国）台湾有限公司	受同一最终控股股份公司控制	销售货物							
N印度尼西亚有限公司	受同一最终控股股份公司控制	销售货物	3 544 204	4 223 271	3 834 190	4 110 567	3 214 293	4 169 894	5 324 530
N泰国有限公司	受同一最终控股股份公司控制	销售货物	657 000	1 444 034	1 400 769	2 465 374	2 113 683	2 875 056	1 815 259
N Division of Conopco Inc.	受同一最终控股股份公司控制	支付商标使用费	634 353	143 551		526 583	1 565 223	1 850 625	1 609 279
N韩国有限公司	受同一最终控股股份公司控制	销售货物						698 116	734 339
NH Ltd.	受同一最终控股股份公司控制	销售货物							183 105
F	最终控股股份公司控制	支付技术许可使用费	380 612	421 218	485 983	736 180	1 024 147	1 246 315	1 050 071

5.4.5 运用转让定价进行避税研究

1. 财务指标分析

从表 5.17 分析得出：偿债能力指标显示企业的资本结构不合理，流动负债率偏高，速动比率和流动比率相对平稳，企业从 2003 年开始至 2012 年整体偿债能力有所增强；运营能力指标显示，企业资产管理方面效率逐渐提高，存货周转逐年增长，显示企业经营状况逐年好转；企业盈利能力指标显示，企业 1998 年至 2001 年盈利指标较差，自开业以来一直处于负增长状态，自 2002 年企业盈利指标有所好转，特别是 2004 年企业盈利指标达到历史最高峰，但从 2005 年企业进入所得税减半期开始企业各项盈利指标比 2004 年明显下降；从企业的成长能力指标显示，企业一直保持较高的增长势头。可以看出，企业的偿债能力与盈利能力不相匹配，偏离收入与费用配比原则，有存在人为控制的嫌疑。

2. 产品内外销价格分析

根据企业提供的 2004 年至 2008 年产品销售情况明细表，我们对该公司的境内外销售情况分品种、分规格进行了对比分析，具体情况如表 5.18 所示。

该公司生产的产品 95% 以上销往境内外关联公司，但从上表明显看出，产品价格却存在较大差异，除个别年度少量花生酱外销产品价格高于内销价格以外，其他年度的外销产品价格明显低于内销产品的价格。特别是 2005—2006 年度，境外销售价格比境内销售价格的差异率达到 8.72% ～ 31.09%。由于 D 生产的花生酱有不同，Y 花生酱主要品种包括柔滑、颗粒和彩条等多种产品，食品有限公司包装规格也各有不同，但其生产工艺却基本相同，只是在产品生产的最终环节，根据客户的要求或是当地消费者的习惯，在花生酱中添加如不同比例的糖、盐等调味品或是添加巧克力、草莓酱等不同辅料，然后进行包装；虽然产品包装的规格不同，但基本为 340 克或 510 克，产品用存酱罐也只有大、小两种，只是根据境内外关联公司的要求，在最后装罐过程中装入的花生酱重量不同，比如大罐包装中 510 克用于内销、500 克用于外销等。由此可以看出，企业内外销产品虽然在配方和产品型号上有所不同外，但产品实质相差不大。我们又对该企业 2001 年至 2008 年度境内外总体销售价格和销售成本进行了对比分析，具体情况如表 5.19。

表5.17　公司财务指标表

		1998年	1999年	2000年	2001年	2002年	2003年	2004年	2005年	2006年	2007年	2008年
偿还能力	资产负债率	49.55	62.75	67.50	70.73	68.27	61.03	53.71	40.01	42.08	41.82	64.71
	流动负债率	157.66	144.65	157.64	181.34	161.33	125.57	94.41	77.88	77.17	92.30	118.57
	速动比率	32.34	42.08	45.10	30.43	49.04	56.95	85.99	83.63	93.19	64.77	58.67
	流动比率	63.43	69.13	63.43	55.15	61.98	79.64	105.92	128.40	129.58	108.34	84.34
运营能力	总资产周转率	0.16	0.54	0.87	0.87	0.95	1.10	1.26	1.57	2.04	2.11	2.59
	存货周转率	0.83	2.86	5.33	5.15	6.32	8.46	8.92	8.95	10.00	11.48	13.90
	应收账款周转率	5.71	7.09	5.19	6.30	5.92	4.48	3.58	4.42	6.70	7.47	9.71
盈利能力	成本费用利用率	-20.22	-7.37	-4.20	-6.94	4.13	5.88	10.86	2.80	0.26	-4.43	-4.65
	销售利润率	-20.36	-6.76	-4.53	-5.33	4.02	5.85	8.87	2.80	0.40	-4.19	-4.80
	资本金利润率	-6.95	-8.76	-8.75	-14.05	7.79	12.08	26.33	8.84	1.01	-17.41	-23.22
	资产净利润率	-3.78	-4.27	-3.82	-6.39	3.75	6.12	12.42	3.54	0.25	-9.75	-12.67
	资产毛报酬率	-1.82	-1.88	-0.40	-3.73	5.44	6.98	13.09	4.51	0.53	-9.75	-12.67
	纯益率	-24.28	7.87	-4.39	7.31	3.96	5.54	9.89	2.25	0.12	-4.61	-4.89
	毛益率	-11.68	-3.47	-0.46	-4.27	5.74	6.32	10.42	2.87	0.26	-4.61	-4.89
成长能力	销售增长率		288.89	79.20	-3.74	2.35	10.97	22.01	21.93	18.29	-2.73	25.70
	总利润增长率		-26.03	0.07	-60.47	155.45	55.03	118.01	-66.42	-88.54	-1 819	-33.35

表5.18 境内外销售情况对比表

种类	型号	内外销	2004年				2005年				2006年				2007年				2008年			
			数量	金额	单瓶价格	差异率	数量	金额	单瓶价格	差异率	数量	金额	单瓶价格	差异率	数量	金额	单瓶价格	差异率	数量	金额	单瓶价格	差异率
颗粒	340克	境外	112 040	6 583 786	4.90		111 313	5 848 805	4.38		121 311	6 622 339	4.55		124 124	7 253 063	4.87		145 476	10 393 664	5.95	
颗粒	340克	境内	112 545	6 847 955	5.07	-3.42%	133 590	10 022 999	6.25	-29.97%	185 137	12 794 336	5.76	-21.01%	149 306	9 228 550	5.15	-5.46%	153 418	11 932 783	6.48	-8.14%
颗粒	510克	境外	124 299	9 420 120	6.32		115 987	8 731 983	6.27		122 428	9 718 582	6.62		133 830	11 276 891	7.02		120 958	12 284 968	8.40	
颗粒	510克	境内	36 285	2 775 635	6.37	-0.93%	54 075	5 018 783	7.73	-18.88%	77 908	6 811 559	7.29	-9.21%	79 939	6 695 682	6.98	0.60%	105 626	10 217 375	8.06	5.00%
素滑	340克	境外	121 784	7 032 668	4.81		159 682	8 294 785	4.33		191 252	10 401 699	4.53		188 884	10 735 846	4.74		196 595	13 615 476	5.77	
素滑	340克	境内	117 496	7 214 568	5.12	-5.95%	156 330	11 785 166	6.28	-31.09%	216 284	15 014 689	5.79	-21.66%	177 599	10 925 528	5.13	-7.61%	187 712	14 551 244	6.46	-10.66%
素滑	510克	境外	162 642	12 028 989	6.68		157 849	11 784 593	6.22		151 408	11 986 554	6.60		140 033	11 557 727	6.74		150 880	14 893 329	8.23	
素滑	510克	境内	125 580	9 569 743	6.35	5.2%	161 700	14 786 071	7.62	-18.35%	206 113	17 876 537	7.23	-8.72%	218 307	17 651 992	6.88	-2.07%	245 796	23 395 426	7.93	3.71%
巧克力	340克	境外	63 146	4 015 119	5.30		83 434	4 839 273	4.83		79 669	4 977 106	5.21		67 186	4 354 995	5.40		72 443	5 514 144	6.34	
巧克力	340克	境内	36 001	2 555 828	5.92	-10.44%	47 326	3 927 304	6.92	-30.11%	51 504	4 026 614	6.52	-20.09%	38 773	2 817 388	6.06	-10.79%	50 767	4 194 614	6.89	-7.87%
巧克力	510克	境内	126 036	9 188 501	6.08		52 548	4 272 711	6.78		64 887	5 595 971	7.19		63 728	5 758 050	7.53		63 425	6 759 949	8.88	

表5.19　2001至2008年度境内外总体销售价格和销售成本表

年度	项目	境外关联销售			境内关联销售			境外比境内平均单价
		数量（吨）	金额	平均单价	数量（吨）	金额	平均单价	
2001	收入	3.656	43 930 077	12.016	1.614	29 941 150	15.453	−22.24%
	成本	3.656	39 936 379	10.924	1.614	19 852 594	12.300	−11.19%
	毛利率			9.09%			20.40%	−11.31%
2002	收入	3.935	49 822 983	12.661	1.801	22 634 833	12.568	0.74%
	成本	3.935	43 994 748	11.180	1.801	19 152 278	10.634	5.14%
	毛利率			11.7%			15.39%	−3.69%
2003	收入	4.763	57 861 902	12.148	2.249	25 845 674	11.492	5.71%
	成本	4.763	50 696 069	10.644	2.249	23 361 094	10.387	2.47%
	毛利率			12.38%			9.61%	2.77%
2004	收入	4.481	61 051 847	13.625	3.082	39 350 467	12.768	6.71%
	成本	4.481	52 349 830	11.683	3.082	34 081 199	11.058	5.65%
	毛利率			14.25%			13.39%	0.86%
2005	收入	5.231	66 010 459	12.619	4.090	62 608 931	15.308	−17.56%
	成本	5.231	58 970 727	11.273	4.090	42 600 282	10.416	8.23%
	毛利率			10.66%			31.96%	−21.29%
2006	收入	5.844	78 057 227	13.357	5.142	73 546 494	14.303	−6.62%
	成本	5.844	67 703 097	11.585	5.142	54 267 809	10.554	9.77%
	毛利率			13.26%			26.21%	−12.95%
2007	收入	5.967	83 123 862	13.931	5.219	67 480 897	12.930	7.74%
	成本	5.967	73 626 166	12.339	5.219	61 464 756	11.777	4.77%
	毛利率			11.43%			8.92%	2.51%
2008	收入	5.787	98 049 708	16.943	5.987	93 663 386	15.644	8.30%
	成本	5.787	90 647 827	15.664	5.987	86 985 594	14.529	7.81%
	毛利率			7.55%			7.13%	0.42%
合计	收入	39.664	537 908 005	13.562	29.184	410 071 832	14.051	−3.48%
	成本	39.664	477 924 843	12.049	29.184	341 765 606	11.711	2.89%
	毛利率			11.15%			16.66%	−5.51%

颗粒花生酱价格走向

（元）

340克境内	
340克境外	
510克境内	
510克境外	

柔滑花生价格走向

（元）

340克境内	
340克境外	
510克境内	
510克境外	

巧克力花生酱价格走向

（元）

340克境内	
340克境外	
510克境内	

境内外关联销售情况对比

（元）

境外关联数量	
境外平均单价	
境外单位成本	
境内关联数量	
境内平均单价	
境内单位成本	

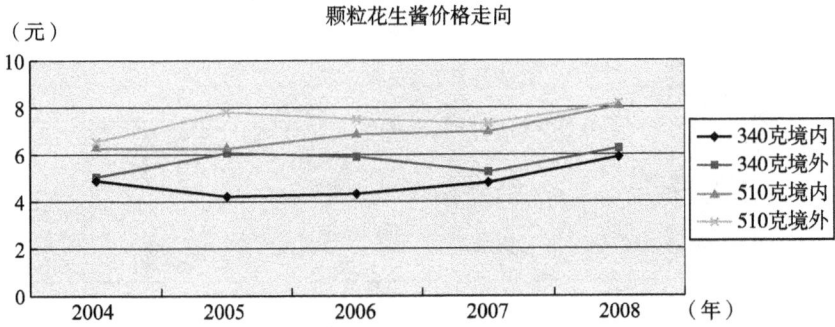

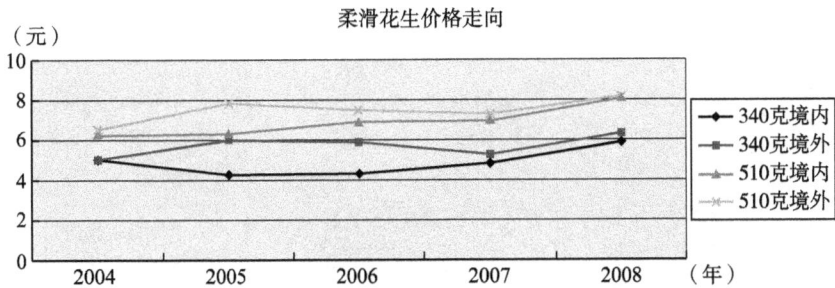

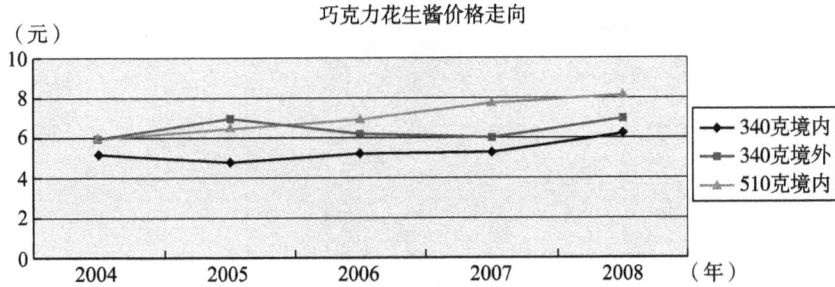

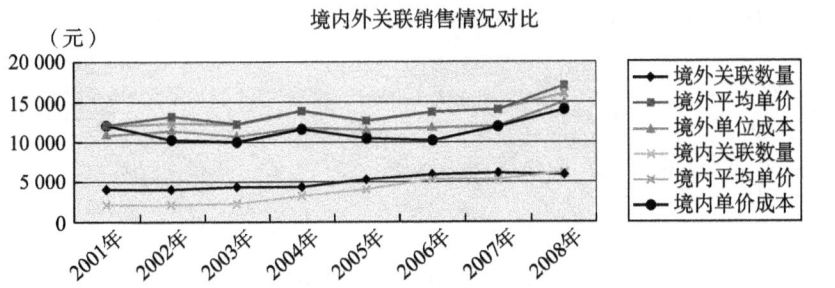

图5.3 境内外销售情况对比

（元）

境内外关联销售情况对比

图表图例：
- 境外关联数量
- 境外平均单价
- 境外单位成本
- 境内关联数量
- 境内平均单价
- 境内单价成本

（元）

境外关联销售部分

图表图例：
- 境外关联数量
- 境外平均单价
- 境外单位成本

（元）

境内关联销售部分

图表图例：
- 境外关联数量
- 境外平均单价
- 境外单位成本

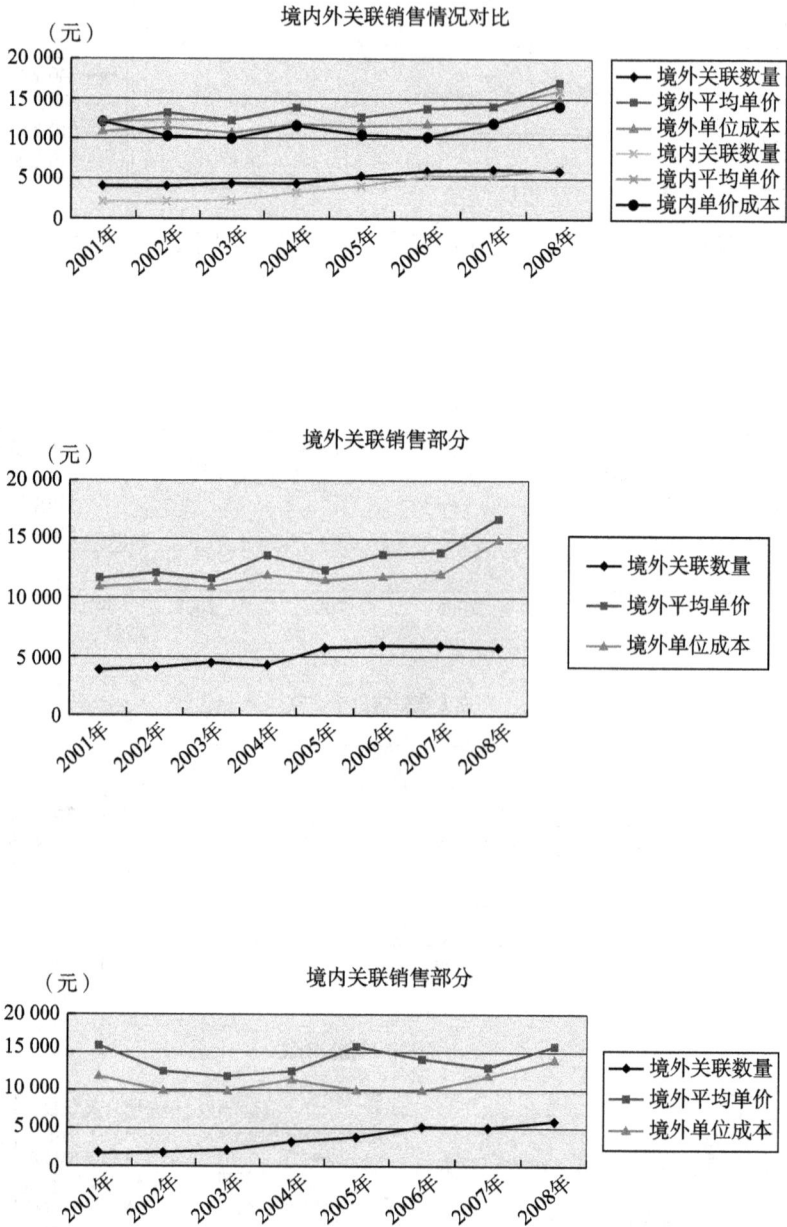

图5.4 2001—2008年度境内外关联消息

从上表销售数量可以明显得出,企业销售给境内外关联方的产品每年呈稳步上升趋势,特别是境内关联销售部分上升趋势更为明显,从产品成本分析,该企业在 2008 年较以往年度有明显增高,境内、境外关联销售的产品成本大致相同,除2001 年境外关联销售部分明显低于境内关联以外,其他年度均略高于境内关联部分。从产品销售价格分析,该企业境外关联销售价格呈每年上升趋势,历年的收入、成本比例相对平衡,毛利率维持在 7.55% ~ 14.25% 之间;但企业境内关联销售部分价格起伏变化较大,特别是 2001 年、2005 年和 2006 年三年,境内关联销售的毛利率分别达到 20.4%、31.96% 和 26.21%,而其他几年维持在 7.13% ~ 15.39% 之间。

5.4.6 避税疑点分析

该公司自开业以来,生产经营稳步增长,企业员工发展到 2005 年近 200 人。生产线也由开业初期的 2 条增加到现在的 5 条,并于 2007 年对 2 条主要花生酱生产线投入 180 万元进行改造,进一步扩大生产规模。企业的销售收入由 1998 年的1 185 万元,剧增到 2008 年的 19 641 万元,是开业初期的 17 倍,这充分说明企业业务拓展迅速,产品有市场。企业在生产、销售扩大的同时,1998 年至 2001 年连续 4年出现亏损,累计亏损达到 1 310 万元。企业从 2002 年至 2005 年在毛利率与以前年度基本持平的情况下却出现了不同程度的盈利,仅 2002 年和 2003 年两年就累计盈利 1 533 万元,弥补以前年度亏损后,确定从 2005 年开始享受"两免三减半"企业所得税税收优惠。针对企业上述情况,进一步对企业的三项费用进行了对比分析,会发现企业 2005 年至 2008 年企业的财务费用整体变化不大,而销售费用、管理费用所占销售收入的比重比以往盈利年度明显加大,仅销售费用 2005 年至 2008 年分别比 2004 年增长 721 万元、852 万元、960 万元和 392 万元,增幅分别为 305%、360%、406% 和 166%;管理费用 2005 年至 2008 年分别比 2004 年度增长 1 145 万元、1 657 万元、735 万元和 1 416 万元,增幅分别为 566%、819%、363% 和 700%。就此可以看出,企业 2005 年至 2008 年利润减少的主要原因是由于销售费用和管理费用的大幅增加造成的,而这几年恰恰是在企业所得税减半征收期开始的。对于企业2005 年至 2008 年销售费用和管理费用大幅增加的情况,查看企业有关资料,可以从中发现两个疑点:一是企业销售费用中列支了大额的广告费用,其中 2005 年列支 613.47 万元,2006 年列支 447.15 万元,2007 年列支 571.06 万元。从企业实际经营情况分析,该企业以前年度中除在 2001 年和 2002 年分别发生过 336.46 万元和

16.71 万元的广告费外,2003—2004 年度均未发生广告费支出,企业的生产经营也未发生实质性转变,产品 95% 以上由母公司的关联公司包销,应该无需进行大量的广告宣传;二是企业管理费用中列支内部公司往来费用数额巨大,其中 2005 年度 1 010.1 万元、2006 年度 1 169.8 万元、2007 年度 303.2 万元、2008 年度 884.5 万元,这些费用的列支标准是根据其他关联公司,根据销售国内各公司产品的销售比例,将各项公共费用分摊到各子公司,由其自行承担发生的,这在以前年度也未发生过。上述两项费用共计 5 000 万元,其中 2005 年度 1 624 万元、2006 年度 1 617 万元、2007 年度 874 万元、2008 年度 885 万元。由此看出,这也是造成企业上述年度利润率下降的主要原因,如果剔除上述两项费用,该企业 2005 年至 2008 年的利润率将分别达到 16.02%、17.34%、6.39% 和 –0.39%。

5.4.7 初步结论

D 食品有限公司自开业以来,生产经营均受其境内外关联公司控制,特别是自 B 控股以来,公司的原料采购、产品生产、产品定价、费用分摊、销售网络、人事任命,等等,甚至包括公司办公所用的纸、笔等物品,全部由 B 关联公司统一控制,D 公司实际就是 B 关联公司下属的一个生产工厂。B 关联公司利用关联企业交易,通过控制产品价格、签订合同收取广告费和综合服务费等转让定价手段,将 D 食品有限公司应当实现的利润转至境内外关联公司进行避税。

6 我国目前转让定价税收规制模型研究

本章摘要:

本部分首先对在华跨国公司转让定价税收规制的局限性进行分析,通过比较与分析,明确了我国传统转让定价制度的局限、预约定价安排的局限、转让定价税务管理的局限、转让定价环境支持的局限等问题;其次,考虑更有效的转让定价税制实施方法:应用转让定价理论模型和财务软件研究转让定价税制的实施方法,并将建模和实施进行了详细介绍。

6.1 在华跨国公司转让定价税收规制的局限性分析

一定时期的社会制度,包括转让定价制度,都是在该时期特定社会需要的产物。事物的发展变化都是在否定之否定基础上的螺旋式上升过程。因此,任何一项法律制度,在其产生之初或其成长阶段,都会不同程度地对社会有所贡献。但随着客观社会条件的变化,制度的缺失与弊端便不可避免地表现出来,这就必须要求制度的创新与进步。我国的转让定价制度亦是如此。尽管我国的转让定价制度在不断地趋于成熟与完善,但与迅猛发展的跨国贸易以及转让定价的发展趋势相比,仍显滞后与不足。这一不足还表现在我国的转让定价税务管理与依赖环境等其他方面。本节就从这几个环节,就我国对在华跨国公司转让定价的税收规制的局限性进行详细分析,旨在为提出更具针对性、现实意义的规制措施提供理论依据。

1. **转让定价制度规范形式方面的局限性**

自 1987 年我国首部转让定价法规出台后,在随后的二十余年的时间里,相关的法律、法规、规章以及规范性文件也有十余个,这在一定程度上改变了对转让定价规制无法可依的状况。但从转让定价制度的总体框架方面来看仍存在许多局限之处。主要表现为:

(1)法律规范的效力层级仍有待提高。我国现行的转让定价制度,除了已经废止的《外商投资企业和外国企业所得税法》《征管法》《企业所得税法》这三部法律外,大多数都属于国务院及财政部和国家税务总局颁布的《条例》《办法》《实施细则》《规定》等行政法规或规章。由于法律层面的规则较少,且基本都是原则性的规定,因此使转让定价法律制度的权威性和普遍适用性大大降低。许多较低位阶和层次的规定由于我国常见的地方主义和本位主义而得不到应有的贯彻与执行,彼此之间的协调也会因为其上位法的效力偏低而受到影响。此外,过低的法律层级当遇到与其他立法发生冲突时,其适用性则会受到影响。

(2)我国 APA 的法律体系框架还没有完全建立起来。到目前为止,我国有关 APA 的规则仅体现在《所得税法》《特别纳税调整实施办法》及《所得税法实施条例》中。原《管理规程》及《预约定价规则》都已宣布《所得税法实施条例》废止。而《所得税法》和《所得税法实施条例》中对 APA 的规定又属于纲领性、原则性的规定,不具可操作性。《特别纳税调整实施办法》是当前唯一的一部对 APA 具有实践指导意义的规定,但其法律层级又相对较低。

(3)临界假设内容规定过于简单,法律依据在税收实践中体现不足。APA 是在对未来情况进行假设的基础上,事先确定将要采取的行动的法律后果。也就是说,我们签订的 APA 是基于临界假设而做出的一种事先安排。如果临界假设有所偏颇,那么即使纳税人在 APA 执行过程中多么严格遵守 APA 规定,其结果也是不正确的。由此可见,在 APA 签订过程中,临界假设的确定是至关重要的。但在我国现有的法律、法规中,对临界假设虽有所提及,但规定较简单。

(4)单边 APA 的签署仍占有绝对比例。从我国目前的 APA 税收实践来看,更多的是单边 APA 的签署,双边 APA 仅有三例,即我国先后与日本、美国、韩国签署的双边 APA。国际组织与许多在 APA 方面取得成功的国家更多认可、推崇双(多)边 APA。如果想要确保纳税人增加并且跨国集团公司在经济和法律上降低税收压力,单边 APA 的运用仅仅只是一个方面。而我国的双(多)边 APA 无论在数量上还是在质量上都有待提高。

（5）APA的跟踪管理有待加强。APA规定交易转让定价问题在确定之前就要设立一套相关的标准，在随后的时间里根据拟定的标准对受控交易定价做出调整。各项协议签署执行后，税务当局势必要对协议的执行情况进行必要的实质性测试和符合性检查。对于没有遵循APA规则的或是已签APA的临界假设发生变化的，税务当局要及时做出处理决定，才能保证APA的有效实施。从我国目前对APA的执行进行跟踪监控的情况来看，仅仅是年度终了后才对各项协议指标进行核实，缺少中间环节的监督。这样易造成协议的失败或迫使企业年终突击造假，违背了APA的初衷。

2. 我国转让定价税务管理的局限性

前面我们详细剖析了我国现有转让定价制度存在的不足之处，其目的就是为今后的制度改革与完善提供理论支持与借鉴。但有一点我们必须清楚，如果我们从对转让定价进行规制的人员队伍结构来看，不仅数量方面严重不足，而且质量方面也存在相当大的差距。现实中，税务机关工作人员无法做到样样精通，他们可能对税法税收相关知识研究颇深，但对网络系统和计算机知识又了解甚少。因此，当他们面对大量、复杂的转让定价问题，且跨国公司又是通过计算机、网络等方式进行财务记账或信息传递时，往往束手无策。又如许多工作人员缺乏法律知识，法律意识淡薄，因此在转让定价的调查、审计执行过程中，容易出现违反法律程序的事情，从而使主动变为被动。一旦跨国公司运用法律武器来解决问题，税务机关则必败无疑。诸如此类的问题在现实中存在很多，皆因专业人员自身素质不足所致。总体上讲，我国税务部门在这块陌生领域的很多方面，譬如人员配置与调整，机制、体制建立和完善少有作为。而国际税务管理工作对专业性的要求又很强，是我们很难短期解决的一个问题。

3. 转让定价管理制度激励不足的制约性

经济学经典的十大原则之一就是"制度能对人的行为产生激励"。这一点，在转让定价管理方面也有充分的体现。转让定价管理是转让定价制度的具体实施，是制度有效实施的重要保证。但管理本身也要有一套制度，即告诉人们如何进行管理的一系列制约性规则的总称。一项好的制度会激发人们努力工作，提高工作效率。但从目前的转让定价管理制度来看，极缺少这样的制度激励。很多地方的税务机关还没有对转让定价与反避税工作引起重视，更不用说置于重要的地位。

对这方面人员的培训、奖励也极少,业绩的评价也不够突出。再加上对转让定价案件的处理是一项耗时长,收效慢的工作,因此从事此方面的工作人员缺少努力工作的激情和钻研业务的动力。这些无疑会阻碍与制约转让定价管理工作的开展。

4. 我国转让定价环境支持的局限性

(1)国际协调与合作不畅的制约。跨国公司转让定价不仅仅涉及税收的问题,而且往往涉及国际间的合作与协调的问题。跨国公司内部贸易是一种跨国界的经营方式,其不当转让定价的运用,影响的不仅仅是转让定价所涉及的各个子(分)公司,而且还直接影响到具有独立税收主权的各个国家的切身利益。各个国家基于自身利益的考虑,会在转让定价的调查、审计、执行过程中设置一些障碍,因而阻碍转让定价工作的顺利进行。如转让定价的调查需要异国之间的"情报交换",但这项工作在实际开展中却十分困难。又如,为避免重复征税问题,当一国对不当转让定价进行纳税调整时,要求相关国家的税务当局进行相应的调整,即调减在该国的税收收入。这势必会触动有关国家的税收利益。因此,该国为保护既得利益而做出一些不配合或是阻碍的行动。再如,由于转让定价可比性信息收集的困难性以及分析的复杂性,会使关联交易各方所在的税务当局更多地站在自身利益的角度来判断是否符合公平交易原则,因此容易产生最终结果的分歧。诸如此类情况,都会破坏国际税收的协调与合作,进而影响转让定价规制的效果。尽管我国在"异地调查"、"情况交换"、"相应调整"等方面也以不同形式的法律法规予以了规定,但当面对大量的关联交易和上述这些影响因素时,转让定价的有效规制又谈何容易。因此,尽管我国目前已与许多国家签订了"税收协定",欧盟国家之间也建立了"相互协商程序"、"转让定价论坛"、"欧盟仲裁协议"等,但是各国在转让定价方面的合作仍十分有限。

(2)政府间协调配合不畅的制约。我国自1979年改革开放以来,国际资本持续不断地涌入我国,随之而来的还有国际上先进的设备、技术、优秀的管理经验等。应该说,外资来华投资经营,为我国经济发展起到了极大的推动作用。正因为外资企业的经济贡献,使得我国政府在对待外商投资企业问题上的态度尤其慎重。这种态度也成为了跨国公司在转让定价谈判中拥有强有力谈判主动权的一个很重要的原因。由于我国各地政府对于外资资本的过度依赖而导致的弱势谈判地位,在一定程度上姑息、纵容了外资企业运用不当转让定价规避税收的行为,直接影响了我国转让定价税收规制的有效实施。如一些省市、部门的政府官员为提高本地区、本部门"招商引资"的政绩,或为自身职位的升迁增加筹码,不惜牺牲国家税收利益,以博取外资企业的好感,进而获得"货币选票"。而这些"货币选票"只能带来暂时的繁荣,于长期、持续、健康的发展却是有害无利的,同样对转让定价的有效规制也起到了极大的阻碍作用。另外,还有许多政府官员由于担心严格的税收管制会"赶跑"外来的投资者,因此他们对外资企业的不当转让定价行为采取默许态度,有的甚至极力阻挠。这样不仅助长了外资企业利用转让定价规避税收的动机,而且破坏了税务机关对转让定价的管理与监督。这些都在不同程度上阻碍了对转让定价的有效规制。

6.2　转让定价模型分析

6.2.1　转让定价的界定与操作

转让定价(transfer pricing),又称转移价格,内部价格,是指跨国公司内部,在销售商品、提供劳务、转让无形资产、借贷资金等经济业务中,所制定的内部结算价格,主要包括:销售收入的转让定价、劳务收入的转让定价、贷款利息的转让定价等形式。具体而言,从不同的角度对转让定价又有不同的理解:从政府角度看,转让定价作为关联企业内部交易价格,能够使得跨国公司在许多方面获利,譬如降低集团整体的所得税额、进出口关税,有效规避外汇管理、货币管制;从跨国公司角度看,它是各成员间销售商品、提供劳务与转让无形资产的内部定价机制,它更加关注的是商务层面的情况而非想方设法通过降低利润来避税。转让定价的本质特性包括跨国性、隐蔽性和连续性。虽然转让定价被认为是"非正常交易价格",与市场公平竞争价格相去甚远。但是,经济合作与发展组织(OECD)在 1979 年关于转让定价报告(The OECD Report On Transfer Pricing)的序言部分中指出,转让定价指的是一种内部定价机制,这种机制涉及跨国集团内部与销售商品、提供劳务和转让无形资产有关的交易与活动。这就说明,不能将转让定价与避税完全等同起来,也不能将实施转让定价调整与反避税完全等同起来。正如 OECD 在其 1984 年报告中进一步指出的,完全漠视跨国企业的特殊处境是错误的,可以导致不公平价格产生的因素也有很多,虽然这些方法在集团关联方之间没有得到适当的运用,但并非是决定性因素。这也是对各国税务当局的一个提示:避税并非永远是跨国公司价格策略的中心。当然,强调转让定价的中性特征并不意味转让定价与避税的分离。相反,毋庸讳言,当今关于转让定价研究和实务的焦点即避税和反避税。因此,确切而言,完成其全球经营目标是跨国公司之所以要实施转让定价的目的之一,也即把转让定价放在了一个战略的高度来看待。其次便是努力实现集团整体利益最大化。转让定价操作过程中为了减低跨国集团整体税负而采取的措施,往往是转移利润的方式,通过内部交易价格的调整与成本费用的分摊,使利润在集团内部从高税率的一方转向低税率的另一关联方。此外,转让定价在整个过程中也发挥了其他重要作用,譬如增强集团竞争实力与优化资金的配置等。

6.2.2 转让定价的模型——第一种类模型分析

为了进一步证明跨国公司操纵转让定价实现整体税负最小化和利润最大化,理论模型的分析和运用是一种非常有效的工具。因此,在本节中,我们将从转让定价的基本理论模型开始,逐步修正和拓展,最终模拟到跨国公司实际操作转让定价的目的和结果。

1. 转让定价的基本理论模型

假设现有一跨国公司集团,母公司与子公司的所在国分别为国 1 与国 2,两国相应的所得税税率为分别为 t_1 与 t_2,所得税税率的差异为 Δt。转让定价基本理论模型一般都考虑最为常见的关联交易购销价格,因此,设定子公司从母公司以单价 P 购入中间产品数量 q,并在所在国 2 以单位价格 P_0 最终销售。这里,子公司的采购价格或母公司的销售价格 P 即为关联交易的转让定价,正常交易价格为 P',两者存在的差额设为 ΔP。进一步假设母公司的变动成本函数为 $C_1(q)$,固定成本总额为 F_1;子公司的变动成本函数为 $C_2(q)$,固定成本总额为 F_2,销售收入函数为 $R(q)$。且为简化条件,不考虑关税。

一是使用转让定价 P,则母公司的税前利润为

$$EBT_1 = Pq - C_1(q) - F_1$$

母公司的所得税为

$$T_1 = [Pq - C_1(q) - F_1]t_1$$

母公司的税后利润为

$$E_1 = [Pq - C_1(q) - F_1](1 - t_1)$$

子公司的税前利润为

$$EBT_2 = P_0 \cdot q - C_2(q) - Pq - F_2$$

子公司的所得税为

$$T_2 = \left[P_0 \cdot q - C_2(q) - Pq - F_2 \right] t_2$$

子公司的税后利润为

$$E_2 = \left[P_0 \cdot q - C_2(q) - Pq - F_2 \right] (1 - t_2)$$

跨国公司所得税为

$$T = T_1 + T_2 = \left[Pq - C_1(q) - F_1 \right] t_1 + \left[P_0 \cdot q - C_2(q) - Pq - F_2 \right] t_2$$

跨国公司的税后总利润为

$$E = E_1 + E_2 = \left[Pq - C_1(q) - F_1 \right] (1 - t_1) + \left[P_0 \cdot q - C_2(q) - Pq - F_2 \right] (1 - t_2)$$

二是不使用转让定价 P，而是按照正常交易价格 P' 运营，则跨国公司的所得税为

$$T' = T_1 + T_2 = \left[P' \cdot q - C_1(q) - F_1 \right] t_1 + \left[P_0 \cdot q - C_2(q) - P'q - F_2 \right] t_2$$

跨国公司的税后总利润

$$E' = E_1 + E_2 = \left[P' \cdot q - C_1(q) - F_1 \right] (1 - t_1) + \left[P_0 \cdot q - C_2(q) - P'q - F_2 \right] (1 - t_2)$$

如前所述，关联交易转让定价 P 偏离正常交易价格 P' 的差额为 ΔP，即通过转让定价的操纵，跨国公司的整体税负可减少 $\Delta T = q \Delta P \Delta t$，整体利润可增加 $\Delta E = q \Delta P \Delta t$。并且，当转让定价偏离正常交易价格越远，两国税率差异越大，交易数量越多时，转让定价发挥的功能就越强。下面进一步地分别从母公司、子公司和跨国公司三个不同角度出发，推导使所得税最小和净利润最大的最优转让定价模型。

2. 最优转让定价的确定——以所得税为目标函数

一是母公司所得税最小，净利润最大。根据母公司的所得税

$$T_1 = \left[Pq - C_1(q) - F_1 \right] t_1$$

求导可得母公司获取所得税最小化的条件为：

$$\mathrm{d}T_1/\mathrm{d}q = \left[P - C_1'(q) \right] t_1 = 0$$

求解得母公司的最优转让定价为 $P^*=C_1'(q)$，可见，决定最优转让定价的因素有且仅有一个，即母公司的单位变动成本。母公司相应的最小所得税为

$$T_1^*=\left[\,C_1'(q)\cdot q-C_1(q)-F_1\,\right]t_1$$

最大净利润为

$$E'_1=\left[\,C_1'(q)\cdot q-C_1(q)-F_1\,\right](1-t_1)$$

二是子公司所得税最小，净利润最大。根据子公司的所得税

$$T_2=\left[\,P_0\cdot q-C_2(q)-Pq-F_2\,\right]t_2$$

求导可得子公司获取所得税最小化的条件为：

$$\mathrm{d}T_2/\mathrm{d}q=\left[\,Po-C_2'(q)-P\,\right]t_2=0$$

求解得子公司的最优转让定价为 $P_2^*=P_0-C_2'(q)$ 可见，在子公司的最终销售价格固定的情况下，与上述母公司的分析结果相同，子公司的最优转让定价仅取决于产品的单位变动成本。子公司相应的最小所得税为

$$T_2^*=\left[\,P_0\cdot q-C_2(q)-\left[\,P_0-C_2'(q)\,\right]q-F_2\,\right]t_2$$

最大净利润为

$$E_2^*=\{P_0\cdot q-C_2(q)-\left[\,P_0-C_2'(q)\,\right]q-F_2\}\,(1-t_2)$$

三是跨国公司整体所得税最小，净利润最大。根据跨国公司的所得税

$$T=T_1+T_2=\left[\,Pq-C_1(q)-F_1\,\right]t_1+\left[\,P_0\cdot q-C_2(q)-Pq-F_2\,\right]t_2$$

求导可得跨国公司获取所得税最小化的条件为：

$$\mathrm{d}T/\mathrm{d}q=\left[\,P-C_1'(q)\,\right]t_1+\left[\,P_0-C_2'(q)-P\,\right]t_2=0$$

求解得跨国公司的最优转让定价为

$$P^*=\left[\,t_1\cdot C_1'(q)+t_2\cdot C_2'(q)-P_0\cdot t_2\,\right]/\,(t_1-t_2)$$

可见，在子公司的最终销售价格固定的情况下，满足跨国公司整体税负最小化目标的最优转让定价不仅取决于母公司的单位变动成本和子公司的单位变动成本，还与两者适用的所得税税率密切相关，此时的集团整体利润也实现最大化目标。

6.2.3 转让定价的模型

1. 基本模型

在跨国公司借转让定价避税的同时,东道国政府也不断地在尝试各种努力减少税收损失。双方各有两种对应的决策和选择:对跨国公司而言,运用转让定价避税或依法纳税;对税务部门而言,进行反避税调查或不调查。无论采取何种策略,双方都有相应的成本、收益和风险。遵循成本效益原则,跨国公司的目标是获取由转让定价带来的最大利润,而东道国税务机关的目标则是尽可能地防范由转让定价引起的税收流失。为了详细考察跨国公司和税务部门对转让定价的博弈过程,我们从建立最基本的模型着手,进行深入的分析和研究。首先是对模型中所涉及变量参数的设定:

EBT——跨国公司在东道国的正常应税利润(Earnings Before Tax)

EBT'——跨国公司运用转让定价后的税前利润

ΔEBT——跨国公司运用转让定价从东道国转移的利润

P——跨国公司内部关联交易的转让定价

P'——正常交易价格

ΔP——跨国公司转让定价偏离正常交易价格的差额

q——跨国公司运用转让定价的销售数量

t——东道国所得税税率

T——跨国公司在东道国应缴纳的正常所得税

T'——跨国公司运用转让定价后在东道国应缴纳的所得税

ΔT——跨国公司运用转让定价在东道国所规避的所得税

并且,跨国公司本应缴纳的所得税 $T=t \cdot EBT$,跨国公司运用转让定价后应缴纳的所得税 $T'=t \cdot EBT'$,则跨国公司运用转让定价所规避的所得税 $\Delta T=T-T'=t \cdot \Delta EBT=t \cdot q \cdot \Delta P$。

显然,跨国公司运用转让定价减轻了在东道国的纳税负担,东道国的税收不可避免地减少。通过收益矩阵整理和分析表,我们可以更好地说明上述问题。

表6.1　收益矩阵整理和分析表

税务机关 ＼ 跨国公司	依法纳税	转让定价避税
反避税调查	$T, -T$	$T, -T$
不调查	$T, -T$	$T, -T$

由此可见,当跨国公司没有进行利润转移时,税务机关是否进行反避税调查是没有差异的。但当跨国公司运用转让定价转移利润时,东道国若不采取任何措施实施有效的反避税调查,那么它将损失的税收收入为,$\Delta T=t \cdot \Delta EBT=t \cdot q \cdot \Delta P$。且跨国公司转让定价的损失与转让定价偏离正常交易价格的差额正相关。为了保护正当利益,税务部门理所当然应采取反避税调查。这是通过转让定价博弈基本模型的分析所得出的结论。然而,事实上,反避税调查需要大量的人力和物力。因此,在基本模型的基础上,我们将考虑反避税成本,进一步地拓展和研究。

2. 模型拓展——反避税成本

现设定东道国税务机关进行反避税调查所耗成本为 C,则修正后的收益矩阵如表 6.2。

表6.2 修正后的收益矩阵

税务机关 ＼ 跨国公司	依法纳税	转让定价避税
反避税调查	$T–C, –T$	$T–C, –T$
不调查	$T, –T$	$T, –T$

修正后的模型显示,当东道国税务部门不开展反避税调查时,跨国公司运用转让定价可规避税收 $\Delta T=T–T'$;而当税务机关进行反避税调查时,即使跨国公司运用转让定价企图减少税收,最终也会被要求调整至正常交易价格,因此,此时跨国公司是否运用转让定价避税,其收益是不变的。同时,从东道国政府出发,当跨国公司依法纳税时,税务部门开展反避税调查比不调查将增加反避税成本;而当跨国公司运用转让定价避税时,税务部门开展反避税调查比不调查将增加收益额 $\Delta T–C$。依据成本效益原则,税务机关进行反避税调查必须满足的条件是 $\Delta T>C$,也就是说,由反避税调查所增加的税额必须大于调查成本。只有在这样的前提下,政府才会选择反避税,否则将得不偿失。然而,成本的控制是有一定限度的,因此,通常税务机关在既定的反避税成本情况下,通过对跨国公司滥用转让定价避税的处罚而进一步地加以约束和管理。

3. 模型拓展——转让定价罚款

现设定东道国税务机关进行反避税调查后对跨国公司征收的罚款为 F,则修正后的收益矩阵如表 6.3。

表6.3 修正后的收益矩阵

税务机关 \ 跨国公司	依法纳税	转让定价避税
反避税调查	$T–C, –T$	$T–C+F, –T–F$
不调查	$T, –T$	$T, –T$

与上一模型相比,当税务机关进行反避税调查时,如果跨国公司企图操纵转让定价减少税收,非但会被要求调整至正常交易价格,而且需要缴纳相应的罚款。因此,此时跨国公司的成本比正常交易价格将增加 F,这显然比仅仅调增至正常交易价格具有威慑力;而税务部门将增加收益额 $\Delta T–C+F$。依据成本效益原则,税务机关进行反避税调查必须满足的条件是 $\Delta T+F>C$,也就是说,只要反避税调查所增加的税额和罚款收入之和大于调查成本,政府就会选择反避税调查。那么,跨国公司存在避税行为的可能性以及东道国进行相应的反避税调查的可能性究竟如何?此时,避税与反避税概率将是进一步考察的参数。

4. 模型拓展——避税与反避税的概率

现设定跨国公司转让定价避税的概率为 a,税务机关反避税调查的概率为 p。则对税务部门而言,给定 a,反避税调查的期望收益 $E=(T–C)(1–a)+(T–C+F)a$,不反避税调查的期望收益 $E'=T(1–a)+T'a$。令 $E=E'$,可解得 $a'=C/(\Delta T+F)$。也就是说,只有当跨国公司转让定价避税的概率 a 大于 $C/(\Delta T+F)$ 时,税务机关选择反避税调查才是最优决策。同样,对跨国公司而言,给定 p,运用转让定价避税的期望收益 $=(–T–F)B–T'(1–B)$;依法纳税的期望收益 $=–T(1–p)–TB$,令两者相等,得 $B'=\Delta T/(\Delta T+F)$。也就是说,只有当 p 小于 $\Delta T/(\Delta T+F)$ 时,跨国公司才会选择运用转让定价避税。

5. 结论

通过对构成概率的参数具体分析可知,反避税成本越高,罚款数额越低,跨国公司越有可能选择转让定价避税行为。而税务部门是否进行反避税,则需要根据不同因素进行判断,做出决策。一方面是跨国公司的避税额度,其与跨国公司的应纳税额紧密相关;另一方面则受到罚款数额的影响。综上所述,东道国政府在制订转让定价税制时,必须充分考虑相关因素的影响。例如,选择调查的对象以大规模经营的跨国公司为主要样本;严格控制反避税成本,通过培训专业人员等途径提高效率;加大对滥用转让定价的处罚力度等,使跨国公司运用转让定价避税的情况得到最大限度的约束。

6.2.4 转让定价的模型——第三种类模型

假设博弈的参与双方是税务机关和企业,税务机关只存在最优的策略选择,而不会因为其他行为来改变这个最优策略,即排除行贿和双方勾结的可能性。该企业在 A 国和 B 国之间进行跨国经营,将在母国 A 的产品转移到 B 国的关联企业,加工后再出售。企业在两国的总成本分别是 q 和 Cp,A 国的税率为 t_1,B 国的税率为 t_2,假设 t_1 大于或等于 t_2,该企业转到 B 国的产品价格定为 Pb,$Pb=(1+K)C_1$,k>0 是成本加成率,产品最终销售的价格定为 P,P=P(Pb),假设该函数是严格的单调函数,满足 $P'<0$,$P''<0$。

1. 对双边预约定价制度的有效性分析

那么税后最大化利润为

$$T_{max} = [(1-t_1)(PB-C_1)+(1-t_2)(P-PB-C_2)]Q$$

对 Q 求导,最大化利润 Q^* 需满足

$$(1-t_1)(PB-C_1)+(1-t_2)(P+P'Q^*-PB-C_2)=0 \tag{6.1}$$

式(6.1)分别对 t_1 和 t_2 求偏导:

$$aQ^*/at_1=(PB-C_1)/(1-t_2)(2P'+P''Q^*)$$

$$aQ^*/at_2=P+P'Q^*-PB-C_2/(1-t_2)(2P'+P''Q^*)$$

$$P'<0,\ P''<0\cdots 2P'+P''Q^*<0$$

又

$$PB>C,(P+P'Q^*-PB-C_2)<0$$

因此,$aQ^*/at_1<0$,$aQ^*/at_2>0$,即,t_1 越大,该企业签订双边预约定价协议(Bilateral Advance Pricing Agreement,简称 BAPA)就会使产出越小,t_2 越大,就会使产出越大。也就是说,母国的税率会影响企业的生产决策,使得在签订 BAPA 情况下产生了负面效率的结果,说明双边预约定价制度并不一定是对企业的生产决策总是起正面的影响。

2. 对双边预约定价安排协议可行性的分析

假设:在该项关联交场中企业得到的总收入设为 1。企业在按 A 国计算的应

税所得为 y_1，其中 $0<y_1<1$，在 B 国的应税所得 $1-y_1$；企业按 B 国计算的应税所得为 y_2，其中 $0<y_2<1$，在 A 国应税所得就是 $1-y_2$，于是 A 国和 B 国就分别按 y_1 和 y_2 征税，这样就产生了双重征税。令 $T=y_1+y_2-1$，其中 $0<T<1$，则 T 为双重征税额占应税所得的比重，即双重征税率。

①没有签订 BAPA 的情况

无 BAPA 的情况，企业根据自身利益的最大化原则将总收入 1 在 A 和 B 两国之间分配为 $(S, 1-S)$，其中，$1-y_2<S<y_1$。设 a 为按 A 国方法计算的比重，则 $S=ay_1+(1-a)(1-y_2)\in[1-y_2, y_1]$。企业做出决策后，两国税务机关决定是否稽查。假设两国的稽查成本均为 C（$C<0$），且 $C\leqslant t_1t_2/(t_1+t_2)Y$，稽查概率为 P_1 和 P_2。

表6.4

A 国		B 国	
		稽查 P_2	不稽查 $1-P_2$
	稽查 P_1	$[y_1t_1-C, y_2t_2-C]$	$[y_1t_1-C, (1-s)t_2]$
	不稽查 $1-P_1$	$[st_1, y_2t_2-C]$	$[st_1, (1-s)t_2]$

A 国的期望效益为

$$E(R_1)=P_1(Y_1t_1-C)+(1-P_1)St_1 \tag{6.2}$$

B 国的期望效益为

$$E(R_2)=P_2(Y_2t_2-C)+(1-P_2)(1-S)t_2 \tag{6.3}$$

企业期望效益

$$E(R_3)=1-[P_1(Y_1t_1-C)+(1-P_1)St_1-]-[P_2(Y_2t_2-C)+(1-P_2)(1-S)t_2] \tag{6.4}$$

分别对式（6.2）、（6.3）、（6.4）求偏导得：

$$\partial E(R_1)/\partial P_1=(y_1-s)\,t_1-C=(1-\partial)Yt_1-C$$

$$\partial E(R_2)/\partial P_2=Y_2t_2-(1-s)\,t_2-C=\partial Yt_2-C$$

$$\partial E(R_2)/\partial S=t_2(1-p_2)-t_1(1-p_1)$$

因为 $C\leqslant\dfrac{t_1t_2}{t_1+t_2}y$，所以当 $\dfrac{C}{yt_2}\leqslant\partial\leqslant 1-\dfrac{C}{yt_1}$，有 $\dfrac{\partial E(R_1)}{\partial P_1}\geqslant 0$，$\dfrac{\partial E(R_2)}{\partial P_2}\geqslant 0$。

此时，$E(R_1)p_2$ 同方向变化。当 p_1 最大，即 $p_1=1$ 时，A 国的期望效益达到最大，$E(R_1)=Y_1t_1-C$，当 P_2 最大即 $P_2=1$ 时，B 国的期望效益达到最大，$E(R_2)=Y_2t_2-C$，企业的期望效益为 0，此时两国选择稽查则都是最优的。

②签订 BAPA 的情况

若在签订 BAPA 的情况下,两国税务机关和该企业都采取大家都能接受的一种转让定价方法来分配收入,假设收入在两国之间的分配为$(r, 1-r)$,签订成本为 K($K>0$),那么三方的收入分别为:

$$R_1=rt_1 \tag{6.5}$$

$$R_2=(1-r)t_2 \tag{6.6}$$

$$R_3=1-rt_1-(1-r)t_2 \tag{6.7}$$

③比较两种情况企业的选择

如果出现以下情况,企业才会选择签订 BAPA。

即: 与 P_1,$E(R_2)$ 与 $R_i \geqslant E(R_i)$,其中 $i=1,2,3$ $\qquad$ (6.8)

$$R_1+R_2+R_3-K \geqslant E(R_1)+E(R_1)+E(R_3) \tag{6.9}$$

$$[R_1+R_2+R_3-K]-[E(R_1)+E(R_1)+E(R_3)]=(1-K)-[1-C(P_1+P_2)]$$
$$=C(P_1+P_2)-C=2C-K$$

当 $K>2C$,(6.9)式不满足,则企业就不会签 BAPA。

当 $K \leqslant 2C$,(6.9)式满足,只需(6.8)式满足即可签订。反推结果如下:$R_i \geqslant E(R_i)$

$$\Rightarrow \begin{cases} rt_1 \geqslant y_1 t_1 - C \\ (1-r)t_2 \geqslant y_2 t_2 - C \\ 1-rt_1-(1-r)t_2 \geqslant 1-y_1 t_1 - y_2 t_2 \end{cases}$$

$$\Rightarrow \begin{cases} r \geqslant y_1 - \dfrac{C}{t_1} \\ r \leqslant 1-y_2 + \dfrac{C}{t_2} \\ r \leqslant \dfrac{y_1 t_1 + y_2 t_2 - t_2}{t_1 - t_2} \end{cases}$$

$$\Rightarrow \begin{cases} y_1 - \dfrac{C}{t_1} \leqslant r \leqslant 1-y_2 + \dfrac{C}{t_2} \\ y_1 - \dfrac{C}{t_1} \leqslant r \leqslant \dfrac{y_1 t_1 + y_2 t_2 - t_2}{t_1 - t_2} \end{cases}$$

$$\begin{cases} T \leqslant C\left(\dfrac{1}{t_1} + \dfrac{1}{t_2}\right) & (6.10) \\[3mm] T \geqslant C\left(\dfrac{1}{t_1} + \dfrac{1}{t_2}\right) & (6.11) \end{cases}$$

只要 r 有解,就需满足上述条件。解之得:

因为 $t_1 \geqslant t_2$,所以 $C\left(\dfrac{1}{t_1} + \dfrac{1}{t_2}\right) \leqslant 0$,而 $0 \leqslant T \leqslant 1$,因此(6.11)式恒成立,只需满足 $T \leqslant C\left(\dfrac{1}{t_1} + \dfrac{1}{t_2}\right)$,即 $T \geqslant 2C$,企业就会选择签订双边预约定价协议(BAPA)。

3. 双边预约定价制度博弈模型结果分析

根据双边预约定价协议(BAPA)的有效性分析,得出跨国关联交易受两国的税率政策影响,且母国的税率政策对其签订 BAPA 有较大影响。这说明作为转让定价的一种新形式,为了避免跨国重复征税,双边预约定价并不一定总是有效的。应充分考虑效率因素,来决定是否签订 BAPA,不能盲目跟从。

在双边预约定价协议签订的可行性分析中,签约成本、稽查成本以及双重征税率成为不可忽视的因素。当签约成本小于稽查成本的时候,双边预约定价的可行性非常高,反之,则该企业选择不签订 BAPA 是其最优决策;而双重征税率高于签约成本时,则企业会选择签订 BAPA 作为其最优决策,反之,则不签约。

以上模型展示了,双边预约定价制度确实是对转让定价效率的一种改进,但是其有效性和可行性仍是各个跨国公司进行决策的重要考虑因素,不能盲目跟从和使用,双边预约定价制度是三方都需得到共赢的结果,只要有一方的利益受损就会影响到这种协议的进行,所以在签订之前,各方都应做好衡量。尤其对于本国的税务机关来说,双边甚至多边预约定价相对于单边预约定价会花费更长的时间和更多的资源,协调难度加大,所以应充分全面认识双边预约定价的优缺点,加强国际税收协调与合作,促进信息的交换,从而更好、更有效地运用预约定价协议安排这种手段。

7 我国转让定价与税收的实证研究
——以无形资产转让定价为例

本章摘要:

首先将国外无形资产转让定价现状与我国无形资产转让定价现状进行了比较研究,其次,对我国无形资产转让定价影响因素进行分析,最后,进行了无形资产转让对企业利润、税收调整影响的实证分析,通过研究假设、样本选择和数据来源简介、研究方法及模型设计、数据检验等步骤,得出有关的实证的结论。

7.1 国外无形资产转让定价现状

自从 20 世纪 80 年代中期以来,世界进入新经济时代,计算机和新的通信技术的使用加速了经济全球化的步伐。跨国公司迅猛发展,子公司和分公司遍及世界各地。各国对转让定价制度有进一步的规定与完善,OECD 关于转让定价也有十分重要的研究成果,集中体现在 20 世纪 70 年代末到 90 年代末这段时间里发表的三个研究报告之中。1979 年发表的《转让定价与跨国企业》旨在提供一个普遍适用的标准,它能够为发达国家之间以及发达国家与发展中国家之间的转让定价行为做出指导。1984 年发表的《转让定价与跨国企业:三个税收问题》是对 1979 年指导方针的补充。该报告重申了正常交易原则的重要地位,它指出:"减少转让定价调整引起的双重征税可能性的责任首先在跨国企业本身,无论在什么情况下,它都应安排其内部交易价格符合正常交易价格。"（OECD，1984）1995年《跨国企业和税务部门转让定价准则》的第三份报告，成为OECD关于转让定价问题的最后研究结果，也因此有"最后准则"之称。新指导方针所作的增补更为具体与细致，其中如何使跨国公司内部与独立企业之间的转让定价具有实际可比性问题以及对转让定价调整方法的研究是该报告的主要贡献。1999年，OECD在1995年研究报告的基础上增加了《关于预约定价协议的相互协商程序准则》，至此，OECD的转让定价报告内容已较为完善。

OECD的指导方针在很大程度上借鉴了美国《国内收入法典》第482节的做法，但其对转让定价问题新领域的研究将是持续的，包括：如何在复杂环境（如金融服务、全球贸易以及资本弱化）下使一般性指导方针在实践中得到运用，如何对指导方针的执行进行监督并不断修订和更新该方针，如何能使发达国家之间、发达国家与发展中国家之间的相互协商程序和仲裁问题得到更好的解决，以及如何使非OECD成员国在面临转让定价问题时所采用的处理方法能够与OECD标准相统一与协调。跨国公司的迅速兴起，相互之间进行无形资产的许可和转让业务不断增多，各个国家对无形资产转让定价的相关问题加以重视，美国对无形资产转让定价的法规进行了多次修订和补充，同时，OECD在1996年修订的《转让定价指南》中也增添了关于转让定价的专门章节。

美国是最早对转让定价进行立法的国家，其在1928年的《国内收入法》中就对处理国内关联企业间跨州交易的利润转移问题作出了规定，OECD也在很大程度上借鉴了其做法，在此后也一直致力于进一步加强转让定价的发展探索，并取得了很大进展。其他国家也逐渐对转让定价问题加以重视，日本对转让定价的规定最早出现于1988年《租税特别措施法》第66条，即"与国外关联企业业务往来之有关的税收特例"。此规定出台之前，是根据"合理性检查"对这一类问题进行处理。此条款所表现出来的基本精神与美国IRC第482条相同，即当本国法人与国外关联者之间发生关联交易，无论这种转移价格是高于还是低于市场价格，该法人与国外关联者的交易必须按照独立企业间的公平价格来处理。墨西哥为了适应和协调与OECD组织其他成员国之间的关系，修订了一系列内部政策和法律。这些精神体现在1997年颁布的《专项条例》中，该条例肯定了传统交易法的法定地位，并将基于利润基础的调整方法作为补充。此外，韩国于1995年实施并于1998年修订的《税收国际协调法》、加拿大于1987年颁布的《国际转让定价信息公告》以及后来于 1999 年所作的补充规定等,都以公平交易原则作为核心理念,体现着独立、竞争和公平的精神。

7.2 我国无形资产转让定价现状

7.2.1 我国企业跨国经营现状

我国跨国企业的起步较晚,基本上从我国实行对外开放政策时才开始发展,至 1992 年邓小平南巡讲话之后,外贸体制进行了改革,投资领域得到进一步发展,中国跨国企业的发展进入一个新的成长阶段。据我国商务部、国家统计局和外汇管理局联合发布的《2011 年度中国对外直接投资统计公报》^①来看,2011 年,中国对外直接投资净额(以下简称流量)746.5 亿美元,较上年增长 8.5%。截至 2011 年底,中国 13 500 多家境内投资者在国(境)外设立对外直接投资企业(以下简称境外企业)1.8 万家,分布在全球 177 个国家(地区),对外直接投资累计净额(以下简称存量)4 247.8 亿美元,年末境外企业资产总额近 2 万亿美元。联合国贸发会议(UNCTAD)《2012 年世界投资报告》中显示,2011 年全球外国直接投资流出流量 1.69 万亿美元,年末存量 21.17 万亿美元,以此为基期进行计算,中国对外直接投资分别占全球当年流量、存量的 4.4% 和 2%,2011 年中国对外直接投资流量名列按全球国家(地区)排名的第 6 位,存量位居第 13 位。金融类对外直接投资流量 60.7 亿美元,其中银行业金融类对外投资 34 亿美元,占 56%。中国非金融类对外直接投资 685.8 亿美元,同比增长 14%;境外企业实现销售收入 10 448 亿美元,较上年增长 47.1%;境内投资者通过境外企业实现的进出口额 1 845 亿美元,同比增长 35%,其中:进口总值 1 257 亿美元,同比增长 25.2%,出口总值 588 亿美元,同比增长 62%。2011 年境外企业向投资所在国缴纳的各种税金总额超过 220 亿美元,年末境外企业就业人数达 122 万人,其中雇用外方员工 88.8 万人,来自发达国家的雇员有 10 万人。

7.2.2 我国无形资产转让定价税制现状

鉴于我国跨国企业的迅速发展,我国针对转让定价问题的前后态度也是有所

---

① 张丽娟:商务部、国家统计局、国家外汇管理局联合发布《2011 年度中国对外直接投资统计公报》,《中国经贸》2012 年 9 月 1 日。

转变的。改革开放后,在 20 世纪 90 年代初期,为了引进外商的投资,我国制定了大量针对外资的税收优惠政策,未严格限制跨国公司通过转让定价的方式转移利润,在 2002 年,我国取代美国成为世界上最大的外资引进国。但是随着经济的不断发展,我国的投资环境得到很大改善,吸引外资不断注入。跨国公司兴起并且以惊人的速度进一步发展,转让定价为跨国公司实施全球战略目标提供方便的同时,也产生了一系列的负效应。跨国公司通过转让定价转移的利润越来越多,弊端不断显现出来,对我国税收造成很大的影响,导致税款流失,促使我国政府逐渐采取严格的征管措施,有关转让定价的税制不断发展和完善。深圳市人民政府于 1987 年 11 月颁布了《深圳特区外商投资企业与关联企业交易业务税务管理的暂行办法》,并于 1988 年 1 月 1 日起开始实行,这是唯一的一部有关于关联交易的地方性法规。1991 年 4 月全国人大颁布了《中华人民共和国外商投资企业和外国企业所得税法》,于同年 7 月 1 日实施,该法第 13 条规定了外国转让定价制度适用的对象、基本原则及相应措施,是我国关于转让定价的首次正式立法,标志着外国在涉外税收管理中正式确立了转让定价税制。由国务院颁布的《中华人民共和国外商投资企业和外国企业所得税法实施细则》具体规定了税收处理方式。1993 年正式施行的《中华人民共和国税收征收管理法》将转让定价的主体范围扩大到国内的内资企业,《中华人民共和国税收征收管理法实施细则》就其内容作了具体规定。1998 年 4 月国家税务总局颁布了《关联企业间业务往来税务管理规程(试行)》对关联企业转让定价的具体操作作了详细规定,包括:总则,关联关系认定及其业务往来的申报,关联企业间业务往来交易额的认定,调查审计对象的选择,调查审计的实施,企业举证和税务当局对举证的核实,调整方法的选用,税收调整的实施,复议和诉讼,案卷整理和归档,跟踪管理以及附则等,并于 2004 年进行修订,提出了预约定价制,进一步规范和程序化我国转让定价税制。2007 年全国人大颁布的《中华人民共和国企业所得税法》专门设置了第 6 章"特别纳税调整",对关联企业间业务往来的税务处理问题进行了立法,其细化条目分别就交易原则、成本分摊、预约定价、纳税申报、资料提供、利润汇回(分配)、资本弱化、纳税调整等进行了原则性规定。同时实施的由国务院颁布的《中华人民共和国企业所得税法实施条例》与已有的转让定价法规保持一致,作了较为详尽的规定。在我国,许多跨国公司设有独资公司、合资公司、合作公司或分支机构,他们通常利用我国较低的人力与原材料成本,结合本企业先进的技术与商标等,通过支付特许权使用费的手段,不断地在中国扩大经营规模,取得高额收益。由于中方对技术的迫切需求,外商投资企业往往抬高无形资产的转让价格,使得中方不得不支付高额的技术使用费或者特许权使用费,从而将利润转移至国外。一般情况下,都是将利润从税率高的国家或地区转移至低税率国家或地区,但是在我国会出现跨国公司逆向避税情况出现,这样反而会加重其税收负担,不符合常规,但是从另一角度考虑,也是符合其利益的。它们可以通过转让定价使中方无法获得利益从而独占税后利润,从而实现其利润最大化的目的,并且通过此种方式,能够加速其收回投资成本,从而避免因为经营不利、汇率波动等各种风险可能对其造成的损失。

7.2.3　我国无形资产转让定价影响分析

转让定价其实属于一个中性词,就如同风险一样,本来并无褒贬之意,只是关联企业之间的一个交易价格,但是往往我们一提到转让定价,接下来必将是与"反避税"的方法有什么挂钩,由此可见在转让定价中往往存在着不公平的现象,并且对各关联方都产生了较大的负面影响。

一是对资源配置的影响。在经济资源稀缺的情况下,要获得最大的经济利益,就要使资源配置达到最佳状态。对于跨国公司的无形资产转让定价来说,是为了使集团内部资源达到最优化的资源配置,可以实现企业集团内部的激励和协调,在一定程度上改善由于市场因素和国家政策而导致的低效率资源配置,但是为何各国都对转让定价有诸多限制呢? 主要是由于它们加剧了各国对税收的争夺,并且会因为税收问题等导致各种国际纠纷。运用转让定价主要是为了避税,实现全球利润的最大化,但是这样做就会导致一国侵占另外一国的税基,致使税收减少,这样必然引起两国对税收管辖的争夺,引发政府税务部门与跨国公司,以及各国政府之间的纠纷。价格是由市场供求来决定的,而转让定价为内部价格,为实现集团整体战略而制定,不受市场供求的影响,这样就会产生错误的价格信号,会导致资源在不真实的信息下进行配置,最终不能达到最佳的资源配置。

二是对税收的影响。税收是国家财政的主要来源,各国都在不断地完善税收制度和加强税收管理,以保证税收不会流失。跨国间经营,其转让定价若按公平交易原则制定,各国则获得其应得利润,按此税基缴纳的税款不会存在争议,但是跨国公司利用转让定价会使各国的税基发生转移,一国的税收增加是以另外一国的税收减少为代价的,这样就会引起资源在国家与国家之间、企业与国家之间的配置产生扭曲。为此各国会设立法律与政策以保证本国税收利益的实现,甚至为了保证税收,将增加流动性不强的产品的税负,这样不但使企业利益减少,甚至会影响税制原有的公平性和降低社会的整体福利。

三是对利益相关者的影响。跨国公司利用转让定价进行避税,其税收负担减少,就意味着其在经营过程中的成本,要低于本地那些无法利用转让定价减少税收负担的企业,这样会产生不公平竞争,对本地经营者产生不利影响,并且会产生鼓励竞争者采取避税方式来竞争的反面影响,破坏市场公平竞争。同时对于我国投资者来说,跨国公司利用转让定价转移企业利润,独享利润,这必然造成我国投资者的利润损失,而我国投资者依旧要共同分担亏损的后果,使我国投资者蒙受双重损失。当外方投资者急于收回投资时,将会产生短视行为,不再关注企业的长期发展,甚至导致企业的经营产生亏损等,对我国投资者的积极性产生较大的打击。

7.3 无形资产转让对企业利润、税收调整影响的实证分析

7.3.1 研究假设

根据前文的分析,众多学者认为实行转让定价是进行利润操控的一种手段,尤其是对于计价具有较大不确定性的无形资产的转移,特别是跨国公司于关联方之间的无形资产转让,存在着利润、税收调整的行为。我国现行转让定价的制度仍存在着一定的缺陷,并不尽善尽美,尤其是对于无形资产转让定价方面,亟待进一步进行补充,完善相关政策制度,但是我国现行无形资产制度在不断的改进和完善后,相对有效地遏制了其进行利润、税收调整的控制,以往文献中关于转让定价利润、税收调整的实证研究相对较少,对于无形资产的转让定价实证研究更是少见。由于无形资产本身的特有性质,存在进行利润、税收调整的空间,因此在此研究无形资产转让对企业利润、税收调整的影响。综上所述,本实证研究拟验证以下假设:

H1:新准则实施后,我国上市公司利用无形资产转让进行利润、税收调整的行为并未得到有效遏制。

H2:新准则实施后,我国上市公司无形资产转让与利润、税收调整存在显著相关性。

7.3.2 样本选择和数据来源

无形资产转让定价受到诸多因素的影响,尤其当宏观经济环境发生变化时,会受到较大影响。2007 年实施新的《企业会计准则》,因此本文选取沪深两市主板 A 股上市公司 2007 年至 2011 年数据作为初选样本,并对初选样本进行以下步骤的筛选:

(1)无形资产在不同行业间有明显的差异,因此需要考虑样本所属行业的不同,在中国的资本市场上,最权威的行业标准莫过于中国证监会颁布的《上市公司行业分类指引》(2001 年版),将上市公司按照所属行业分为 13 类,根据数据选取标准,剔除了金融保险业样本数据,因为金融保险业的上市公司具有其独特的经营范围、经营特征和会计制度,其资产负债结构与经营现金流、应计利润与其他类型企业不同,其报表数据相对于其他行业的差异较为明显。

(2)剔除了 ST 股、SST 股等进行特别处理的上市公司。

(3)为保证财务数据的完整和充分,剔除了财务数据缺失、相关数据异常以及不能获取报表数据的个别上市公司。

(4)为了保障样本公司的报表数据的连续性,从而间接保障实证回归的结果,本文选取在 2007 年已经上市,并且截止 2011 年底仍没有退市的上市公司。

经过上述数据筛选之后,截至 2011 年 12 月 31 日为止,满足条件的沪深两市 A 股上市公司合计为 1 234 家,形成本次实证分析的财务数据样本公司。文中研究数据主要来自于国泰安数据库,并经过手工整理,利用 PASW Statistics 18 进行数据统计分析和相关处理。

7.3.3 研究方法及模型设计

由于本文研究无形资产转让对企业利润、税收调整的影响,因此需要先行计算出样本公司的利润、税收调整水平,然后进行无形资产转让与公司利润、税收调整的相关性水平研究。

1. 利润、税收调整水平计算

利润(earnings management)是经营者运用会计方法或者安排真实交易来改变财务报告以误导利益相关者对公司业绩的理解或者影响以报告盈余为基础的合约(Healy and Wahlen, 1999),它是一个既与投资者保护紧密相关,又直接影响会计准则制定的重要问题。对于会计准则制定机构来说,会计准则制定不仅是要解决技术性问题,更重要的是要确定会计准则到底应该给公司管理层提供多大的判断空间,因为不允许管理层判断存在的财务报告,对于投资者来说并不是最优的;而包含无限管理层判断的财务报告也是不可行的,因为它可能导致太高的利润(Healy and Wahlen,1999),从而使投资者利益遭受重大损害。无形资产账面价值以及转让定价都是基于一定的判定因素而形成的。参照国内多位学者(陆建桥,1999;陆正飞、魏涛,2006;张祥建、郭岚,2006)的做法,本文采用应计利润分离模型将总应计利润区分为非可操纵性应计利润和可操纵性应计利润。其中非可操纵性应计利润是企业正常情况下获得的利润,而可操纵性应计利润则是企业进行利润操纵的结果。应计利润的分离模型较多,Dechow 等(1995),Subramnanyam(1996),Bartov、Cul、Tsui(2001)和夏立军(2003)等通过对美国市场和中国市场的利润计量模型的检验,发现基于行业分类的横截面修正的 Jones 模型能较好地估计可操纵性应计利润。且 Kothari 等(2005)的研究表明,在修正的 Jones 模型中加入 ROA 能够更好地估计可操纵性应计利润。因此本文采用加入 ROA 的修正的 Jones 模型对公司利润程度进行估计,具体过程如下:

(1)总应计利润计算:

$$TA_{i,t} = NI_{i,t} - CFO_{i,t} \tag{7.1}$$

其中 $TA_{i,t}$ 为 i 公司第 t 年的总应计利润,$NI_{i,t}$ 为 i 公司第 t 年的净利润;$CFO_{i,t}$ 为 i 公司第 t 年的经营活动产生的现金净流量。所有变量都除以 t–1 年年末总资产进行标准化处理,以消除公司规模差异造成的影响。

(2)非可操纵性应计利润计算:

$$NDA_{i,t} = \beta_0 + \beta_1 \frac{1}{A_{i,t-1}} + \beta_2 \frac{\Delta REV_{i,t} - \Delta REC_{i,t}}{A_{i,t-1}} + \beta_3 \frac{PPE_{i,t}}{A_{i,t-1}} + \beta_4 ROA_{i,t-1} \tag{7.2}$$

$NDA_{i,t}$ 为 i 公司第 t 年经过 t–1 年年末总资产标准化处理的非可操纵性应计利润;$\Delta REV_{i,t}$ 为 i 公司第 t 年的营业收入增加额,用来解释公司经营业绩和经济环境的变化对总应计利润的影响;$\Delta REC_{i,t}$ 为 i 公司第 t 年的应收账款增加额;$PPE_{i,t}$ 为 i 公司第 t 年年末固定资产,反映企业资产规模;$ROA_{i,t-1}$ 为 i 公司第 t–1 年的总资产报酬率;$A_{i,t-1}$ 为 i 公司第 t–1 年年末总资产,各变量除以 $A_{i,t-1}$ 是为了消除公司规模的影响。

公式（7.2）中的参数 β_0、β_1、β_2、β_3、β_4 是使用行业截面数据通过公式（7.3）估计得到的：

$$TA_{i,t} = b_0 + b_1 \frac{1}{A_{i,t-1}} + b_2 \frac{\Delta REV_{i,t} - \Delta REC_{i,t}}{A_{i,t-1}} + b_3 \frac{PPE_{i,t}}{A_{i,t-1}} + b_4 ROA_{i,t-1} + \varepsilon_{i,t}$$

（7.3）

$TA_{i,t}$ 为 i 公司第 t 年经过 t–1 年年末总资产标准化处理的总应计利润；b_0、b_1、b_2、b_3、b_4 分别是参数 β_0、β_1、β_2、β_3、β_4 的估计值；$\varepsilon_{i,j}$ 是随机误差项。

（3）可操纵性应计利润计算

可操纵应计利润就是用总应计利润减去非可操纵性应计利润，即：

$$DA_{i,t} = TA_{i,t} - NDA_{i,t}$$

（7.4）

2. 研究模型设计

在借助加入 ROA 的修正的 Jones 模型衡量出样本公司的利润、税收调整 DA 值以后，拟利用以下模型对无形资产转让与利润、税收调整的相关性水平进行分析。

变量选取，影响转让定价的因素（控制变量）有以下几个。

（1）获利能力（ROA）。又称资产报酬率，常被用于经营绩效之衡量，而其中又以股东权益报酬率（ROE）及资产报酬率（ROA）的使用最为典型。Oyelere 和 Emmanuel (1998) 探讨国际转让定价与所得移转之关联性时，以资产报酬率（ROA）作为所得移转之衡量，实证研究结果指出，设置于英国的受外国控股（foreign-controlled enterprises）的多国企业，会利用国际转让定价进行所得移转。由于资产报酬率（ROA）代表公司运用资产创造利润之能力，可同时衡量公司的获利能力（纯益率）及资产使用效率（资产周转率），故本研究以资产报酬率（ROA）测试管理阶层从事非常规交易动机之代理变数，换句话说，当公司本身即拥有不错的获利能力时，公司会较希望利用不合营业常规之转让定价，将盈余保留在位于租税天堂的子公司，或其他实质租税负担较低之关联企业；但若公司本身获利能力欠佳，或有美化账面盈余以维系股价之需求，则公司愈可能利用内部转让定价的手法，将关联企业的盈余也转至该企业。

（2）资产负债率（LEV）。若公司因资金拮据而未如期支付利息，则无法偿还债务的概率愈高，其债务风险也愈大，为避免因债务风险导致经营危机，管理阶层愈有意图操弄损益，以减低经营风险，反之，DeAngelo 等（1994）认为，发生财务困难的公司,有意图降低盈余以获取较有利的借款条件。由于关联方之间可透过非常规交易达到操弄净利之目的,故笔者认为长期负债比率亦属影响转让定价因子之一。此外,考虑短期负债还包括许多无须付息之应付票据、应付账款、应付费用等科目,非属本文讨论的范畴。因此,以长期负债除以期初总资产作为长期负债比率之代理变数。此外,Smith 和 Stu(1985)指出,债务风险愈高的公司,若能维持盈余的稳定性,则愈能改变债权人对公司风险之观感。高祥恒(2002)探讨裁决性应计项目,衍生性金融商品与损益平稳化的关系时发现,当公司向外举借债务愈多时,管理阶层愈会利用裁决性应计项目来稳定公司的盈余,以减少债权人对公司偿债能力的疑虑。薛敏正与林婵娟(2003)研究自由现金流量与利润关联性时,亦加入本变数以为测试,唯结果为负相关,与高祥恒之研究发现并不相同。为了解长期负债比率与利润的关联性,本研究拟加入长期负债除以期初总资产作为测试,并预期此变数与裁决性应计数之间呈正相关。

(3)公司规模(SIZE)。

Ax-Eryani,Alam 和 Akhter(1990)以问卷方式调查 164 家设立于美国之多国籍企业,藉以了解此类型企业如何订定转让定价策略,实证发现,公司规模与以市价为基础的转让定价法呈显著正相关。Jacob(1996)以财务报表中有揭露美国海外子公司的税前净利公司为样本,探讨租税诱因与转让定价之相关性,实证结果指出,规模愈大的企业,愈会通过转让定价将所得保留在租税负担较低的海外子公司。用以衡量公司规模大小之代理变数众多,例如:销货净额、资产总额、权益市值等,本文探讨的主题为转让定价与利润,虽与销货净额相关性较大,但因销货净额亦包含关联方间之销货及加工收入净额,故改以公司每季的资产总额取自然对数作为规模大小的代理变数,藉以衡量企业规模大小与转让定价之间的相关性。

此外,Handsmith(1992)的研究指出,规模较大的公司,不论是应计项目的种类及金额,或转投资机会,均比小规模公司为大,因此,愈有机会利用裁决性应计项目操控公司的盈余。陈明进与汪瑞芝(2003)及 Lui 等(2001)的实证结果亦支持政治权力假说,即企业规模愈大,其政治成本愈低。然而,Becker 等(1998)认为,公司规模可能代理相当多的遗漏变数(omitted variable),因此,必须加以控制,以增加模式设定(Model Setting)的正确性。根据上述,本文拟以公司年底之资产总额取自然对数作为规模大小之代理变数,以测试公司规模大小对利润所造成的影响。

（4）其余控制变量，包括行业分类，公司所处年度以及企业控制权等因素：

$$DA=a_0+a_1 \cdot IA+a_2 \cdot LEV+a_3 \cdot SIZE+a_4 \cdot ROA+a_5 \cdot CON+a_6 \cdot INS+a_7 \cdot IND+a_8 \cdot YEAR$$

表7.1 模型各变量及其定义

变量性质	变量代码	变量名称	变量定义
被解释变量	DA	企业可操纵性盈余	根据修正的 Jones 模型计算所得
解释变量	IA	无形资产增加变化	
	ROA	资产报酬率	
控制变量	SIZE	资产总额	反映公司规模
	LEV	资产负债率	负债总额与资产总额的比率
	IND	行业变量	根据证监会 2001 年颁布的《上市公司行业分类指引》进行分类
	INS	股权集中度	上市公司前五大股东持股比例之和
	CON	第一大股东是否国有	国有为 1，非国有为 0
	YEAR	年度	

7.3.4 实证分析

1. 描述性分析

表 7.2 为按照行业对样本进行的统计。

表7.2 样本行业分类统计

行业代码	行业名称	行业样本容量	样本比例（%）
A	农、林、牧、渔业	102	2.07
B	采掘业	156	3.17
C	制造业	2 928	59.43
D	典礼、煤气及水的生产和供应业	216	4.38
E	建筑业	120	2.44
F	交通运输、仓储业	210	4.26
G	信息技术业	282	5.72
H	批发和零售贸易	299	6.07
J	房地产业	231	4.69
K	社会服务业	157	3.19
L	传播与文化产业	30	0.61
M	综合类	196	3.98
	总计	4 927	100

表7.3 统计量描述性分析

	N	极小值	极大值	和	均值	标准差
			描述统计量			
DA	4936	−1.53697698000E11	2.75221606000E10	−7.45649948815E11	−1.5106360389279E8	4.32635404069692E9
INS	4936	3.6520	98.0080	249297.1539	50.505906	15.7830416
IA	4936	425.27000000000	1.94637850100E10	5.89876431603E11	1.1950494967651E8	7.22104685567878E8
LEV	4936	0.007080	0.992452	2466.707485	0.49973815	0.190646870
SIZE	4936	18.265863	28.282059	1.078745E5	21.85464191	1.269507445
ROA	4936	−3.280005	5.467732	427.250731	0.08655809	0.193007495
CON	4936	0	1	1515	0.31	0.461
IND	4936	1	12	22672	4.59	2.722
YEAR	4936	2008	2011	9918892	2009.50	1.118

资料来源：根据 PASW Statistics 18 结果整理所得。

如表 7.3 中所示，公司规模为资产总值取自然对数，其平均值为 21.85，标准差为 1.2695，资产负债率的均值为 0.4997，表明上市公司长期负债的平均使用率为 49.97%，其标准差为 0.1906，资产报酬率的均值为 0.086558，其标准差为 0.1930。而其余变量的标准差相对较大，这在一定程度上影响了无形资产转让与企业利润的相关性模型的稳定性和可靠性。

2. 回归分析

表7.4 模型拟合优度与自相关检验表

模型	R	R方	调整 R方	标准估计的误差	R方更改	F更改	df_1	df_2	Sig. F 更改	Durbin-Watson
						更改统计量				
1	0.357a	0.128	0.126	4.04429470380681E9	0.128	90.045	8	4927	0.000	2.068

注：a. 预测变量：（常量），YEAR, IND, abs（IA），ROE_3, LEV, INS, CON, SIZE。
　　b. 因变量：DA。

通过表 7.4 可知，R、R Square、Adjusted R Square 数值均比较大，表明在整个模型中各自变量与因变量之间的关系都是显著的，符合模型最初的设定标准。而对于 Durbin-Watson 值来讲，其取值范围一般应在 0—4 之间，若此值越接近 0，说明变量间有正的一阶相关性,而该值接近4,则说明有负的一阶相关性,因此当此值在2附近时,则说明没有一阶自相关情况的存在,本模型的 Durbin-Watson 值为 2.068,检验通过,该模型可以使用。

表7.5 相关性检验

		DA	*INS*	*abs (IA)*	*LEV*	*SIZE*	*ROE₃*	*CON*	*IND*	*YEAR*
Pearson 相关性	*DA*	1.000	−0.121	−0.329	0.016	−0.187	0.010	−0.011	0.050	0.020
	INS	−0.121	1.000	0.189	0.005	0.295	0.142	0.134	−0.070	−0.069
	abs (IA)	−0.329	0.189	1.000	0.048	0.316	0.041	0.070	−0.015	−0.006
	LEV	0.016	0.005	0.048	1.000	0.352	−0.113	0.081	0.073	0.040
	SIZE	−0.187	0.295	0.316	0.352	1.000	0.134	0.138	0.034	0.150
	ROE₃	0.010	0.142	0.041	−0.113	0.134	1.000	−0.033	0.002	0.056
	CON	−0.011	0.134	0.070	0.081	0.138	−0.033	1.000	0.020	−0.302
	IND	0.050	−0.070	−0.015	0.073	0.034	0.002	0.020	1.000	−0.001
	YEAR	0.020	−0.069	−0.006	0.040	0.150	0.056	−0.302	−0.001	1.000
Sig. (单侧)	*DA*	0.	0.000	0.000	0.128	0.000	0.246	0.216	0.000	0.083
	INS	0.000	0.	0.000	0.368	0.000	0.000	0.000	0.000	0.000
	abs (IA)	0.000	0.000	0.	0.000	0.000	0.002	0.000	0.144	0.340
	LEV	0.128	0.368	0.000	0.	0.000	0.000	0.000	0.000	0.002
	SIZE	0.000	0.000	0.000	0.000	0.	0.000	0.000	0.008	0.000
	ROE3	0.246	0.000	0.002	0.000	0.000	0.	0.011	0.431	0.000
	CON	0.216	0.000	0.000	0.000	0.000	0.011	0.	0.079	0.000
	IND	0.000	0.000	0.144	0.000	0.008	0.431	0.079	0.	0.476
	YEAR	0.083	0.000	0.340	0.002	0.000	0.000	0.000	0.476	0.

由表 7.6 中可知模型中各变量 *VIF* 值均为小于 2 大于 1 的值,远远小于 10,初步判断各变量之间不存在多重共线性。上表列示了样本变量组成的 Pearson 相关系数,从表中可以看出,对模型进行的相关分析,可操纵性利润与无形资产转让、行业变量、公司规模、实际控制人是否国有在 1% 的水平下显著相关,说明对于选择的样本来说,无形资产转让并不是唯一影响利润水平的因素,其自身的资产、所处行业等都对可操纵性利润有较大影响,另外,原数据不存在多重共线性,可以进行先行回归分析。对模型进行回归,回归结果如下:

表7.6 模型变量显著性及系数表

模型		非标准化系数		标准系数	t	Sig.	共线性统计量	
		B	标准误差	试用版			容差	VIF
1	（常量）	−3.125E11	1.113E11		−2.808	0.005		
	INS	−9535557.270	3927267.060	−0.035	−2.428	0.015	0.863	1.159
	ab (IA)	−1.724	0.085	−0.288	−20.339	0.000	0.884	1.131
	LEV	1.691E9	3.305E8	0.075	5.118	0.000	0.835	1.198
	SIZE	−4.494E8	5.516E7	−0.132	−8.146	0.000	0.676	1.480
	ROA	1.153E9	3.076E8	0.051	3.748	0.000	0.940	1.064
	CON	3.652E8	1.340E8	0.039	2.726	0.006	0.868	1.152
	IND	6.507E7	2.129E7	0.041	3.057	0.002	0.988	1.013
	YEAR	1.600E8	5.548E7	0.041	2.884	0.004	0.861	1.161

由表 7.6 可见，所有变量均通过 5% 的显著性检验，并得出相对应的系数，此统计分析的经济意义具体如下：无形资产（IA）的增减变化与企业利润水平呈显著负相关关系，系数为 −1.724，意味着无形资产的转让对利润水平有显著影响，成为企业进行利润操纵的主要方法之一。此结论验证了这个研究的第一个假设，表明虽然新准则实施，会计制度得到不断完善，也许在一定程度上抑制了上市公司进行利润操纵的空间，但是并没有办法完全阻止上市公司的利润行为。资产报酬率（ROA）也与利润成显著正相关关系，说明当企业想要获得更高的资产报酬率时，其进行利润的动机越强烈。控制变量资产负债率（LEV）与上市公司的利润水平呈显著正相关关系，这说明，上市公司的资产负债率越高，上市公司的偿债负担越重，其利润动机更强烈，相对于较低资产负债率的公司来说，其实际利润水平也更高。但是通过无形资产转让进行利润操纵不是唯一的方式，还可以通过债务重组等方式来降低资产负债率，进行利润操纵。控制变量 SIZE 企业规模，行业变量以及企业控制权都显著影响着企业的利润水平。

7.3.5 实证结论

上述实证研究通过 2008 年至 2011 年沪深上市 A 股公司为研究对象，研究无形资产转让与企业利润之间的相关性，并进一步测试无形资产转让定价是否为管理层进行利润操纵的工具。由以上实证研究结果可知，利用修正的琼斯模型将上市公司的可操纵性利润进行分离之后,建立无形资产与可操纵性利润的关系模型,实证研究结果显示无形资产转让定价的确是管理层进行利润行为的工具之一,且获利能力(ROA)越大的企业,其越具有进行利润操纵的动机,会将利润留在低税率的子公司或者地区,其中控制变量资产负债率和公司规模都具有统计意义上的显著性,也影响着企业的利润行为。

7.4 关于导致操控空间的原因实证分析

7.4.1 实证假设

由于无形资产本身固有的特征,使得其账面价值与真实价值之间存在背离,并且导致企业市值与实际账面价值不符,因此本部分实证分析旨在验证不同种类无形资产对企业市值与账面价值差异的影响。基于无形资产与企业价值相关性的研究不在少数,Gu 和 Lev(2001)在对公司专利收入的价值相关性的研究后发现,专利收入的相关系数大于其他收入项目的相关系数,专利收入能够有效提高公司的价值。王志台和薛云奎(2001)将在上交所上市发行的 A 股公司从 1995 年起 5 年间的企业财务数据为设计样本,研究后指出:在公司日常经营活动中,无形资产相对于固定资产而言发挥了更为重要的作用;且正相关于股票价格,与之相反的是有形净资产对股价的影响并不显著。王化成等(2005)对前人的研究设计在变量和模型的选择上进行了修订,在对沪深两市上市公司 5 年的数据进行深入研究分析后,发现企业未来业绩与其无形资产的存量显著相关。贾平等(2005)根据盈余回报以及股价两个研究模型,深入研究了无形资产与企业价值的内在关系,指出了每股无形资产显著正相关于现时股价,会计盈余价值相关性可以随着无形资产比例的增加而明显增加。在借鉴了国内、外无形资产价值相关性实证研究经验的基础上,本文试图通过在转让定价的大环境下,对不同行业的无形资产对其企业价值的影响做出实证分析。

H1: 企业市值和账面价值之差与土地使用权类无形资产有显著相关关系。

H2: 企业市值和账面价值之差与商标权类无形资产有显著相关关系。

H3: 企业市值和账面价值之差与特许权类无形资产有显著相关关系。

H4: 企业市值和账面价值之差与专利权及非专利技术类无形资产有显著相关

关系。

H5：企业市值和账面价值之差与著作权类无形资产有显著相关关系。

H6：企业市值和账面价值之差与软件系统类无形资产有显著相关关系。

H7：企业市值和账面价值之差与商誉类无形资产有显著相关关系。

7.4.2 研究样本与数据的来源

为保证前后数据的统一性，以及实证结果的可比较性，本实证分析选取样本基于前述无形资产转让对企业利润的影响分析时确定的样本，进行进一步筛选，剔除无形资产财务数据缺失、相关数据异常以及不能获取报表数据的个别上市公司。并根据各公司财务报表中的无形资产详细分类，结合我国《企业会计准则》关于无形资产的规定对其进行分类汇总，划分为土地使用权、商标权、特许权、专利权及非专利技术、著作权、软件系统、商誉以及其他。文中研究数据主要来自国泰安数据库，并经过手工整理，利用 PASW Statistics 18 进行数据统计分析和相关处理。

7.4.3 模型和变量定义

在实证研究中通常用托宾 Q 来衡量企业的价值（Morck 等，1988；McConell and Servaes，1990）。代表企业价值的托宾 Q 等于企业的金融市场价值与重置成本之间的比值，金融市场价值包括公司股票的市值和债务资本的市场价值，重置成本是指今天要用多少钱才能买下所有上市公司的资产，即如果从零开始再来一遍，创建该公司需要花费多少钱。但是企业财务报表中资产总额并不会随着时间的推移而不断更换为重置成本数值，因此无形资产对其市值与账面价值的差异影响越大，且其市值与账面价值的差异大致可以反映无形资产市值与账面价值的差异。因此本文采用企业市值来总体衡量无形资产公平转让定价。为了研究导致较大操纵空间的无形资产种类，构建回归模型如下：

$$MVA = a_0 + a_1 \cdot X_1 + a_2 \cdot X_2 + a_3 \cdot X_3 + a_4 \cdot X_4 + a_5 \cdot X_5 + a_6 \cdot X_6 + a_7 \cdot X_7 + a_8 \cdot X_8 + a_9 \cdot X_9 + a_{10} \cdot SIZE + a_{11} \cdot IND + a_{12} \cdot YEAR + a_{13} \cdot LEV + a_{14} \cdot ROE + a_{15} \cdot CON$$

所有变量设置如表 7.7：

表7.7 模型各变量及其定义

变量性质	变量代码	变量名称	变量定义
被解释变量	*MVA*	企业市值与账面价值之差	反映企业价值
解释变量	X_1	土地使用权	
	X_2	商标权	
	X_3	特许权	
	X_4	专利权及非专利技术	
	X_5	著作权	
	X_6	软件系统	
	X_7	商誉	
	X_8	其他	
控制变量	*SIZE*	资产总额	反映公司规模
	IND	行业变量	根据证监会 2001 年颁布的《上市公司行业分类指引》进行分类
	YEAR	年度	
	LEV	资产负债率	负债总额与资产总额的比率
	ROE	净资产收益率	
	INS	股权集中度	上市公司前五大股东持股比例之和

7.4.4 实证结论

本节首先将所有变量进行多元回归分析,分别对变量进行检验。其次,通过逐步回归变量筛选方式求得影响企业价值的强弱,分析不同种类无形资产在其中所占的比例,具体分析如下:

1. 描述性分析

企业处于不同行业,其企业价值和账面价值之差与拥有的无形资产比例也会不同,下表是对企业市值与账面价值之差和无形资产与资产总额比值的描述性分析,从而可以看出不同行业间企业价值与无形资产的区别(见表 7.8):

表7.8 行业间企业市值与账面价值之差和无形资产与资产总额比值描述性分析

行业代码	行业名称	企业市值与账面价值之差			无形资产/资产总额（%）		
		最大值	最小值	平均值	最大值	最小值	平均值
A	农、林、牧、渔业	17 627 189 113.98	257 783 421.79	3 980 055 638.04	47.81	0.05	7.16
B	采掘业	158 544 547 870.00	−121 744 574 040.00	15 799 903 580.16	51.68	0.18	13.69
C	制造业	172 995 087 386.45	−30 217 738 663.49	4 622 092 545.64	48.86	0.00	4.76
D	电力、煤气及水的生产和供应业	55 406 152 702.98	−17 787 346 595.00	2 169 354 274.21	68.27	0.01	5.42
E	建筑业	26 607 267 355.31	−36 993 403 510.00	2 453 041 530.64	17.75	0.00	3.30
F	交通运输、仓储业	64 163 685 510.00	−12 853 216 060.36	3 740 584 938.98	81.53	0.00	13.52
G	信息技术业	35 628 044 004.01	−110 972 347 417.00	3 031 306 796.90	23.12	0.00	2.66
H	批发和零售贸易	70 495 127 440.00	−1 314 972 311.78	3 464 648 339.70	20.66	0.03	4.22
J	房地产业	46 668 201 768.43	−5 805 695 099.40	2 096 001 998.47	13.04	0.00	1.22
K	社会服务业	15 498 119 790.68	−993 868 702.94	2 906 201 853.14	43.41	0.00	10.09
L	传播与文化产业	10 030 538 236.60	1 361 585 422.24	4 270 539 658.43	23.14	0.88	5.60
M	综合类	39 305 557 805.29	−3 053 460 431.26	3 976 256 871.63	38.77	0.00	6.10

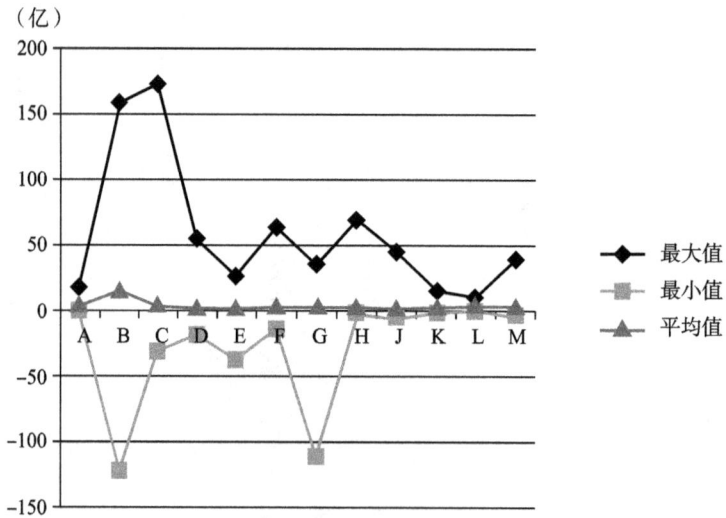

图7.1 按行业划分企业市值与账面价值之差曲线图

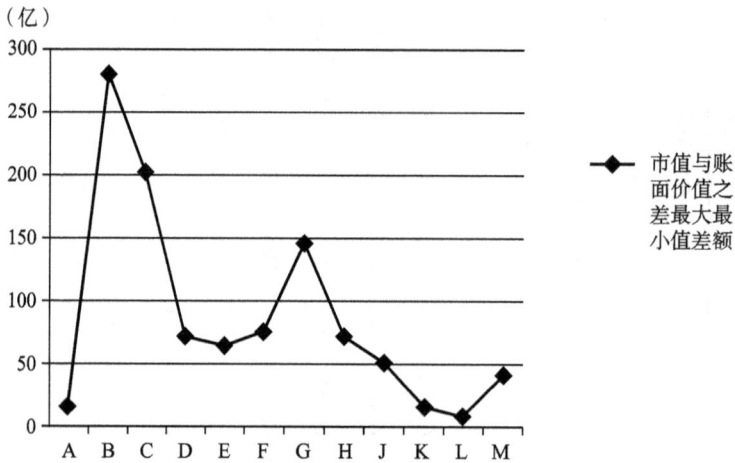

图7.2 分行业企业市值与账面价值之差最大最小值差额

由图 7.1 按行业划分之后企业市值与账面价值之差的最大值、最小值以及平均值的曲线图可以清晰地看出行业不同对其影响较大,其中采掘业、制造业企业市值与账面价值之差的最大、最小值差距较大。由图 7.2 中也可以看出,从其平均值曲线来看,采掘业市值与账面价值之差较其他行业较高,其余行业相对来说较为平均。但是对于采掘业与信息技术业,其最大、最小值差异很大,这是由于行业内部不同公司间的个体差异所造成的,尤其是对于信息技术业,其个体差异的巨大,应在于其技术的研发方面,下面可以从无形资产占资产总额的比值来分析。如图 7.3 所示,为按照行业划分的无形资产占资产总额比值的曲线图,其中包括行业的最大值和最小值。从平均值来看,其拥有无形资产较多的行业为采掘业和交通运输业、仓储业以及社会服务业,而信息技术业的无形资产比例十分少,这与一般认为高新技术行业所拥有的无形资产更多的常识有悖,究其原因,笔者认为这是由于我国会计准则对无形资产所涉及的类型限制而产生的,根据我国《企业会计准则第 6 号——无形资产》应用指南,无形资产主要包括专利权、非专利技术、商标权、著作权、土地使用权、特许权等。

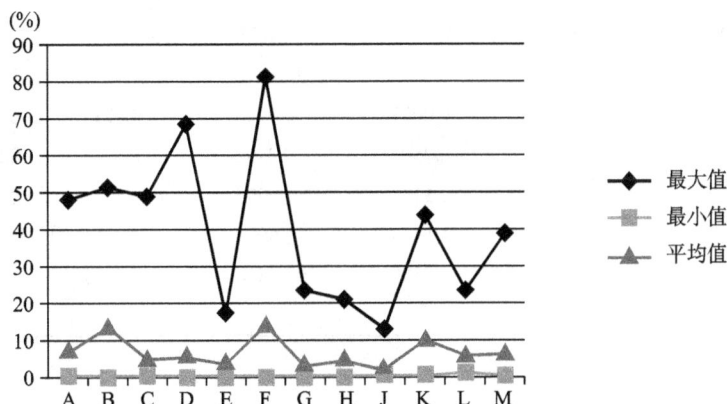

图7.3 按行业划分无形资产占资产总额比值曲线图

采掘业通常占有大量的土地,这部分无形资产在财务报表中就会披露出来,而对于信息技术行业,其大量的无形资产是由人脑创作出来的,在不申请专利或专有技术时,它只有实物的研发成本会部分计入无形资产,而人力成本作为工资计入薪酬开支,与无形资产无关,这必将导致其无形资产方面披露不足,而且我国没有针对此方面的法律规制。对于世界知名的信息技术类企业如苹果、微软公司,其会涉及大量商标权以及专利权,而对于新兴的信息技术类企业,当处在研发当中时,为了保护专有技术,会采取保密措施,不申报专利,这样也就不需进行披露,而且可以减少确定的无形资产的摊销额,使企业利润更加的可观,这也就导致图 7.3 所示信息技术类企业无形资产占企业资产总额比值较小的原因。下面是对所有变量进行描述性统计,如表 7.9 所示。

表7.9 描述统计量

	N	极小值	极大值	均值	标准差
YEAR	2466	2010	2011	2010.48	0.500
IND	2466	1	12	4.58	2.660
X_1	2466	0.0000	4.6699E10	2.880375E8	1.4487731E9
X_2	2466	−2300.0400	1.4570E9	5.822426E6	6.2479745E7
X_3	2466	0.0000	4.7937E10	2.336594E8	1.9152904E9
X_4	2466	0.0000	4.8930E9	1.603699E7	1.5419703E8
X_5	2466	0.0000	4.9750E7	1.269934E5	2.1506364E6
X_6	2466	0.0000	5.5059E9	9.572903E6	1.4441195E8
X_7	2466	0	337104	136.70	6788.399
X_8	2466	0.0000	2.8807E9	8.332534E6	1.1372571E8
SIZE	2466	18.8514	28.1356	22.024101	1.2833123
LEV	2466	0.0071	0.9925	0.506212	0.1931833
ROE_1	2466	−6.7601	0.8902	0.081433	0.2360412
ROE_2	2466	−1.5134	1.5996	0.098552	0.1327540
ROE_3	2425	−1.5134	1.5996	0.100161	0.1354167
CON	2425	.5500	97.6518	35.703877	20.1431468
有效的N（列表状态）	2425				

2. 所有变量多元回归分析

所有变量的多元回归是将包括无形资产在内的选定的可能影响企业价值的解释变量全部放入多元回归模型当中，并针对假设进行检验。表 7.10 是所有变量进行多元回归分析的结果，其中 F 检验的统计量为 $F=29.185$，在显著水平为 0.05 时，多元回归模型整体显著。

表7.10 所有变量多元回归分析结果

模型		平方和	df	均方	F	Sig.
1	回归	1.323E23	17	7.783E21	29.185	.000a
	残差	6.419E23	2407	2.667E20		
	总计	7.742E23	2424			

注：a. 预测变量：（常量），ROE_3，X_7，X_6，*IND*，X_5，X_3，*YEAR*，X_2，*LEV*，X_4，*CON*，X_9，*SIZE*，ROE_1，X_1，ROE_2，X_8。

b. 因变量：*MV2−ASSET*。

表 7.11 为模型整体的拟合度检验,由检验结果可知 R 为 0.413,调整的 R 方为 0.165,而 Durbin-Watson 值为 1.913,接近 2,说明没有一阶自相关情况,检验通过,整体拟合度较好,该模型可以使用。

表7.11 模型拟合度检验

模型	R	R方	调整 R方	标准估计的误差	更改统计量					Durbin-Watson
					R方更改	F更改	df_1	df_2	Sig. F更改	
1	0.413a	0.171	0.165	1.6330115E10	0.171	29.185	17	2407	0.000	1.913

注:a. 预测变量:(常量),ROE_3,X_7,X_6,IND,X_5,X_3,YEAR,X_2,LEV,X_4,CON,X_9,SIZE,ROE_1,X_1,ROE_2,X_8。
　　b. 因变量:MV2–ASSET。

从表 7.12 中可知模型中各变量 VIF 值基本处于 1 至 2 之间,只有一个为 3.001,远远小于 10,判断各变量之间不存在多重共线性。

表7.12 模型变量显著性及系数表

模型		非标准化系数		标准系数			共线性统计量	
		B	标准误差	试用版	t	Sig.	容差	VIF
1	(常量)	9.330E12	1.359E12		6.866	0.000		
	YEAR	−4.685E9	6.761E8	−0.131	−6.930	0.000	0.990	1.010
	IND	−4.617E8	1.274E8	−0.069	−3.625	0.000	0.981	1.019
	X_1	−2.056	0.410	−0.164	−5.015	0.000	0.333	3.001
	X_2	−0.696	5.404	−0.002	−0.129	0.898	0.976	1.025
	X_3	0.049	0.205	0.005	0.236	0.013	0.896	1.116
	X_4	−3.154	3.390	−0.027	−0.930	0.035	0.410	2.441
	X_5	93.492	155.450	0.011	0.601	0.548	0.995	1.005
	X_6	−20.659	2.546	−0.168	−8.115	0.000	0.825	1.212
	X_7	−7464.895	49189.408	−0.003	−0.152	0.879	0.998	1.002
	SIZE	4.663E9	3.279E8	0.327	14.222	0.000	0.669	1.494
	LEV	−1.526E10	1.942E9	−0.165	−7.855	0.000	0.804	1.243
	ROE_1	2.187E9	1.452E9	0.029	1.506	0.132	0.949	1.054
	CON	6.423E7	1.715E7	0.072	3.746	0.000	0.948	1.055

由表 7.12 可见,大部分变量通过 5% 的显著性检验,并得到相对应的系数,此统计分析经济意义在于:土地使用权、特许权、专利权及非专利技术、软件系统、商誉类无形资产与企业市值和账面价值之差有显著的相关性,而商标权、著作权、净资产收益率未通过 T 检验,与企业市值和账面价值之差没有直接的现行关系。同时控制变量企业规模、资产负债率、所处行业以及年度、股权集中度通过 T 检验。

7.5 有关实证结论

本章主要为实证分析,通过构建两个模型来反映无形资产转让对于企业会计信息质量与企业价值的影响。根据第一个实证模型,首先通过加入了 ROA 的基于行业分类的横截面修正的 Jones 模型对企业的利润进行分离,将可操纵性应计利润分离出来,然后通过回归分析来研究无形资产转让对可操纵性应计利润及企业财务报表的报错情况的影响。根据第二个实证模型,研究了企业无形资产对企业价值的影响程度,可以发现,企业无形资产与企业价值成正相关关系,同时企业价值在不同行业间存在着差异性,并且由于我国会计准则对无形资产相关规定的限制与漏洞和不足之处,导致企业披露的无形资产,尤其是信息技术类企业披露的无形资产与实际情况不相符,这也为我国继续进行相关会计准则的修订与税收等配套措施的规定提供一个切入口。

8 我国选择转让定价税收规制的优化路径

本章摘要：

本部分首先探讨了我国选择转让定价税收规制的意义，认为跨国公司转让定价反避税是一项系统的、复杂的、需要各个部门协作的工作，不但是一个国家国内的事情，而且也是全世界共同需要解决的问题，世界各国必须携起手来，共同努力防止跨国公司利用转让定价进行避税。其次，研究了选择转让定价税收规制的优化路径。再次，通过对国际转让定价治理中所采取的不同制度和措施进行分析，总结出符合我国实际条件，值得我国借鉴的经验与模式，为今后转让定价税收规制的发展与完善开辟捷径。

8.1 我国选择转让定价税收规制的意义

经济学家维托·坦茨曾指出："全球化促使国内问题国际化。如果不及时控制、解决这些问题，可能会导致国家间的摩擦，最终发生冲突……许多政策领域会产生摩擦，而在转让定价税收领域则更加激烈。"由此可见，对转让定价进行有效规制，以减少国际之间的冲突与矛盾，这一点非常重要，且势在必行。目前，世界各国都在倾力解决对转让定价的治理。那么，对于一个改革开放历史不是很长，法制并非十分健全，管理尚不够完善的发展中大国——中国来说，有效规制转让定价行为将具有更为重要而深远的意义。那么,什么是规制的切入点?用一种什么理念来规制?用什么手段来管理呢?通过多年实践的探索与总结,再加上对国内外相关方面理论的研究,我们大胆提出了"系统管理,内外兼治"的规制理念。所谓系统管理,就是要用系统论的观点,将对转让定价的规制置于一个全面且完善的系统之内,不能仅就某一点采取措施,有些人认为我们当前的制度规定存在不合理之处,仅对如何完善制度规定提出治理意见而不考虑与制度相关的一些其他因素。因此这样的治理结果只能是片面的、收效甚微的。

笔者认为,根据目前我国的现状,我们应从制度的建设着手,然后再从管理方面予以加强,以促进制度的实施,同时要对所有影响规制效果的内外部环境进行治理与协调。而良好的规制环境的营造又会进一步促进我国转让定价制度的合理建设。这样就会形成一个良性的、循环的、完善的转让定价规制系统。所谓内外兼治,是指要将国内转让定价规制的建设完全融入到国际转让定价治理的大环境中来,既要促进内部的完善,又要兼顾与国际的协调。由于跨国公司转让定价很重要的一个特点就是具有跨国性,同一跨国集团内部各子公司分布在世界各地,因此要受到具有不同制度与管理方式的国家的约束。而跨国公司要进行跨国内部贸易,自然要与不同的国家相接触。如果我国的转让定价规制仅站在本国角度考虑问题,如制度的制定等,而不兼顾国际组织以及其他国家的制度规定,这样就会使我国政府与跨国公司之间,我国政府与其他国家之间产生严重的利益冲突与摩擦,长此以往则会阻碍经济长期、健康、有序的发展。因此,解决跨国公司转让定价问题,必须将我国的转让定价税收规制置于国际大环境中来考虑,无论是制度的建设,还是管理的实施,都要综合考虑国际规则以及所涉及的相关国家的制度规定和管理要求,在遵循国际原则的基础上来完善我国的转让定价的税收规制。基于上述这样一种思想理念,本文试图从以下三个方面逐步展开分析、论述,旨在为我国提出真正具有指导意义、现实意义的建议与措施。

在经济飞速发展的今天,跨国公司也面临着激烈的竞争,如何能够使税负最小化、降低成本成为跨国公司必须重视而且亟待解决的问题,而转让定价也成为跨国公司必然会选择的一种降低税负的经营策略,这也使得跨国公司和国家税务部门成为博弈论的双方,一直处在相互竞争和争斗之中。一方面,跨国公司最大限度地操纵转让定价使得税负最小化,另一方面,东道国政府为了保护其税收收入,不断制定转让定价政策来控制局面,虽然其中任何一方的动作都会影响和决定对方的行为,但由于双方都处于同一个动态的外部环境,因此一些基本的要素对彼此而言是同等重要的。并且伴随着知识经济的爆发,无形资产转让在跨国公司更加常见,且由于无形资产本身的特性,使得转让更加隐秘,因此本文在国内外有关转让定价研究理论的基础之上,对无形资产转让定价进行了专门的探讨,针对无形资产的界定、特征及无形资产转让定价的原则及方法进行了探讨,并利用实证方法,定量地分析了无形资产对企业信息质量和企业价值的影响。

无形资产转让定价是一个涉及多个学科的交叉性问题,主要涉及经济、会计、管理等理论,三种理论中所涉及的相关要素是互相关联的,经济理论假定在一个分散化的公司内,采购和销售部门在转让定价的实施过程中都是追求部门利润最大化,在这样的前提之下,他们会寻找合适的转让定价使公司利润最大化,从而达到目标一致。从另一方面来说,会计理论则假设转让定价会影响各部门的资源分配决策,以及销售部门将中间产品转让给采购部门的价格,而管理理论则倾向于关注公司的长期战略,而不是短期利润最大化与部门业绩评估,其重点是最优转让定价的确定和目标一致。

无形资产转让定价的动机主要有税务动机和风险动机,其中税务动机有降低企业的所得税以及关税等方面,而风险动机涉及方面较广,投资方尽快抽回成本、避免外汇风险、政治风险、价格管制以及外汇管制等因素造成的风险。无形资产转让不但涉及避税动机,也可以作为跨国公司进行垄断优势维护的一种方式和工具,其作用主要体现在无形资产的战略作用上,如打破贸易壁垒、增强竞争优势和合理利用资源等方面。

通过对各种转让定价的分析,以及无形资产转让对公司信息质量及企业价值的影响研究,跨国公司在选择合适的转让定价方法时,必须考虑对于本跨国公司而言,其目标规划决策是什么,针对复杂多变的国际环境,跨国企业投资不可盲目跟风,因为国际资本投资决策较之国内投资决策更加复杂,在进行投资时,必须非常熟悉外国经济、政治和法律环境,才能通过充分利用转让定价来减少东道国政府对我国企业集团国外子公司现金管理等各种限制所带来的负面影响。然后再需要考虑在不同的环境条件下,建立适合转让定价方法或方法的组合或者形成本跨国集团的转让定价系统,不可当需要确定转让定价时才重新进行考虑,这样可能会在匆忙中忽略重要的影响因素,甚至导致本企业集团的损失产生,因此要建立一个综合考虑各方面影响因素的转让定价系统工程。我国跨国集团公司选择转让定价方法一定要从确定我国跨国集团公司目标规划入手,建立我国跨国公司的转让定价系统,将转让定价战略融入跨国集团公司的管理中,做到有依据地实施转让定价策略。跨国公司实行转让定价最主要的目标依旧是实现全球利润的最大化,因此不可只关注单笔转让定价是否获得最大利润,而应该首先考虑企业内部不同目标之间的协调统一,在制定转让定价时,平衡转让定价利润与各分部利润以及公司战略目标,制定合理的转让定价,实施转让定价是一项专业性很强的技术工作,不但需要具有一定实践经验和专业知识的人才,而且需要熟悉当地法律和财会制度的人员专门从事这项工作,这样才能为母公司实施合理恰当的转让定价策略提供准确的信息和恰当的建议。因此,对于各跨国集团公司来说,加快法律、财会、管理等方面于一身的综合性专业人才培养也是一项非常紧迫的工作。

既然有跨国公司利用转让定价进行避税行为,那么反避税也就成为税务部门一项十分重要的任务。跨国公司转让定价反避税是一项系统的、复杂的、需要各个部门协作的工程,不但是一个国家国内的事情,而且也是全世界共同需要解决的问题,世界各国必须携起手来,共同努力防止跨国公司利用转让定价进行避税。

8.2 完善制度环境的建设

我国的改革开放不过三十多年的时间,对转让定价的税收规制也只有二十年的历史。回顾已走过的岁月,以往的经验与教训告诉我们这样一个道理:制度的建立在我国的经济发展中至关重要。我们只有创新制度、变革制度、完善制度,摆脱中国传统的路径依赖,我们的经济才能真正走上良性发展的运行轨道,在国际贸易中令世界各国政府困扰的转让定价问题也会得到妥善解决。所以在本节中,作者立足于制度的建设,沿循"转让定价立法制度安排的改进—制度内容的修正与完善—制度环境的建设"这样一个思路,层层递进,并将制度建设的分析与我国现阶段经济生活的实际情况紧密结合,旨在提出极具现实意义、实践意义的可资借鉴的优化选择路径。

国内外学者对于"制度安排(或制度)"给予了不同的定义与解释,但归根结底可以概括为"制度是一套准则,该准则起着约束与支配的作用,特定的行为与关系的发生都在该准则规定的范围内。"制度安排是遵循经济效率原则和安全原则而产生的,因此良好的制度安排能够提高经济效率和提供安全保障。在制度的运作过程中,制度安排的"需求和供给是一种互为因果的关系⋯⋯制度需求的产生和积累引起制度的供给,而一项新的制度的供给既满足了人们在某一时期、某种特定的需求,同时又会激励人们产生新的需求。"从我国目前的经济发展状况来看,我国已完全融入了经济贸易全球化的浪潮之中,无论是"走进来的"还是"走出去的"。此外,世界贸易的迅速发展,经济格局的不断变化,跨国公司在世界贸易中的地位陡增⋯⋯这一切经济现象的变化都为转让定价制度的立法提出了前所未有的制度需求。因此,为了更好地规范转让定价行为,更好地促进我国经济乃至世界贸易的健康发展,我们必须审时度势,与时俱进,采取各种方法、措施来创新、完善转让定价立法的制度安排。

(1)选择渐近式的立法制度改革。从立法制度的变迁史,我们可以看出,制度是伴随着社会的发展而变化的。因此,制度的创新与经济的发展、社会的进步不能脱节。但制度的发展必须与一国的实情相结合,也就是说制度的改革不能脱离一国的实践而存在。从我国目前经济状况来看,自改革开放至今,我国的经济已跃入了快速发展的轨道,但同时我们又面临着国内外各利益集团的博弈以及国际社会对我国转让定价制度供给与变革需求的压力。故此,我国的转让定价制度的立法要受到宏观与微观诸领域多种因素的影响。因此,如何把握转让定价制度立法的方向、方法、速度等,将是摆在我们面前一个紧迫而又重要的课题。笔者认为,我们既要加快我国转让定价法制的建设,使其尽快与国际接轨,又不能盲目、冲动、急于求成,而应在充分考察与借鉴国际上先进的转让定价制度的成功经验以及对我国现有经济、制度情况调查、了解基础上,采取渐进式的改革路径,尽量减少新旧制度转换中的摩擦成本及向新制度推进过程中的权益转换成本。对国外"拿来"的要逐步移植且适合自身发展的需要。目前,在转让定价制度建设方面比较成功的国家,如美国等国家绝大多数都是西方发达国家。这些国家转让定价制度的经验都是建立在西方经济、政治、文化等基础上总结、提炼出来的。应该说,其中确实有许多科学、完善、规范的制度值得我们学习与借鉴。但同时我们也要考虑到这些制度建立的基础与背景,其中也有一些是与我国的国情不相符合的。因此,我们对国外的先进经验要用辩证的思维来考察、比较,不应全部"拿来",而应选择真正适合我国国情的一些制度建设方面的经验。只有这样,我们最终构建的一系列转让定价制度才能真正有效地、长期地服务于我国的经济发展。

（2）努力提高立法质量。目前,我国关于转让定价制度方面的法律、法规较少,且往往体现为某些法的一部分,并以原则性、纲领性规定居多。而专门的、具有一定可操作性的转让定价规则则大都是以规章或规范性文件的方式出现的。这些规则许多是由主管税收的政府部门来制定。由于制定者们知识、技术、经验等方面的局限,再加上这些规则的制定很少有公众的参与或者说公众参与的透明度不高、力度不大,因此制定出来的制度存在很大局限性。所以,要想更有效地规制转让定价行为,提高立法的质量是极为重要的。在立法过程中,要让社会各界公众通过各种渠道参与进来,要从各方面了解、反馈情况,在有科学根据的社会调研及其提供的有说服力的报告的基础上,予以制定、修改与完善,强调听证会的作用,确保各阶层利益代表充分发表意见与建议,将立法听证会上获取的信息和公众意见作为重要参考,作为立法的补充依据。

（3）改进我国转让定价立法制度体系。从我国现有的转让定价制度来看,存在以下几方面的现象:没有专门针对转让定价的基本法律,缺乏核心法;有关转让定价的规定缺乏灵活性,且大多以纲领性规定散布在各个法律条文之中;针对转让定价的且较具体并具有一定可操作性的制度往往局限于规章或规范性文件中,法律层级较低。由此可见,我国目前并没有形成具有合理层级的转让定价制度体系。这些现象的存在将会严重影响、制约转让定价的有效规制。因此,笔者认为,目前当务之急应该是改进我国转让定价立法制度体系。要制定专门的转让定价法律,即转让定价的根本性制度,使其成为转让定价制度的核心与灵魂;要整合现有的转让定价制度,形成重要性制度,将其作为转让定价根本性制度的补充,是对根本性制度的具体化、条文化;要建立辅助性制度,主要解决根本性制度与重要性制度所没有具体规定而又必须解决的一些现实问题。通过建立这样具有层级性的制度体系,使执法者与遵循者都有明确的法律依据,这些将会极大地促进转让定价的有效规制。

8.3 重构与完善转让定价制度内容

通过前面章节的详细分析可以知道,我国转让定价制度在内容方面需要完善的还有很多。现存的不足之处,很多都是由我国当前的国情所决定的。制度的不全面、不完善已成为了目前制约我国转让定价有效规制的一大瓶颈。因此加强制度建设,冲破原有的制度局限已成当务之急。

1. 扩大调整范围,逐步消灭转让定价制度的真空

跨国公司来华投资经营正以不可遏止的趋势发展着。伴随着投资数量的增加,经营方式的转变,与其相伴而来的转让定价也在不断地发生变化。转让定价手段更趋多样性、隐蔽性。原来并不十分重要的一些转让定价方式,现在被逐渐突显出来。这些现象的存在已使原有的转让定价制度产生了很大的局限。因此,调整转让定价规制的范围,发现并逐渐消灭原有的法律真空将成为当前极为重要的事情。以无形资产为例,从当前国际情况来看,转让定价在无形资产中的运用越来越多,我国亦不例外。无形资产的交易方式及其价值的确定非常复杂且困难,如若再将本身就具有很大隐蔽性与复杂性的转让定价相结合,对其交易是否符合公平交易原则的判定则更是难上加难了。因此,对于无形资产的转让定价制度应该更加详细、具体。目前,OECD 或是一些在转让定价方面有成功经验的国家都在不断完善无形资产的规制。如 OECD 在《转让定价指南》中用专门的一章对于无形资产问题予以具体规定。而目前我国关于无形资产转让定价的税务规范只在《管理规程》中有所规定,但却没有具体说明采用何种方法、如何进行调整,从而形成制度的空白点。对于集团内劳务的规定也同样存在类似的情况。笔者认为,应从以下两方面对无形资产及劳务的转让定价制度空白点予以补充。第一,明确指出无形资产和劳务的转让定价同样适用于"公平交易原则";第二,制定详细的无形资产及劳务的转让定价调整方法体系;我们建议应通过范例进行应用说明。因为转让定价的调整具有很强的操作性,如果仅依据概括性的法律法规条文进行调整,则难以满足可操作性的要求。此外也会造成税务当局自由裁量权过大,不符合法律明晰性的要求。尽管我国属于大陆法体系,不采用案例的形式进行立法,但是我们可以通过层次较低的部门规章甚至操作底稿的形式予以发布,这样既满足了立法的原则性要求,又增强了转让定价制度的明晰性和可操作性。

2. 细化转让定价制度规定,改善有法难依状况

我国现有的转让定价制度,特别是在新《企业所得税法》及其实施条例出台后,许多国际上通用的一些规则,我国在制度中都有所体现。如"公平交易原则"提法的出现等。尽管制度的空白点在逐渐减少,但有些制度规定仍然不能摆脱原则性的、纲领性的局限,规定不够详细,缺乏可操作性,致使在实践中常常遇到无法可依

的现象,许多情况下只能靠主观判断、推测去做。这些都会严重影响对转让定价的治理。为避免由于制度规定不全面、不细致、不具体而带来的问题,我国应不断积极地进行制度的补充、修改与完善,以期让制度能真正发挥其应有的作用。

3. 积极推行 APA

我国的 APA 经过十余年的发展,已取得了一定预期效果。但从总体上来看,仍处于探索与经验累积阶段,实践中尚存在许多亟待规范与改进之处。为了更好地发挥 APA 在我国转让定价税收规制中的作用,我们应着力从以下几个方面做出努力。

(1)积极稳妥地推行 APA 立法安排。APA 作为转让定价制度的重要组成部分,它在立法改革方面也同样应采取渐进式的改革路径,不能操之过急。国外的许多成功经验给我们以很好的借鉴。如澳大利亚的 APA 制度是在大公司共同参与下,经过反复研究,最终制定出内容详实并受到征纳双方普遍认可的 APA 条例和执行程序,使得澳大利亚在后来的 12 个月中 APA 案例得到迅速增加。大量的跨国企业都签订了 APA。我国应在充分学习与借鉴这些先进国家成功经验的同时,采取先试点后推广的方式,在实践中发现不足,寻找差距,再逐步通过立法的完善,进而实现在全国范围内的全面推行。另外,从我国目前在华外商投资情况来看,大型的跨国公司所占的比例仍然较小,更多的还是以中小型企业为主。因此,我国可以参照美国、加拿大等国的做法,对纳税人进行分类管理。针对中小企业的特点制定简易 APA 规则,简化中小企业申请 APA 的程序,减少其费用与时间,提高其参与的积极性。对于大型跨国公司要严格遵照国际惯例,逐步规范 APA 立法安排,强化 APA 程序中的功能分析和可比性分析,科学地制定转让定价方法的选择、可比价格以及临界假设等。这样便会有利于我国所签 APA 数量的扩大以及质量的提高。

(2)补充、细化原有 APA 制度中的不足。一是增加处罚条款。APA 的签署是一项耗时长、成本大的巨大工程。因此, APA 一旦签订,就要求双方共同遵守与维护,以期完整地履行其职责。但在协议履行过程中,若在立法中没有任何约束,则容易造成协议的变更或取消。所以,笔者建议增加相应的"处罚条款",用惩处来产生一种负激励,增加故意不履行者的违约成本,从而保证协议的有效性与严肃性。二要健全保密制度。APA 签订的效率与质量很大程度上取决于纳税人对信息披露的信心。因为信息资料越充分、越详细, APA 的质量会更好,效率也会更高。而我国在这方面虽然法律上也有强调,但保障不够,存在漏洞与隐患,容易造成信息的泄露。这样会增大协议的风险，更为严重的是降低了纳税人的信心，从长期来看会影响我国 APA 的发展。对此，我们要尽快细化 APA 及信息资料管理的制度规定，严格相关资料和信息提供、查询制度，并对违反保密制度规定者给予相应的处分。三要进一步明确关键假设条件。APA 是对未来受控交易的定价预先做出的一套标准。因此其必须对未来的情况做出一些假设。而这些假设条件是否合理则直接关系到 APA 的可靠性。我国在立法中仅对假设简单提及，没有具体内容规定，使 APA 中的这一重要部分缺少了法律依据。目前，OECD 对于关键性假设的内容进行了规定，笔者建议应予以参考：第一，关于相关国内税法和协定条款的假设；第二，关于关税、进口限制和政府规定的假设；第三，关于经济环境、市场份额、市场环境、最终售价和销售额的假设；第四，关于交易所涉及企业的功能和风险的性质的假设；第五，关于汇率、利率、信誉等级评定和资本结构的假设；第六，关于管理或财务会计和收入成本分类的假设；第七，关于在各管辖国经营的企业及其经营方式的假设。要想尽快推动我国 APA 的进程，除了加强制度建设外，建立一支高素质的专业队伍更为重要。因为一切制度安排最终都要由人去实施、去完成。缺少与之相配套的人力资源，再好的制度也形同虚设。而 APA 本身的特殊性、复杂性与专业性更是对高素质的专业队伍的建设提出迫切要求。从我国目前状况来看，专业从事转让定价的人员就极其缺乏，对于精通 APA 的专业人员则更是少之又少。因此，当务之急，我国应尽快建立一支素质高、业务强、具有 APA 管理技能的队伍，以切实提高我国 APA 工作的质量和效率。

（3）增强 APA 的跟踪监控力度。APA 的签订是否成功虽然重要，但也仅是 APA 工作的开始，只有该协议得到了有效的执行才能产生实际的意义。因此，对协议的跟踪管理与监督执行是至关重要的。而我国在这方面不但制度上规定简单，而且实践中执行的力度也十分欠缺。对此，我们在不断提高对 APA 跟踪监控认识的基础上，要努力在管理实践中下工夫，不断加强对 APA 中间环节的监控，并逐步增强监控力度，以保证 APA 的有效执行。创建高效的转让定价税务管理体系新制度的经济学鼻祖诺思在对制度的研究中还尤其强调了制度实施机制的作用。他认为，统治阶级创设制度是为了对人们的行为起到约束作用，同时保持社会关系以及社会秩序良性循环。而制度的建立要想达到这一目的，必须具有完备、高效的制度实施机制做保证。这是因为："随着政治、经济尤其是科学技术的发展，人们的交换复杂程度大大提高，这就为建立制度实施机制提出了需求；人的理性是有限的，故而所有复杂的协议、契约或合同都不可避免地存在不完全性，因此需要制度实施机制加以补充；人类机会主义行为的动机会造成信息不对称，其结果必然损害交易相对人的利益、社会的公信度、交易的安全度。"因此，要促进社会的健康发展，必须对其予以纠正、补充与完善，而使用的最佳手段便是建立相应的制度实施机制。综上所述可知：缺少了制度实施机制的保证，再完美的制度也会形同虚设，其自身的功效是无法充分发挥出来的。由此可见制度实施机制重要性之所在。那么从税收角度来研究转让定价的规制问题，除了逐步完善转让定价制度外，制度的实施机制——税务管理也同样是至关重要的。同转让定价制度的发展历程一样，我国转让定价的税务管理也经历了由最初简单的、纯粹的、粗放式的传统管理模式逐步发展、演变成现在的初具规模的转让定价税务管理体系的过程。尽管从纵向方面来考察，我国在转让定价税务管理方面取得了一些成绩，但若同一些在这方面具有成功经验的国家相比，差距仍然很大。此外，从转让定价制度改革、完善进度方面，近些年我国立法部门就转让定价问题先后出台了一系列具有现实指导意义并与国际接轨的法律、法规、规章。这些均是我国转让定价制度进步的重要标志。但作为制度重要保障的配套机制——转让定价税务管理却显得滞后。因此，寻求建立一种高效的转让定价税务管理体系将对有效规制我国转让定价问题起到不可估量的作用。

4. 建立科学的转让定价税务管理理念

现代管理理论的创始人法国实业家亨利·法约尔于1916年首次对"管理"一词进行界定，即"管理是由计划、组织、指挥及控制等职能为要素组成的活动过程"。尔后，随着管理理论的丰富和管理实践的拓展，管理理论遍布于各个领域。许多致力于税收研究的国内外学者将管理理论借鉴到税收领域中，并对其进行详细的界定。尽管目前研究者们基于不同的角度，产生不同的说法，但通过不断的丰富与完善，已基本趋同并比较完整与准确。综合各家之说，大体可做如下表述：税务管理是指从客观经济条件与税收实务工作的特点出发，依照法律对税收工作中的制度建设、税收统计等程序进行决策计划和组织协调的各种管理活动。积极有效的税务管理是税收工作高质高效的前提保证。由此概念引申出去，我们可以推出，转让定价的税务管理即指主管税收工作的职能部门，为提高转让定价规制工作的质量与效率，以转让定价制度为依据，根据转让定价工作本身的特点及规律，进行决策、计划、组织、协调和监督的一系列管理活动。在这种既全面又复杂的转让定价税务管理活动中，笔者认为首要的任务应该是建立科学的税务管理理念。

（1）转让定价税务管理的发展理念。经济在不断地向前发展,经济主体、经济形式等也伴随着经济的发展在不断地发生着变化。在国际贸易日趋全球化、一体化的今天,转让定价作为跨国公司全球经营的一种核心手段,其本身也处于不断的变化之中。因此,我们要想将转让定价纳入长期、健康、持续、有效的发展轨道上来,发展的理念是我们首先值得重视的。我们只有与时俱进、革故鼎新,顺应时代和形势发展的要求不断向前,我们的转让定价税务管理职能才能得到充分发挥,我们有效规制转让定价的最终目标才能得以实现。

（2）转让定价税务管理的法治理念。所谓法治理念是指在转让定价的税务管理过程中,必须严格依照转让定价法律、法规、规章的规定,对税收的各个方面、各个环节进行规范化管理,实现有法可依、有法必依、执法必严、违法必究,使转让定价的税务管理向着健康、有序、协调的方向发展。税收法治是转让定价税务管理的"纲",税收规制功能的充分发挥离不开法治理念"纲"的指导作用。

（3）转让定价税务管理的人本理念。所谓人本理念是指在转让定价的税务管理中,必须高度重视人的因素,坚持从严治队的原则,最大限度地调动和激发专职人员的积极性,保证其主观能动性得到发挥,努力使专业队伍的整体素质得到全面提升。转让定价本身具有复杂性与隐蔽性等多种特殊属性,故对其所进行的税务管理往往要比一般的税务稽查与管理难度大,因此对于专职队伍的素质要求也就更高。所以,注重人本理念将是转让定价税收规制中不容忽视的部分。

（4）转让定价税务管理的创新理念。所谓创新理念就是在转让定价的税务管理中,必须把创新作为有效规制的动力源泉,适应形势发展的需要,不断创新税务管理体制、机制和手段。目前从转让定价发展情况来看,其形式越来越隐蔽、手段越来越复杂,而且涉及的领域也越来越多。这就在客观上要求我们必须不断地创新,才能最终实现有效规制的目标。

（5）转让定价税务管理的服务理念。所谓服务理念就是在税务管理中,把纳税人的需求放在重要的位置,改进和完善税务服务。这一理念尤其在转让定价规制活动中更为重要。因为跨国公司来华投资的的确确为我国经济发展起到了巨大的推动作用,这一点是毋庸置疑的。而转让定价又是跨国贸易发展的助推器,它为跨国公司的进步与成长立下了丰功伟绩,这是它发挥积极功能的一面。我们必须正确对待转让定价问题,正确认识跨国公司,要把为纳税人服务作为我国转让定价税务管理工作的出发点与归宿,要把纳税人满意不满意作为衡量税务管理水平的重要标准之一。

5. 设计严整的转让定价税务管理体制

所谓严整的税务管理体制就是要建立一套高效运行的、各环节协调有力且能监控严密的体制,从税务征收工作与纳税人义务两个角度完善体制。税务管理体制是贯穿于税务管理全过程的一般运行方式,因此,科学、合理、严整的税务管理体制的建立将对有效规制转让定价行为起到极大的推动作用。

(1)综观国际上对转让定价的税务管理体制。我们可以概括为以下两大类:第一类,以跨国公司"自我管理、自我评估、自我调整、自我报告和举证"为主,即跨国公司依照所在国的法律制度,自行对本公司的转让定价事项进行管理,税务机关只起到一种外部服务和监督的作用。笔者将其称为"自主管理制度"。它是当今发达国家和许多发展中国家转让定价税务管理体制的主流。第二类,以税务机关日常管理和监督检查为主的体制,即以税务机关为主,依法对所辖区域内的所有跨国公司的转让定价事项进行全面的、主动性的调查、审计、调整等。笔者将其称为"强化管理制度"。这一种方式也被不少国家所采用,我国就在此行列之中。无论采取上述哪一种管理体制,其目标都是要对跨国公司的转让定价行为进行规范、治理,以减少税收流失等负面效应,使转让定价更好地服务于各国乃至世界经济的发展。两种管理体制各有利弊得失。

不同的国家由于政治、经济、文化等发展阶段不同,所以应选择适合自己的一种管理体制来处理本国的转让定价问题。但若从发展的观点来看,"自主管理制度"更具优越性。具体表现为:它是一种管理理念的提升。管理理论倡导"自主管理"制度,因为自主管理不是凭借外部的强制力量来实现管理水平的提升,而是靠调动人的内在的主观能动性和责任心,以一种内在的动力去实现管理的目标。"自主管理制度"是把转让定价管理的权利交给了跨国公司,同时把相应的责任也交给了跨国公司。通过制定完善的法律制度,让跨国公司在制度的约束下管理自己,顺应了社会管理者对日益高涨的人性解放呼声的潮流,提供了解决信息不对称问题的路径。转让定价中的最大困难就是信息不对称问题,无论是公平交易原则的运用、可比性分析方法的使用还是税务人员的调查、审计,等等,都在一定程度上受制于信息不对称的约束。而跨国公司出于自身利益的考虑,更是将许多不利于自身的信息隐藏起来,从而进一步增加了信息的不对称性。而采用"自主管理制度",将转让定价的评估、调整、举证责任完全交给了跨国公司自己,这样跨国公司便成了信息的主动提供者。如果跨国公司隐瞒信息,一经发现,税务当局便可以不如实提供信息为由对其进行惩处,这样可以使信息不对称问题得到有效解决。

有利于税务管理成本的节约。转让定价作为内部调控的一种手段,其许多决策都是由跨国公司的决策层来实现的,并不受外部市场价格机制的约束。而且跨国公司的经营方式复杂多样且变化颇多。这些都对转让定价的税务管理造成了极大的阻碍。税务当局要想充分掌握企业转让定价情况,必须投入大量人力、物力、精力,但往往收获很小。也就是说从成本—收益角度来分析,单从税务机关角度实施对转让定价的调查,其投入与产出往往是不成比例的。但如果将转让定价管理由纳税人自身来实现,税务机关仅对其进行监督,则会极大地降低税务管理成本。当然,"自主管理制度"也有它自身的局限性。该制度要建立在国家的法制建设比较完善,纳税人的纳税遵循意识比较强的基础之上。如果一些国家不具备这样一些条件,即没有形成自主管理的基础,则这种自主管理的方式可能在执行中会大打折扣,其结果收效甚微。因此,各国在选择某种管理制度时要根据本国实际情况,切不可照搬照抄,全部"拿来",否则其效果是可想而知的。

总结国际上采取这种管理体制的国家,如英、美等发达国家,都已通过实践的锤炼累积了丰富的经验,并形成了一套完整、有序的管理模式。具体可以从四个方面来理解这种管理模式:一是自我管理。当纳税人发生跨国关联交易时,就应将同期交易资料进行自我收集、分析、归类、整理并汇编交易清单。当然各国对跨国公司编报的内容要求不尽一致。有的国家要求全面编报所有关联交易,有的国家要求编报一定限额以上的关联交易情况。二是自我评估。纳税人自己评估公司当前的转让定价政策,包括评估公司现有的文件资料准备情况、交易价格、转让定价方法等。这些通常涉及对可比数据进行研究的工作。三是自我调整。纳税人发现自身有不符合公平交易原则的内部交易时,要自己进行纳税调整。四是自我报告和举证。纳税人自己编写转让定价报告,再报送税务机关并附证明材料。

从我国目前的转让定价税务管理体制来看,上述两种管理体制兼而有之,但更多的还是倾向于第二种模式——强化管理制度。我国现有的可以遵循的转让定价管理制度主要体现在刚刚废止的《管理规程》《涉外税务审计规程》以及最新出台的《特别纳税调整实施办法》中。当然还有一些以"通知"或"函"等形式下发的文件。梳理这些管理制度可以看出,目前我国的转让定价管理制度存在以下两方面特点:一是采取自我管理方式。如《所得税法》第43条规定:"企业向税务机关报送年度企业所得税纳税申报表时,应当就其与关联方之间的业务往来,附送年度关联业务往来报告表";又如《特别纳税调整实施办法》第13条规定:"企业应根据所得税法实施条例第一百一十四条的规定,按纳税年度准备、保存、并按税务机关要求提供其关联交易的同期资料"。这两项规定表明,我国也采用了转让定价自主申报及原始资料自我收集、归类、整理、提交的"自我管理"制度。二是突出了"强化管理制度"的特点。如《中华人民共和国企业所得税法》中的第41条"企业与其关联方之间的业务往来,不符合独立交易原则而减少企业或者其关联方应纳税收入或者所得额的,税务机关有权按照合理方法调整";又如该法第47条规定"企业实施其他不具有合理商业目的的安排而减少其应纳税收入或者所得额的,税务机关有权按照合理方法调整"。此外,相关法律的若干条款中也都明确规定了由税务机关对举证材料的收集、核实以及转让定价调整规定等。这些条款都十分清晰地表明我国转让定价的评估、调查、审计、调整以及报告的形成等工作均由税务机关来完成。这与"自主管理制度"中的"自我评估,自我调整,自我报告"是完全不同的。

回顾我国转让定价管理制度的成长过程,再结合我国经济发展的实践,我国的转让定价税务管理应逐步由"强化管理"向"自主管理"转变。其原因有四:一是采取"以点带面"的方式逐步推广。可以从众多的外资企业中选取若干纳税信誉比较好的跨国公司作为管理制度改革的试点单位。这些企业完全按照国际上通行的"自主管理"模式进行管理。由于这些大型跨国公司很多都是来自于发达国家,对"自主管理"方式已经累积了一定的经验,所以开展起来不会遇到太多的困难。然后再按照投资额度或是创造产值情况等标准划分不同的时间段逐步展开。二是加强申报管理。由于我国实行的是"强化管理制度",转让定价信息主要获取渠道就是企业的纳税申报,而纳税申报又是税务管理工作的开始,因此应提高对纳税申报的管理要求。对于申报内容的规定要更具体、详细,税务机关对纳税申报中未披露的细节保留审查权。如果在未披露的内容中经调查审计存在利用转让定价避税问题,则税务机关可以从重处罚;税务机关有根据已申报内容继续追索权,即根据纳税人所提供的内容,税务机关认为有不详细、不明确或是需要进一步引申的地方,税务当局有权要求进一步提供。三是进一步提高转让定价税务管理的惩处力度。当相关遵从行为涉及程序性要求(如提供必要的信息或填报纳税申报表,或者实质性确定纳税义务)时,处罚最常见的目的是对不遵从行为予以负激励。一般来说,处罚旨在使少缴税款或其他类型的不遵从行为比遵从行为付出更高的代价。目前世界各国对税务管理方面的违章处罚严厉程度差异很大，但一些较发达国家在此方面的惩处力度都很大。如英国对于恶意或疏忽原因造成的偷漏税款，其处罚最高为未缴税款额的100%；比利时的最高处罚比例达到150%；丹麦对恶意违规，通常可以处以高达偷漏税款额200%的罚款或两年监禁，等等。我国也应根据违规行为情节的轻重予以相应处罚，特别是恶意违规，数额巨大者应加重处罚。

另外，笔者认为，来华的跨国公司很多都是具有一定国际影响的知名公司，如世界500强企业。这些公司在经营发展中对于其在国际上或是在东道国的声誉和影响都是十分注重的，特别是国外对纳税信誉度的评价又都非常重视。那么对跨国公司转让定价避税行为的惩处除了予以一定金额的物质上的处罚外，警告处罚也是极为重要的一种惩处手段。我们可以通过在辖区内公告、通过新闻媒体通告或是借助网络等媒介扩大影响等方式，使违规的跨国公司声誉受损。我想这样一种方式往往会使跨国公司遭受到比货币处罚更为严重的影响。此外，这种方式还会起到一种普遍警示、教育的作用，其影响范围会远远大于货币处罚。

（2）全面推进专职人员综合素质的提升。我国经济发展迅猛，尤其是跨国贸易更是盛况空前。跨国公司来华投资经营的企业数量多、规模大。世界500强企业在我国基本上都成立了子（分）公司。这些企业财务管理系统、严格，且人员职业技术较高，存在"自主管理"的基础与条件；我国纳税人的税收遵从意识在逐渐增强，税收环境正在向良睦、健康的方向发展；转让定价的评估、调查成功与否关键取决于信息资料的提供上，而信息主要是来源于企业内部。如果单凭与企业利益相对立的税务当局单方面去调查取证，其投入成本大且收益不成比例。所以采用"自主管理"方式将弥补信息不对称这一缺陷。

8.4　全面推进专职人员综合素质的提升

税务人员是税收管理活动中最具动态性特征的资源，是税收管理的主体，是税收法律制度最终的执行者。可以说，税务人员是税收管理中最重要的因素。忽视了人的因素，一切制度的创立、变革与执行都将成为空谈。而在转让定价的规制过程中，人的因素就表现得更为重要。这是因为在当前国内、国际经济发展的大环境下，跨国公司贸易已占据了多半个江山。无论是其他国家还是我国的经济发展状况,没有人能否定跨国公司在其中的作用与地位。而转让定价又是与跨国公司贸易相伴相生,唇齿相依的。跨国贸易的发展必然引发转让定价的发展,而且随着跨国贸易规模的不断扩大,转让定价表现得更加复杂。对转让定价的管理要求,我们不能仅仅站在本国的角度,而是要站到世界的角度来审视、评判、规范它。而所有这些工作都需要由更高素质的人来完成。所以转让定价管理对税务人员素质的要求极高,专职税务人员必须具备三种技能:一是观念技能,即要有高尚的职业道德和责任感,要有为纳税人服务的热情。二是人文技能,即要具有很强的协调能力、沟通能力、决策能力。因为转让定价的调查、审计、调整等一系列管理活动都是在与纳税人的不断协调、沟通、谈判的过程中来完成的。所以人文技能是转让定价管理人员必备的技能。三是专业技能,即要精通税收、财会、法律等专业知识,要通晓英语、计算机等辅助知识,此外还要懂得一些经营管理方面的常识。

由此可见,转让定价的管理对于人员素质的要求极高,这将对我国目前人员素质状况提出极大的挑战,我们必须注重培训的针对性。各级税务部门领导应对转让定价人员素质的培养给予高度重视。要针对转让定价人员素质的要求标准从各地有针对性地选拔相应的人才,设立转让定价管理人才库;拓宽培训途径。可以采取短期培训、脱产学习等多种形式对选拔人员进行全方位的培训。可以成立税收专业培训班、财会培训班、英语培训班、法律培训班等,各专业都培养出“高、精、尖”的人才,再从各类人才中抽调出来组成“转让定价工作组”,专司转让定价的管理。如此便形成了专家大聚会,各方面的人才均有,大家可以互通有无,优势互补,这样将会加大我国转让定价队伍的力量;同时还要注重南北交流、区域交流。由于地域的差别以及国家政策的倾斜,各地外资企业发展的情况不同,致使对转让定价进行税收规制的情况也有所差异。东部或东南部沿海开放城市,外资企业进入得比较早,对转让定价进行管理的实践经验也比较丰富,而西部、北部等地由于外资发展得较缓,所以在这方面累积的经验较少。鉴于此,如若经常召开打破地域界限的转让定价方面的经验交流会,大家互相取长补短,将对我国转让定价规制工作起到极大的推动作用。而从目前来看,各地管理信息比较封闭,这将极大地阻碍了转让定价管理工作的全面开展。同时,转让定价工作复杂且周期长,往往一个案件的完结要经过一、两年甚至更长的时间,成绩很难在短期内体现出来。这些都将制约专职人员的工作热情。因此,应对专司转让定价的税务人员制定特殊的奖惩激励机制。要充分调动该项工作人员的工作积极性,还要对其他税务工作人员产生一定的激励作用,使更多的人愿意加入到转让定价规制的行列中来,以不断充实转让定价队伍的建设。

8.5　创建科学、高效的转让定价税务管理信息化支撑体系

要充分发挥税务管理的职能,实现税务管理的目的,创立并使用科学、高效的管理手段是至关重要的。而在科技高速发展、信息瞬息万变的当今世界,以往传统的工作方法与工作手段已无法适应形势发展的需要。因此,大力推进税务管理现代化将成为时代的必然选择。而转让定价自身的独特性又对信息化建设提出了更高、更强烈的要求。一方面跨国公司的财务与管理完全用计算机替代了手工操作,很多信息都是通过计算机或网络来传递的;另一方面,转让定价业务复杂、隐蔽,对转让定价的评估、调查与审计,若单靠传统的手工操作是根本无法完成的;此外,跨国公司在华成立的各子(分)公司往往职能单一,如有的子公司只有生产职能,供销均由国外操控等。如果单从该子公司来考察,信息的收集极其有限。而如果我们借助计算机,建立信息网络,则会扩大我们的信息来源渠道,从而推动我们工作的开展。应该说,信息化建设是税务管理的必然趋势,更是转让定价税收规制的必然选择。基于我国目前转让定价税务管理信息化建设情况,笔者认为应着力在以下几方面做出努力,以形成一个科学、高效的转让定价税务管理信息系统。

(1)建立集中统一并符合转让定价特点的信息系统平台。跨国公司往往将企业的职能进行分割,然后再按分割后的职能在我国不同的地域成立各子公司。如某跨国公司在上海专门成立仅具有销售职能的公司,在沈阳成立仅具有生产职能的公司等。这些企业表面上是完全独立的,但其内部有着千丝万缕的联系,如在资金流方面、物流方面等。如果数据不进行集中统一,而是分散于各个地域,则信息分散,我们无法掌控跨国公司在我国的真正的经营体系,这将不利于转让定价的管理。

(2)提高税收信息共享与网络化程度。转让定价信息来源主要有以下几类:①来自企业的纳税申报;②来自对企业经营实践的采集;③企业的举证资料;④来自海关、银行、工商等部门的采集。确定这些信息来源渠道后,我们应将这些信息

渠道进行连接、沟通、整合,创建一个信息共享平台。这样能扩展我们的信息收集面,且有利于税务机关对这些信息的评估与分析,从而提高对转让定价调查与审计的科学性与准确性。

(3)进一步建立与完善价格信息库。转让定价最重要的一项原则就是强调公平交易,要求其进行可比性分析。而通常最常用的可比性分析即是对价格的分析,因此对价格信息的获取十分重要。而市场中的价格信息总是处于变化之中。如果我们总是在处理个案时再去实际收集价格资料则非常困难。因此,笔者建议国家税务总局应该加大信息化建设方面的经费投入,进一步完善有关转让定价信息管理系统。另外,除了目前已有的信息管理软件外,我们还应该根据现已开展的大户联查、协查工作,收集重点行业、重点企业的相关性指标以及产品的价格信息等资料,建立大户信息查询系统、信息反馈系统等。

8.6 加强国内外税收协调与合作

所谓税收协调是指基于税收制度和政策的外部性,在具有独立税收管辖权的两个或两个以上的国家(地区)之间,或者在一个国家内部的中央(联邦)政府和各级地方政府之间,为了实现共同的政治目标和经济目标,通过颁布共同指令、签订避免双重征税协定以及税收管理合作协议等途径,使税收制度在国家(地区)之间,或者在国内各地区之间逐步趋同,税收管理日益合作,以消除阻碍货物、资本、服务和人员在相关区域内自由流动的税收障碍,使资源得到有效的配置,从而提高整体效率和综合福利水平所采取的一系列相关政策和措施。税收协调从范围上可以划分国际与国内两个方面。所谓国际税收协调就是指在具有独立税收管辖权的国家(地区)之间进行的税收协调,既可以是在同一经济组织内部成员之间进行,也可以在独立的国家(地区)进行。而国内税收协调主要是指在一个国家内部中央(联邦)政府与地方政府之间以及各地区之间进行的税收协调。本节分别从国际税收协调与国内税收协调两方面来详细分析、探讨转让定价的税收规制与税收协调之间的相互关系与相互作用,并针对我国的现实国情,提出如何加强国内、外税收协调的因应措施,为我国更好地规制在华跨国公司转让定价行为营造一个良好的外部环境。

1. 加强国际税收协调与合作

（1）国际税收协调与合作的必要性分析。国际税收协调与合作是减少跨国公司不当转让定价行为发生的必要手段。跨国公司转让定价行为的特点之一就是具有跨国性，即跨国公司的内部贸易活动是在具有不同税收管辖权的国家中进行的。在国际税法中的"国家税收主权"原则的支持下，这些独立的国家之间在税率、税收政策以及市场发展等方面存在很大的差异，因而为跨国公司利用转让定价避税提供了条件。由于转让定价是跨国公司内部的一个价格制定机制，其信息的披露是十分有限的，就导致了它的隐蔽性。信息的不对称严重制约了转让定价税收规制的有效性。而国际税收协调与合作则是克服上述障碍最有效的手段。如各国政府通过加强国际税收协调与合作，更多地签订税收协定，加强情报交换、增加信息交流方式等，可以减少因信息的不对称而带来的避税的可能性。又如在制度方面，尽量减少在税收制度与政策方面的差异性。制度差异的弱化将会从根源上减少转让定价避税行为的发生。国际税收协调与合作是有效约束因转让定价税收规制而引发负面效应的有力武器，转让定价所产生的负面效应已引起了世界各国政府的高度关注。各国都在转让定价的税收规制方面投入了大量人力、物力，以增强规制的效果，减少税收流失等不利方面的影响。然而在规制的过程中，由于各国经济发展状况、法制完善程度等方面存在差异，致使规制的力度与效果也有所不同。一些国家尤其是一些发达国家进行税收规制的力度比较大。而另一些国家特别是某些发展中国家，由于改革开放时间较短，许多仍是处于吸引外资阶段，因而规制的力度较小。这样就使资源再次产生流动，由规制力度较小的国家流向规制力度较大的国家。这种资源的再分配是低效的。另外，一些国家在制定转让定价制度时，往往更多从自身利益出发，而忽视其他国家的转让定价制度以及国际规则，这也同样会引起税收在国际间的不公平分配等负面效应。而通过国际税收协调与合作，各国政府会更多地遵循国际转让定价规则，并兼顾其他国家转让定价制度的规定，从而减少因税收规制所产生的负面效应。

（2）加强国际税收协调与合作的途径。充分利用国际税收协定是进行国际税收协调与合作的法律依据和必要基础，国际税收协定中关于转让定价方面的内容主要包括相应调整、相互协商程序等。当一国税务当局认定在该国从事投资经营的跨国公司存在利用转让定价进行避税行为时，就会进行税收调整，以增加其在该国少缴的税款。但由于该跨国公司已在相关国缴纳了这部分税收，因而产生了双重征税问题,这是国际税收中最需要解决的事情。如果所涉及的双方国家签订了国际税收协定,那么纳税人就可以启动相互协商程序,通过采取非对抗形式的面对面的磋商实现共赢。应该说,现阶段国际税收协定起到了很好的协调作用,加强了国际间合作。但国际税收协定也同样陷入理论与实践相矛盾的困境。国际税收协定中遵循的最基本原则即是公平交易原则。而实践中,缔约国双方经常出现在确定公平交易价格方法上的分歧。另外,国际税收协定并不具有法律的强制性,各国主管当局只有谈判的责任,却没有达成协议的责任。因此,相互协商程序结果通常具有很大的不确定性。鉴于此,目前,许多国家都在不断地改进相互协商程序,以期更好地发挥国际税收协调的作用。

从我国税收实践来看,我国已签署的 89 个双边税收协定中,大多数都引入了相应调整条款,但仍然存在很大需进一步努力的空间。首先,在今后谈签双边税收协定时,应进一步增列相应调整条款,以保证相应调整的实施,维护纳税人的权利;其次,我国还要进一步扩大启动相互协商程序的范围,以充分发挥其自身的积极作用。加强国际税收情报交换是进行国际税收协调与合作的重要措施。所谓国际税收情报交换是指有关国家相互之间在征税与反避税方面提供的一种互助行为。

在前面的论述中,我们提到国际转让定价具有跨国性与隐蔽性的特点,使得我们在对跨国公司进行信息收集的过程中存在很大的困难,而国际税收情报交换的运用则会有效解决这一问题。随着我国对外开放进程的不断深入,跨国公司来华投资数量的不断增加,规模的不断扩大,以及由此而带来的转让定价避税问题的频出,加强国际税收情报交换也已被置于重要的税收工作日程上来。就我国来看,我们应着力从以下几个方面予以加强。

第一,完善国际税收情报交换制度。我国先后制定了一系列规则,如 2001 年国家税务总局颁布的《税收情报交换管理规程》、2006 年的《国际税收情报交换工作规程》等,但同 OECD 关于情报交换的规则相比尚显保守,当然这也是与我国的现有国情紧密相连的。我国是一个发展中大国,尽管近些年来,我国对外走出去的资本越来越多,但主体上还是一个资本输入国。由于 OECD 关于情报交换的规定更多的是站在资本输出国的立场,即发达的 OECD 成员国的立场,所以我国并非完全遵从也是有一定道理的。但在经济全球化、一体化的大背景下,对转让定价行为的有效规制,特别是解决转让定价规制中信息不对称的问题,国际税收情报交换的确发挥了巨大的作用。所以我国还是应当更多地遵循国际规则来签订税收协定中有关情报交换的条款。同时,我国要建立以税收协定为主,税收征管法及各税种相关法律规定为辅的税收情报交换制度框架。因为其他相关制度中规定的提供信息资料也是税收情报交换的重要来源。此外,应当不断丰富税收情报交换制度,如加强对情报交换保密方面的规定,并在法律中加强对泄密行为的惩处。再如要在情报交换的制度中增加保护纳税人权利的具体内容。关于保护纳税人权利方面的规定不仅是我国法律制定方面的不足,而且欧盟纳税人也普遍认为在有关的情报交换制度中,缺乏保护有关纳税人的具体规定。所以,我国今后在相关的法律制定中要增加这方面内容,如保障纳税人在税收情报交换中的参与权、辩护权等。我们只有既处理好各国税务当局之间的协调与配合,同时也处理好税务当局与纳税人之间的协调与配合,我们的国际税收协调工作才能更有成效。

第二,加强同期税务检查与同期税务审计。所谓同期税务检查是指不少于两个税务当局为交换某种情报达成同时检查同一纳税人的协议。所谓同期税务审计是指两个国家的税务当局对同一跨国集团公司的母子公司的同一纳税年度的账册同时进行税务审计。同期税务检查与同期税务审计是处于不同阶段的税务征管协作形式,也是进行国际税收情报交换的一个极好的方式。前者是在跨国公司转让定价避税的事实还未被认定的情况下,通过同期税务检查来对该关联交易是否符合公平交易原则进行的共同认定;而后者是在对跨国公司转让定价避税行为已经予以认定的基础之上,通过同期税务审计来共同对收入、费用、利润等在母子公司间的分配进行调整,使之更趋合理化。应该说此二者的有效运用都将进一步提高国际情报交换的效果。所以,我国为更好地减少转让定价税收规制中信息不对称的制约,应进一步提高对同期税务检查与同期税务审计的重视与运用。

第三,努力加强税收情报交换工作人员的队伍建设。税收情报交换是一项业务性极强的工作,对专司税收情报交换工作人员素质的要求也极高。首先在理论上必须通晓税收协定及相关国家税法规定;其次在实践上,要具备国内征管工作实践以及国际税收征管检查的实践经验;另外在其他一些技能方面,还要具备相当的英语水平,以及较强的情报保密意识等。基于此,我们在队伍建设方面,一要精心选拔具有高素质的人才充实到税收情报交换工作中来;二要加强从业人员的培训,包括聘请具有丰富经验的专家来讲座、到境外进行考察学习、进行国内各地区经验交流与学习,等等。我们只有真正建立起一支税收情报交换精英队伍,我国的税收情报交换工作才能切实取得成效。

加强双边预约定价协议的签订是进行国际税收协调与合作的有效手段。近些年来，APA 受到更多国家的关注与重视。特别是双（多）边 APA，由于其能有效解决双重征税问题更是备受青睐。从我国目前已签署的 APA 来看，单边 APA 占绝对比例，双边 APA 仅三例，即我国分别与日本、美国、韩国签署的双边 APA。由于单边 APA 具有双重征税以及致使双方税务当局发生潜在冲突的风险，故此从长远来看，双边 APA 是我国未来发展的必然趋势。

提高我国对国际规则制定的参与度是加强国际税收协调与合作的保障。在经济全球化、一体化的发展趋势下，一个积极进取的国家必然受到国际游戏规则的影响。而是否参与国际游戏规则的制定对参加国的影响很大。谁更多地参与，谁的利益就能得到更多的保护，因为国际游戏规则制定的过程，往往是一个零和博弈的过程。从转让定价国际规则制定主体来看，通常都是一些发达国家在承担主角，并发挥着导向性影响作用。我国虽然也成为一些游戏规则的制定者之一，但由于种种原因，话语权并不大，这将直接影响到我国利益的保护以及在国际协调中的地位。因此，我国要充分利用自身的优势，更多地参与到转让定价规则的制定中去，提高我国在国际中的地位，进而增强我国进行国际税收协调的能力。

加强区域税收协调管理为促进国际税收协调与加强国际税收合作提供了新的途径。自1990年开始，全世界至少已建立了28个区域性经贸集团或联盟，覆盖120多个国家及地区，并且税收协调管理工作效果明显，这些都值得我国借鉴与学习。笔者建议，我国应参考欧盟等区域组织的已有经验，通过建立中国与周边一些国家的区域联盟，逐步推行转让定价的国际税收协调与合作。

（3）加强国内的税收协调与合作。转让定价是跨国内部贸易中一项非常复杂的价格制定机制，它不仅存在于商品购销环节，而且还在资金的融通、无形资产交易、劳务的提供等多个环节中有所体现。因此，与转让定价相关的部门不仅包括税务机关，还涉及到海关、金融、外贸、物价等多个部门。此外，跨国集团往往在我国不同的区域设立职能各异的子（分）公司，这些子（分）公司之间常常会发生转让定价，而他们所处的不同区域在经济情况、政策制度等方面又在一定程度上存在着差异。由此可见，对转让定价的管理单纯从税务机关的角度出发是远远不够的，必须加强各地区、各部门间的合作，集大家之合力，最终才能取得我们大家所期望的效果。因此，笔者建议要在以下几方面做好工作，通过凝聚社会各界力量，全力构建严密的转让定价税收合作网络（见图8.1），以期促进良好的税收软环境的建设。

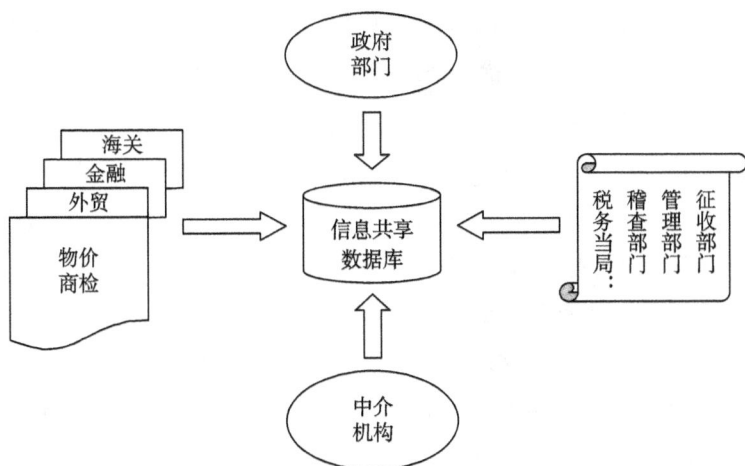

图8.1 转让定价税收合作网络

（4）加强部门间的税收协调与合作。税务机关要与外贸、海关、银行等金融机构,物价、商检等部门加强沟通与协调,形成稳定的信息来源渠道,并建立共享信息数据库。如跨国公司进出口货物要通过海关的检查,进口设备要通过商检部门的鉴定。这两个部门掌握着所有进出口货物的真实数据,这些信息对我们规制转让定价都有着极为重要的作用。因此,如若税务机关能同这些部门建立信息共享网络平台,将有助于我们提高规制的效率;有些部门对于进出口货物价值的计算口径或方法与税务机关有所偏差,这在客观上也要求税务机关要同相关部门进行价格信息交换与沟通,如海关对进口商品完税价格的制定标准就不同于税务部门正常交易价格的确定标准。

（5）加强地方政府的支持与配合。招商引资的额度常常是地方政府政绩的体现。因此,各地政府为了发展地方经济,同时也为彰显自己的业绩,往往把吸引外资作为工作的重中之重。因此,常常是只关注外商投资规模的大小而忽略了外商创造利税的多少。有些地方政府为博得外商"一笑"而不惜以税收为代价。还有些地方政府甚至帮助外商出谋划策,采取各种手段逃避税收。所以,加强同政府的沟通与联系,让各地政府动态掌握外资企业的生产经营以及税收情况,并真实了解转让定价避税所带来的负面影响将具有积极的意义。税务机关要经常性地向当地政府汇报外资企业利用转让定价手段规避税收的动态以及由此导致的本地区税收流失规模和造成的危害程度,使地方政府在思想上有个正确、充分的认识;建立税务机关与地方政府共同的全方位的监管网络,赢得地方政府的支持,实现综合治理。

（6）发挥中介机构的专业优势,形成全社会综合治理的合力。从我国目前税务资源情况来看,无论是人力资源、信息资源、管理资源等仍不能形成极具效力的打击与威慑。因此,单纯凭借税务机关的力量不足以实现对转让定价的有效规制。故此,我们必须充分发挥社会中介机构的力量,让他们介入到对转让定价进行税收规制的活动中来。在这方面,国外的许多国家都有过成功的经验,如日本的"税理士"制度,"税理士"的工作就是协助纳税人履行纳税义务,代办纳税事宜,编报纳税档案,使纳税人及时准确地进行纳税申报,以确保申报纳税制度顺利进行。日本对"税理士"要求很严格,经过考核的"税理士"必须具有税收、会计、经济管理、法律等方面的知识与相应的资格。日本这种"税理士"制度可促使经营者了解税法、自觉纳税,减少由于纳税人不懂税法而造成的税款错漏,缓解征纳双方的矛盾,有利税法的正确执行。当然其他国家也有许多类似的中介机构,并都在税收管理上发挥着巨大的作用。我国目前中介机构也比较繁荣,且中介人员的素质也较高。但同日本的"税理士"要求相比,还相差甚远。所以其发挥的功效自然也十分有限。所以,我们应该尽快完善中介市场的制度建设,努力促进中介机构人员素质的全面提升,并将中介机构纳入转让定价税务管理体系的网络之中。具体办法可以有：①从立法上赋予他们以相应的权力和应承担的责任。②聘请拥有丰富经验的财务专家、法律专家、税务专家、管理专家等充斥到转让定价税收规制的队伍中来。可以定期由这些专家组织培训,也可以让他们直接参与转让定价的调查与审计工作。③定期或不定期地召开转让定价方面的专家研讨会,针对当前转让定价制度或是税收实践中存在的问题进行及时讨论,并提出有建设性的修改意见,以为我国转让定价制度的完善、税务管理水平的提高提供可资借鉴的依据。④由中介机构充当纳税人的代理人。一面由于中介机构的工作人员业务比较娴熟,能更快更好地处理转让定价过程中的事情,如关联交易的申报、举证资料的准备、转让定价的谈判等。另一面又由于他们对纳税人情况的了解,能更好地代表纳税人与税务机关进行协商、谈判。总之,充分发挥中介机构的桥梁纽带作用,将有助于缓解征纳双方的矛盾,提高转让定价税收规制的效果。

9 我国目前转让定价税收政策体系与管理借鉴

本章摘要:

本部分首先借鉴希腊、澳大利亚、日本、美国等国跨国公司转让定价税收管理的国际经验,特别是转让定价反避税方面的经验,针对现阶段我国跨国公司转让定价的具体情况,提出转让定价反避税的措施、意见和建议。这些有意义的借鉴主要包括:改变观念意识、优化税务环境、充实转让定价税务体系数据库信息、规范转让定价的调整方法以及完善无形资产转让定价模型。

9.1 借鉴跨国公司转让定价税收管理国际经验

纵观全球,各国都在不断加强对跨国公司转让定价的税务管理,其共同性表现在以下几个方面:一是不断修订相关转让定价法律法规,在转让定价调整方法上基本认同交易成本为基础的调整方法,并逐步接受以利润为基础的调整方法,大体上都要求根据实情选择最合适的方法。二是对企业准备的同期资料都要进行严格管理,制定准备资料的内容和期限,对未按规定准备同期资料的企业进行处罚。三是加强对转让定价税收监管的投入,如美国重建新型国际税收管理部门、奥地利和印尼建立转让定价专家调查小组等,各国都在不同程度地增加转让定价税务管理的专职人员和提高其税务管理能力。四是加强对转让定价的惩罚力度,美国最高处以 40% 的处罚,澳大利亚则最高处罚可达 50%,比利时、匈牙利政府则表示未来对转让定价调整的处罚可能会按 50% ～ 100% 的比例。五是预约定价的推行越来越广泛，一方面包括希腊在内的一些国家正在筹划将预约定价引入对转让定价的税务管理中，另一方面已经实行预约定价的国家如美国、日本等，根据实践不断地对该预约定价的相关规定进行修订，如扩大 APA 的应用范围、简化明确 APA 程序等，以进一步发挥 APA 在转让定价事前调整的作用。据 Emst 和 Young 在 2010 年对全球的跨国公司转让定价调查调整的一项统计，这些跨国企业受到巨额罚款的比例由 2005 年的 4% 上升到 2012 年的 20%，这说明各国都在不断加强对跨国转让定价的调查调整力度。然而我国在 2008 年通过反避税调查查补的税款是 7 亿美元，当年美国却高达 1 000 亿美元左右，我国在转让定价反避税调查上力度明显较弱。因此结合上述 OECD 及典型国家的跨国公司转让定价税收管理经验，下一步完善对转让定价等国际避税的税收管理，对维护我国税收收益有着重大影响。

9.1.1　希腊

希腊于 2010 年颁布《所得税法典》修正案，对转让定价进行内容更新，主要包括：①重新界定关联企业，"关联企业是指通过直接或间接的重要的行政关联，或经济相关性或控制而存在关系的企业。它们是通过一个企业参与另一个企业的资本或管理，或两个企业相互参股或参与管理而形成的这种关系。"②参照《欧盟行为准则》对转让定价文件编制原则进行修订，要求符合标准的纳税人（关联年度交易总额超过 20 万欧元）需要在合理期限内提供规定的文件，否则将会处以 8 800 欧元的罚款。③经审计调查后需调整应纳税额的企业，除补缴税款外还要受到 10% 的罚款。④首次对资本弱化进行规定，并限制公司贷款与权益比例最高不能超过 3：1，否则超过的贷款利息不能扣除。2014 年年初，希腊签署《税收互助多边公约》，进一步加强与国际合作，共同开展国际反避税税收征管。

9.1.2　澳大利亚

澳大利亚以《OECD 转让定价指南》为参考依据建立其国内转让定价税收法律体系，并结合现实发展制定了更为详细的税收法规和条例，明确对常设机构、预约定价、转让定价违规处罚等规定：按照独立交易原则，税务机关从外部、程序和绩效三个方面审核企业是否存在转让定价违规行为；在预约定价税制中，对符合条件的企业制定 APA 简化程序,进一步扩大 APA 的应用范围;虽没有强制规定企业准备同期资料,但对纳税人准备同期资料制定指导性规则;制定营销型转让定价法规,防范跨国公司利用营销型无形资产实施的转让定价避税行为;针对中小企业制定文件准备及风险评估简化程序,不仅有利于减少企业的成本,同时也有利于税务机关更大范围地开展转让定价税务工作。另外,2010 年,澳大利亚国税局(ATO)颁布了相关草案以加强在对跨国公司重组中转让定价方面的审计调查,其后又对关联企业间资金融通涉及转让定价行为及资本弱化问题提出更为具体的指引。澳大利亚政府在 2011 年 11 月提议修改其国内所得税法和相关税收条约中转让定价规则,结合国际实践经验,促进转让定价税制的完整性和效率性的提高。根据 ATO 的相关法规,税务部门如发现企业转让定价行为的主要目的是逃税,则对转让定价处罚率提高到 50%;如果企业能够合理有据地说明其转让定价行为的主要目标不是逃税,但确实导致了税收减少则适用 25% 的处罚率;如果纳税人能够证明其转让定价行为的合理性,则罚款比例降低为 10%。在税务部门发布审计调查通知之前,纳税人自动向税务部门报告其不正常转让定价而减少应纳税额,则可以减免 20% 的税收惩罚。ATO 要求企业应该对关联交易准备同期资料,但一般只需要在税务部门审计调查时提交。

9.1.3 日本

日本国税厅(NTA)对转让定价规定最早始于 1986 年,相关法律法规主要集中在《特别税收措施法》和 1996 年《关联法人转让定价实务运营指南》中,作为其税务主管当局进行跨国转让定价征管的重要依据,日本国税厅会根据每年的税务实践对该相关法规指南进行修订和更新。2010 年 3 月,日本修改了《特别的纳税措施》中的转让定价文件编制规则,要求企业必须提供涉及关联业务往来和公平交易价格计算相关文件,以避免税务机关对其应纳税额的重新核定。同年 6 月,日本国税厅对该指南进行修订,补充说明审查价格磋商过程中应注意的问题,并要求税务机关给予纳税人合理期限以准备相关资料,若企业未按时提供资料,则税务机关对其实行推定课税,并对该推定课税行为向纳税人作充分说明。分析日本转让定价税务征管特点,主要表现在:在对关联企业的界定上,日本遵循所有权比例 50% 和特殊关系两个大标准,结合实际控制,通过立法列举,力图涵盖所有关联关系,有利于实现税收法制;虽然对于转让定价调整方法的选择没有排列优先顺序,但从实际应用看,日本税务局更加青睐传统的可比交易定价法;日本税收机关承担着主要的举证责任,在特殊情况下举证责任转移给纳税人,另外税务机关在举证不足时可以使用秘密可比法;而受益于日本证券市场完善的信息披露,其税务机关在进行跨国公司转让定价审计调查时能够比较容易获得可比相关信息;日本在转让定价惩罚方面管理比较严格,对于客观上存在转让定价行为而少缴税款的跨国公司除了按少缴税款征收 4% 加官方贴现率或 14.6%(超过一定时期)的利息,还要加罚10% ~ 15%,如果发现其主观上故意逃避税收将会受到高达 35% 的罚款,作为世界上首个推行预约定价安排的国家,日本的预约定价安排税制颇为成熟,积累很多经验,十分注重双边预约定价安排的签订,制定明确的 APA 程序,通过多种渠道提供APA 申请的相关咨询服务,并提倡企业 APA 申请与相互协商程序共同开展,以促进双边 APA 的达成。

9.1.4 美国

从 19 世纪 20 年代开始,美国国内收入法中开始对转让定价调整进行法律性规定,后来经过多次修订,增加对无形资产转让定价的界定,引入预约定价协议制度,制定成本分摊条例等,逐步形成以《国内收入法典》中的转让定价相关法律规定为中心,多种规章条例为补充的较为完善的转让定价法律体系,并设立专门机构管理、投入大量人力以及扩充信息来源、加大对转让定价惩罚,在对转让定价的征管水平上不断提升。特别是金融危机之后,为进一步维护国家税收权益,美国采取各种措施加大对转让定价的税收征管力度。美国国内收入署(IRS)指出,为了更好地管理和使用 APA,他们正在建立一个专门针对大型企业或跨国公司的转让定价管理办公室,并将负责相互协商程序(MAP)的人员也转移到该办公室内,并加大对这两个领域人力投入,希望在未来 APA 的谈签过程中融合 MAP,作为一个单独税务执法方向 APMA,促进国际间转让定价征管的税收争端的解决。在全球化日益加强的经济环境下,IRS 不断调整税务机关职能,促进各部门间信息交换,重视 IRS 设在国外的相关机构的管理,通过《外国账户税收遵从法》加强了对跨境投资有效信息的处理,国际数据管理机构也在不断提高相关国际税收数据的有用性。同时,美国税务当局也在积极参与国际避税信息交流,加强同 OECD以及其他非政府组织的交流合作。在对转让定价调整的同时,若纳税人可以证明其转让定价行为并非故意避税,税务部门将不会对其惩罚,但对故意逃税的企业则可能受到税务机关对其按补税金额 20% ～ 40% 的罚款。跨国转让定价和国际税收方面的工作人员的增加,促进了对跨国转让定价的审计调查工作从数量和质量上提高。

9.2 跨国公司转让定价税收体系与管理的国际借鉴

9.2.1 改变观念意识

首先,我们必须改变观念意识,将是否增进经济效益作为考核利用外资工作的主要指标和内容,认识到税收优惠只是投资环境的一个方面,且并非关键性的因素。针对外资企业高级管理人员的系列调查表明,外商在华投资企业评价中国投资经营的总体环境时,最不满意的因素依次为贪污腐败、环境质量以及法规制度的连续性和透明性,这些因素远比税收优惠更引起外商投资者的关注,并影响外商在华投资的信心,反映在生产经营中的短期行为,即通过转让定价将利润留存到国外关联公司,变相地加速抽回投资。由此可见,影响跨国公司在华投资的因素相当复杂,税收制度固然重要,但整个投资的软环境更不容忽视。完善和规范转让定价税制,非但不会抑制外商直接投资,相反,随着税收的公平化,跨国公司在有序的市场中合理竞争,反而有利于外资引进,从而更好地保护我国的正当利益。同时,也只有符合国际惯例的税务环境,才能吸引高质量的外资投入。其次,中央应加强对各级地方政府利用外资发展地方经济的指导,改变不合理的绩效考核,以杜绝和修正某些地方政府短浅狭隘的引资政策和方法。对在国际税收管理中取得优秀成果的地方税务机关进行鼓励和嘉奖。再次,各级地方政府应正确认识外商转让定价等避税行为的危害性和维护国家合法税收权益的重要性,对本辖区内的外资企业与本地经济长期发展进行科学分析,同时统协各地方税务、招商局、工商等机关,促进外资企业合规经营,切实提高实际利用外资的效率。一方面,增强地方政府的反避税意识,另一方面,适当减轻地方政府对税务当局实施转让定价税收征管的干预,共同实现对外资高效利用和对外商转让定价逃避税管理。

9.2.2 共享数据信息

首先,当务之急是充实便于转让定价税务体系取得信息的实用数据库,这个数据库必须包含如产品在不同国家的可比价格、跨国公司整体财务状况与经营成果等项目。例如,对于国家税务总局推出的"反避税管理信息系统",在将其推广至全国之前,还存在一些尚待改进之处,如信息来源过于有限等。因此,我们不应仅要求各地税务当局共享信息,还应当扩大范围,通过其他渠道获取更多的信息,譬如关注银行利率波动,海关关税政策以及全行业的经营状况和实现的利润等。除了现有的部分以外,我们还需逐步加入有关无形资产的各种信息,用以充实整个数据库。因此,有关无形资产的子数据库,是用来与上述填补无形资产转让定价税制部分相匹配的有力工具。虽然无形资产自身的独特性决定了它根本不存在可比对象,但对于目前无形资产转让定价立法尚处于起步阶段的我国而言,建立这样一个数据库依然非常重要。即使没有简单直接的可比数据,每个案例的处理方法和经验积累,仍是完善我国无形资产转让定价反避税必不可少的步骤和途径。其次,各地税务部门通过与海关、商务部、工商、统计等部门的沟通合作共同实现对外商投资企业经营的各重要环节的监管,加强信息交流和整合各部门对外商企业的相关业务、价格等信息,充实对跨国公司等相关信息资料库,保证对跨国税源的监控。构建一个覆盖面较广的一体化税务信息系统,实现对涉税信息的有效采集、传输、处理的流畅路径,实现全国各地区、各部门对税收信息的实时、高效共享。为此,税务机关应与其他相关部门通力协作,及时搜集获取跨国公司涉税信息,更新现有的反避税数据库,优化升级应用软件及开发更具兼容性的新型系统软件,构建统一的反避税信息系统,方便税务人员在对跨国公司转让定价审计调查时能快速有效提取到所需相关资料,提高转让定价税收征管效率。最后,实施税务违法行为举报制度,鼓励知情人检举、举报确实存在或可能发生的违反税法相关行为,设置专门税务人员处理举报的税务违法信息,方便税务当局利用有效信息及时进行税务稽查,从而进一步加强税源和提高税收执法实效。对于提供举报信息者进行保密,并对确实有功者给予适当奖励。

9.2.3 进行专业人员培训

复杂多样的跨国公司转让定价避税行为,要求我们必须构建更加完善的税务机关,打造更具专业能力和经验的税收征管队伍。国际转让定价作为一门交叉的边缘学科,对实务从业人员的专业要求非常之高,涉及税收、贸易、金融、财务、审计、外语和电脑等各类知识的综合运用。为此,首先,应调整目前参差不齐的税务监管体系,上级统一领导,在各地税务机构中设置统一结构的国际反避税部门,着重强调地、市级国际税收监管。对税收管理合理分工,并安排专人负责设立本地区外商投资转让定价等税务。其次,应结合现实经济发展需要和部门职能需求,扩充转让定价税收征管的专业人员队伍,例如可以通过在一些大学针对性的教育培养专业的国际税收管理人员,由税务机关有经验的人员定期去做实践教学辅导以及为学员提供适当的税务管理实践,从而储备优秀人才;对在岗人员进行定期专项培训,提高在职税务人员素质水平。再次,针对某些大型跨国公司通过一些专业性税务咨询机构来制定转让定价策略,税务人员需要借助相关行业的专家来完成对转让定价调查调整和税务管理工作。现阶段,受到政策限制与经济发展的不同步,全国各地专业人员的水平参差不齐,为了更好地达到反跨国公司转让定价避税的效果,北京、上海、深圳等地的税务运行体系可作为其他城市经验不足的税务人员学习的范本。此外,来自不同城市的专业人员之间互换意见、分享经验,能够有效促进整个税收体系管理水平的提高。国家税务总局应当针对实际需求,经常举办一些短期培训课程的辅导班,强化从业人员的理论知识。这样双管齐下,经过两至三年以后,那些中小城市的税务人员积累了一定的经验,在有关转让定价税收管理系统,无论是理论和实务方面都已经相当专业,就能够大大提高我国整体反避税的效果。因此应成立一个税务外部支持部门,吸收某些行业的专家作为顾问。

9.2.4 建立我国转让定价反避税体系

为进一步提高转让定价征管水平和税收执法效力,将转让定价相关法规上升到法律层次,制定一套单独的统一的转让定价法,是目前我国急需的。同时也应不断完善细化相关转让定价法规,提高可操作性。例如,详细说明股权连成法对于股权标准判定关联企业的适用性,明确构成关联企业判定标准所指的亲属关系涵盖范围大小;设定判别避税港的一些必要条件或明确指出哪些地区或国家属于避税港,减少关联企业判定的不确定性。可参照一些国家对企业报送同期资料要求的简化性,即在所得税申报时只需提供关联风险评估等重要信息资料,适当推迟同期资料准备的截止时间,规范税务机关退回"不合格"同期资料的法律要件和程序,实现税企双方对同期资料的有效性利用。另外,进一步规范调整无形资产、劳务提供中转让价格时具体标准,通过设定合理加成比例来利用成本加成法进行调整,可以有效避免因加成比例而造成的纳税人不满以及税务机关难以执行等现象。而且伴随着跨国关联交易的日益复杂,应根据现实中出现譬如成本溢价、营销型无形资产、商业重组等不合规转让定价行为,制定相应的法规,以促进我国对跨国公司转让定价征管的不断发展。

事实上,由于跨国公司的关联交易涉及多国政府,国际转让定价的避税问题不仅体现在一国征纳税双方之间的博弈关系,更是关于不同国家征税主体之间的协调。因此,在加强国内税制建设和实际指导的同时,增进国际合作也是必不可少的,最为常用的方式就是国际税收协定。我国目前已与八十多个国家签订了国际税收协定,虽然在转让定价的反避税活动中起到了一定作用,但其实用性和时效性显然还有待提高。尤其是在越来越多的各国外资不断进入中国的经济形势下,我们既要加速与更多的国家缔结国际税收协定,更要规范条款内容,注重实效性。具体而言,首先是建立税收情报交换制度。如果仅仅依靠上述国内各部门信息共享的数据库,根本无法掌握跨国公司关联方的境外实际情况。因此,还需依靠国外相关的税务当局,获取行业概况和企业资料等判定转让定价所必需的可比信息,在承担相互交换情报的义务以外,进行国际税收协调。由于跨国公司的转让定价涉及多国交易和他国利益,当对跨国关联企业之间的收入和费用进行调整和重新分配时,一国转让定价的调整往往会使对方另一国的税务当局同时进行相应的调整来避免双重征税的发生。因此,为了保证国际资本市场的有效运作与流动,也为了维护各国的正当利益,针对转让定价的调整,我国应与更多的国家达成共识,真诚合作。

9.2.5 规范转让定价调整方法

我国转让定价税制按顺序规定的转让定价调整方法包括:可比非受控价格法、再销售价格法、成本加成法和其他合理方法。前三种调整方法属于国际通行的做法,即以价格为基础的传统交易法,又称比较价格法。然而,除此之外,世界各国通常将比较利润法,又称交易利润法也包括在内。例如, OECD 转让定价指南列出了利润分割法和交易净利润法。根据在正常交易原则的基础上适度引进总利润原则的建议,也为了更好地符合国际惯例,我国有必要详细列出以利润为基础的比较利润法,而不只是用"其他合理方法"包含,并进一步将其细分为可比利润法、利润分割法和交易净利润法。美国转让定价税制使用的转让定价调整方法包含了利润分割法和可比利润法。相比之下,我国对转让定价调整方法的使用优先顺序规定缺乏灵活性,脱离了实际需要。美国在实际中通常会通过一系列的分析敲定最终采取的方法,且在这一过程中,如果发现另一种方法更为可靠时,就必须采用另一种方法。笔者以为,在日益错综复杂的经济环境下,美国的做法值得学习。我们必须根据实际情况而非机械的规定来确定一项受控交易的正常交易结果。因此,在我国转让定价税制中,应删除原有的顺序,而实行优先法则。

9.2.6 中国规范转让定价税制必须遵循国际惯例

完善和规范我国现行的转让定价税制,必须充分考虑影响政府制定转让定价税制的基本因素。从国际惯例出发,在保持正常交易原则的基础上,为使其更具可行性,我国应提倡运用"正常交易值域",与正常交易原则平行操作,减少转让定价调整的工作量;此外,根据国际惯例,应当尽快制定出台统一的转让定价协议实施细则,逐步扩大其适用范围。在具体的调整方法上,我国除了现行的传统交易法、比较价格法以外,应在转让定价税制中增加比较利润法、交易利润法、预约定价法,并删除原有的顺序,而实行优先法则。

特别是伴随着预约定价安排在我国实践中的应用,我们需要总结经验,进一步完善预约定价税制。首先,目前对预约定价的规定多出自国家税务局的规章,立法效力较低,应在现有相关预约定价条规的基础上,加快对预约定价税制体系的建立,提高其法律层次。其次,为进一步发挥预约定价避免国际重复征税的优势作用,各税务机关和人员应积极宣传和倡导双(多)边预约定价安排。再次,为吸引更多企业申请预约定价安排,促进预约定价在我国转让定价征管中的发展,更有效、便捷的申请步骤和税收管理服务是我们急需改善的,主要包括对企业规模大小分别制定不同的预约定价申请方案、设立单独机构和专职人员负责预约定价安排的管理工作等。同时为方便税务机关和人员对转让定价进行更有效的监管,应更多注重对预约定价安排中企业提供的实质性、可比性分析资料的要求。由于企业在申请预约定价时提供的大量资料中往往涉及其商业机密,因此税务部门应加强对企业信息的保密机制,维护企业合法权益。在签订预约的定价安排后,最关键步骤就是企业在与关联方发生相关交易时必须能够遵循。如果企业在实际关联交易中违背先前签订的预约定价安排,税务机关一方面要对其按独立交易原则进行纳税调整,另一方面也应对该违规行为进行处罚,否则税企双方为该预约定价安排所投入的成本将会被滥用。

9.2.7 实施转让定价税制，从信息共享到经验共享

信息共享只是各地区税务机关之间在进行交流过程中的一部分,要想使得转让定价信息系统发挥更大的作用,经验共享是一个不可或缺的方面。首先,基本信息的交流是最基础的一个环节,在完善现有信息和新形势下的新信息的同时,要注重总结实际工作中的经验教训。有时候,来自不同城市的专业人员之间互换意见,能够有效促进整个税收体系管理的提高。通过交流学习会议的形式可以借鉴不同地区、部门税务人员在工作中的创新举措,发现自身的不足。不同的地区面临的经济发展状况不尽相同,即使在同一个税收体系的框架之下,税务工作的具体实施程序以及面临的障碍也有很大的差异。可以考虑将经典的案例汇编为一个模板作为跟踪管理载入信息系统中,方便查询与管理,也是激发税务工作人员提高工作质量与工作效率的一个动力。其次,通过建立便捷的税企沟通平台,也可以实现对转让定价征管效率的改善。一是利用高速发展的现代科技和网络,我们可以建立和不断完善网上税收服务平台,可以特别设立针对外商企业的税收服务站点,上面挂有相关税法教育宣传资料对企业进行指导,例如在当地税务网站上开通涉外关联交易转让定价专门咨询板块。二是各级税务机关应进一步加强对转让定价征管工作的重视,通过各种活动或途径加大对税收法律法规宣传教育。对转让定价审计调查抓典型,对努力配合税收征管工作的社会各界进行嘉奖,增强公民和纳税人对违法惩罚的认识和反避税工作重要性的意识。例如可以针对本地区的重点税源企业进行不定期的税收知识宣讲,解读或答疑相关最新税收政策法规。通过提高税收服务和强化转让定价征管力度,增强跨国公司在制定转让定价过程中对相关法规的遵从度,从而做好事前管理协调,从根源上优化跨国公司转让定价行为,减轻税企双方负担。

9.2.8 改变观念意识、优化税务环境

建立符合国际惯例、公平与效率有机结合的税收政策环境是一项基础工作。由于我国在引进外资上过于急切而忽略了其质量,大量跨国公司在带入外商资本的同时也带入了逃税避税的难题,给我们造成了不小的经济利益损失。为进一步提高纳税人的税收遵从性,提高税务机关对转让定价审计调整的社会指引性,建议在我国转让定价相关法律条规中制定更加合理的惩戒措施。如对不按规定提供关联

资料或提供虚假、不完整资料的企业,可以进行公示披露,或按经营规模处以一定比例的罚款;对于跨国公司转让定价逃避税收行为,应借鉴国外经验,在补正税款的同时对补正的税款按一个合理比例征收罚款,例如可以制定一个累进罚款比例制度,将补正税款按金额大小设置累进级次,对不同级次内补正税款分别征收不同比例的罚款;若税务机关在对相关企业的转让定价调整的后续跟踪中,发现企业又发生转让定价逃避税负行为,则对该企业加大惩罚力度。总的来说,通过相应合理的惩罚制度,对相关企业转让定价避税行为进行公示披露及合理的罚款,不仅可以加强社会对企业的监督,也可以进一步发挥税务机关对转让定价税收征管的效力,增强企业的税收遵从度。事实上,影响跨国公司在华投资的因素相当复杂,税收制度固然重要,但整个投资的软环境更不容忽视。完善和规范转让定价税制,非但不会抑制外商直接投资,相反,随着税收的公平化,使得跨国公司在有序市场合理竞争,反而有利于外资引进,从而更好地保护我国的正当利益。只有在一个健康有序的税务环境中,才能平衡各方利益,实现良性循环,将外商资本更好地为经济建设和发展所用。

9.2.9　进一步完善跨国公司无形资产转让定价模型

现假设有一美国的跨国公司来华投资,成立外商合资企业,其中美方的股权比例为 j,则中方的股权比例为($1-j$)。美国的所得税税率为 t_1,我国所得税税率为 t_2,显然, $t_1>t_2$。此时,我们考虑的对象不再是转让定价基本模型的关联交易购销价格,而是有关无形资产转让,例如特许权使用费的问题。进一步假设美国母公司向在我国的子公司即中外合资企业提供特许经营权,因此,子公司按年费率 r 向母公司支付无形资产使用费。通过美国学者 Ednaldo A. Silva 提出的有限期间转让无形资产的正常交易价格模型:

$$L_0 = r_0 V_0$$

其中, L_0 ——正常交易价格的一次性支付无形资产使用费;

r_0 ——可比(正常交易价格)的无形资产使用费率;

V_0 ——无形资产的评估价格。

上述假设的美国跨国公司从其子公司按费率 r 收取特许权使用费。

虽然我国的外资企业所得税税率远低于美国,但正如上一章所分析的在华跨国公司转让定价逆向避税的特点,其意图在于转移利润,吞噬本应属于中方的份额。因此,$r>r_0$,实际转出利润 $\Delta E=(r-r_0)V_0$ 按股权比例结构,中方因此而损失的实际利益 $\Delta P=(1-j)(r-r_0)V_0$。

9.2.10 完善转让定价税收管理的国际合作

跨国公司转让定价行为不可避免地引起国际税收利益变动,扰乱国际税收秩序,将会对世界经济造成不良影响。近些年,世界各国也在不同程度地加强对国际避税行为的监管,而转让定价作为跨国公司避税的最常用手段也一直以来备受各国反避税工作的关注,未来要实现对全球跨国公司转让定价避税更有效征管,加强国际交流合作和信息交换是必要手段之一。首先,加强与国外政府税务部门间合作交流,最大限度减少国际间征管合作障碍,共同遏制包括转让定价等各种恶意税收筹划避税行为,维护各国税收权益。据悉,我国已在 2010 年底加入国际联合反避税信息中心,利用该平台交换信息情报,将会给我国接下来的跨国转让定价税收征管工作带来很大便利。其次,我国税务部门应加强与专业国际会计事务所、国际咨询机构和评估机构的工作交流,这些大型国际专业机构掌握着大量经济信息,政府部门应通过这类机构获得有效信息,使其充分发挥社会监督,促进纳税人遵从度的提高,同时也能减轻税务成本。在转让定价征管上,只有加强国际合作,才能保证各国税务机关朝着协调化多边审计发展,减少国际税务纠纷和矛盾,共同维护世界经济公平竞争和有序发展。

10 研究局限与展望

10.1 关于研究局限问题

    由于跨国公司的转让定价是企业的内部决策,不属于公开的财务报表所必须披露的内容。而且,转让定价涉及企业的经营战略,跨国公司一般不会对外公开,税务部门也必须履行保密的义务和承担相关责任。鉴于上述原因,关于跨国公司转让定价的信息资料无法大量收集取得,这就导致了本书缺少更加系统的定量实证研究,尽管我们也在力求对转让定价所产生的避税规模等方面进行定量分析,但由于转让定价自身强大的隐蔽性、复杂性,导致许多数据的无法直接取得,因而只能借助于一些间接的数据。此外,由于我国相关部门对转让定价方面数据的收集与整理也十分有限,所以即使是间接数据的借用也很局限。这些都在不同程度上影响了定量分析的准确性。为了弥补这一不足之处,笔者已较好地通过宏观统计数据、系列财务指标、理论模型分析和财务软件操作,得出结论和建议。

    转让定价的研究最早始于西方发达国家。目前国外对转让定价的研究已经形成了完整的理论体系,很多经验值得借鉴。而我国这方面的译文较少,且提供的信息资料比较滞后,再加上笔者英语水平所限,因此对有些文献的理解不是很透彻,故而会影响研究的广度与深度。

10.2 关于研究展望问题

1. 电子商务的转让定价问题是未来的研究方向

随着全球经济的快速发展和网络知识的迅速传播,电子商务和无形资产在企业的经营活动中占据了重要作用,传统的转让定价税制由于调整对象狭窄,仅仅围绕有形资产来开展转让定价税务制定与管理等相关活动已经很难适应当前的发展状况。除了上述已经阐述的无形资产,起始于20世纪90年代初期的电子商务,由于其适用的广泛性以及高收益等特点,正以惊人的推广速度和发展速度赢得更多人的关注。

电子商务最本质的特征就是缺乏实物形体,这也形成了网上交易和传统交易的区别:虚拟地点、电子货币和电子账簿等。由于电子商务的大量化和复杂性,这些跨国界的交易对现行转让定价准则提出了巨大的挑战:具体体现在有关交易的确认、收入的衡量、常设机构的判定以及正常交易原则等方面。鉴于电子商务主体、地点和结算的特殊性,其对传统税收的冲击体现在税收主体、税收客体和税收管辖权等方面。因此,对于电子商务的税收政策,事实上各国还没有正式定论的文件。而转让定价税制涉及跨国界交易,本身又是税收制度的难点。因此,电子商务的转让定价问题是未来的研究方向。

2. 进一步完善我国无形资产转让定价制度政策

对无形资产转让定价问题予以特别规定是解决目前现状的首要问题。

首先,明确无形资产的定义。除传统无形资产外,要将对有关产品具有重要推销价值的专有名称、符号、图像及货物生产或劳务提供中使用的设计与模型、转让给客户或应用于商业业务的自有商业资产的无形权利等新型无形资产包括进来。二是详细规定无形资产转让定价调整的适用方法,并指出每种方法使用的前提,以使税务部门可以根据具体情况进行选择。三是对不同无形资产的创造成本、使用寿命、内在价值的估价,给出应有的判断标准。四是明确给予税务机关对原纳税额进行事后调整和纳税人申请事后调整的权利,以实现税负公平的目标。四是转变管理者的观念,对于用期权理论评估的结果在事实充分、定价合理的条件下应当给予肯定。五是进一步充实和完善纳税人举证责任的规定,以减少税务部门对转让定价核查的工作量和难度。

另外,对转让定价制度的配套措施必须跟进:首先,要制定合理、有力的转让定价处罚措施。制定转让定价处罚措施,要体现出既要维护国家税收利益,又要尊重企业转让定价权利的治税政策思想。据此,应明确规定对以准确的方式使用了合理的转让定价方法并提供了相关的文件资料的一般性转让定价,可以进行调整,但不予处罚,而只对过分和有逃税动机的转让定价实施处罚。在处罚的政策界限上,可按照转移价格高于或低于正常交易价格的幅度、利润调整金额的额度等确定罚款的数量,并实行累进办法,逃避税程度越高,处罚越重。

其次,加强对关联企业的信息监控措施。控制转让定价最有效的保障是信息的充分获取。鉴于我国对企业多头管理的情况,应在转让定价法规中明确规定各相关管理部门都有无条件地接受税务部门询查和提供企业有关经营信息的义务,以形成税务、工商管理、商检、银行、海关、商务、统计等机构多方协调一致的信息监控系统,严格执法。

第三,加强国际税务合作,加紧与有关国家签订国际协定。目前与我国签订避免双重征税协定的国家仅约占与我国有贸易、投资往来的国家和地区的40%,其余大部分国家和地区尚未签订这种协定。为避免国际税收摩擦,保证转让定价调整的顺利实施和国际间的税收情报交流,维护我国的国家利益,应及时和加紧与其他有关国家签订国际税收协定。

第四,加快转让定价税制正式立法的进程。比如,对涉及无形资产的联合开发的项目中,对所有权的归属等问题,可以借鉴美国的办法,以法规的方式加以明确。在我国现行转让定价税制体系中,除了原有的法律和法规外,所有可供具体操作运用的规则往往透明度差,约束效力低,也远不适应加入WTO新形势的要求。因此,应以最新的《规程》为基础,在进一步充实完善后尽快通过国家的正式立法程序。

参考文献

[1] 曹琴妹：《我国跨国企业转让定价的应用研究》，南京大学，2013。

[2] 陈捷：《遵循独立交易原则　明确转让定价方法——〈特别纳税调整实施办法（试行）〉之"转让定价方法"》，《涉外税务》，2009(05)。

[3] 陈伟：《跨国公司转让定价法律制度研究》，扬州大学，2012。

[4] 崔岩，殷琛：《关联交易的税收筹划新思路》，《财政监督》，2010(16)。

[5] [英]大卫·特洛，马克·阿特金森：《国际转让定价》，北京：电子工业出版社，2002：27—28。

[6] 杜东华：《浅议企业如何控制"特别纳税调整"引发的涉税风险》，《河南财政税务高等专科学校学报》，2011(04)。

[7] 杜欣：《预约转让定价的博弈分析》，《特区经济》，2010(02)。

[8] 冯秀娟：《跨国公司无形资产正常交易价格的确定》，《涉外税务》，2004(3)。

[9] 付靖国：《我国银行业税制改革研究》，河北经贸大学，2013。

[10] 付月红：《对在华跨国公司转让定价风险管理的思考》，《中国商贸》，2011(24)。

[11] 高璐：《国际会计》，北京：经济科学出版社，2001：160。

[12] 葛惟熹：《国际税收学》，北京：中国财政经济出版社，1994。

[13] 昊旭东：《税收与价格关系若干问题》，辽宁：东北财经大学出版社，2003：188—189。

[14] 胡庆江：《我国外资企业中外方转让定价行为与防范》，《国际经济合作》，2004(8)。

[15] 胡勇辉：《外资企业转让定价避税与反避税探讨》，《税务研究》，2004(4)。

[16] 贾绍华,武晓楠,孙红梅:《中国与日本转让定价制度对比》,《涉外税务》,2009(12)。

[17] 梁飞媛:《提高我国转让定价管理水平的几点建议》,《涉外税务》,2009(10)。

[18] 廖益新:《国际税法学》,北京:北京大学出版社,2007:383—384。

[19] 刘宁静:《做好相应调整和国际磋商　避免和消除双重征税——〈特别纳税调整实施办法(试行)〉之"相应调整及国际磋商"》,《涉外税务》,2009(08)。

[20] 苗青:《跨国公司转让定价与税收转移研究》,山东大学,2011。

[21] 齐斌:《我国转让定价税务管理的现状及改进建议》,《科技情报开发与经济》,2005(4)。

[22] 舒桂凤,黎军华:《加强我国关联劳务交易税务管理的几点看法》,《涉外税务》,2011(01)。

[23] 孙英敏:《对无形资产转让定价国际税法规制的解析》,吉林大学,2013。

[24] 天津市国家税务局课题组,杜铁英,雒明山,陈东,唐财斌:《借鉴欧盟主文件制度完善我国同期资料准备要求》,《涉外税务》,2011(04)。

[25] 王进猛、茅宁:《在华外资企业为什么大面积亏损》,《世界经济》,2008(l):23—35。

[26] 王静:《我国资源税改革研究》,河北经贸大学,2013。

[27] 王静波:《外商投资企业转让定价税收问题研究》,第1版,北京:经济科学出版社,2008:181—184。

[28] 王骏:《跨国转让定价:避税不是唯一目的》,《财会学习》,2010(01)。

[29] 王镭:《WTO与中国涉外企业所得税收制度改革》,第1版,北京:社会科学文献出版社,2004:203—212。

[30] 王苹,孙超:《境外巨额商标权使用费引关注　广州一企业逃税被查》,中国税务报,2008年07月07日。

[31] 王顺林:《外商投资企业转让定价研究》,第1版,上海:复旦大学出版社,2002:72—75。

[32] 王素君:《跨国企业竞争优势变迁》,第1版,北京:中国经济出版社,2006:97。

[33] 王铁军:《利润分割法》,《税收译丛》,1997(2):12。

[34] 王亭林:《我国转让定价的税务管理现状及对策研究》,《北方经济》,2010(12)。

[35] 王炎:《完善我国转让定价税制的构想》,《中央财经大学学报》,2005(1)。

[36] 王跃生:《经济全球化对发展中国家的影响及其对策选择》,《世界经济》,2008(l):43—45。

[37] 翁晓健:《转让定价税务争端解决机制评析》,《外国经济与管理》,2007(8):44—45。

[38] 吴冬菊:《关于企业应用转让定价方法的探讨》,《中国乡镇企业会计》,2009(08)。

[39] 吴申军:《论我国转让定价税制的改革与完善》,中国学位论文全文数据库,2004–06:77—79。

[40] 吴听春:《制度视角下的东北亚区域合作》,中国学位论文全文数据库,2005–06:80。

[41] 吴旭东:《税收与价格关系若干问题》,第1版,大连:东北财经大学出版社,2003:97—101。

[42] 冼国明:《跨国公司论丛2006年第一辑》,第1版,北京:中国经济出版社,2006。

[43] 萧承龄:《关于国际税收法制管理的几点思考》,《税务研究》,2000(5):28。

[44] 萧承龄:《面对经济全球化的国际税收管理对策》,《涉外税务》,2000(10):31。

[45] 许利民:《英国转让定价实务及其启示》,《财会通讯》,2009(22)。

[46] 杨斌:《调整转让定价的基本原则和可比性分析方法——美国和OECD转让定价规则比较研究之二(上)》,《涉外税务》,2008(1)。

[47] 杨斌:《调整转让定价的基本原则和可比性分析方法——美国和OECD转让定价规则比较研究之二(下)》,《涉外税务》,2008(2)。

[48] 杨斌:《关联企业转让定价及调整方法概述——美国和OECD转让定价规则比较研究之一(下)》,《涉外税务》,2001(11)。

[49] 杨斌:《国际税收制度规则和管理方法的比较研究》,北京:中国税务出版社,2002:295—300,304—309。

[50] 杨斌:《转让定价调整的具体方法》,《涉外税务》,2002(3):29—36。

[51] 杨建龙:《关于外商投资与外资政策的博弈分析》,第1版,北京:经济科学出版社,2000:18—21。

[52] 杨建文:《政府规制:21世纪理论研究潮流》,第1版,上海:学林出版社,2007:1—5。

[53] 姚梅镇:《国际经济法概论》,第1版,武汉:武汉大学出版社,1989:578。

[54] 叶金育:《转让定价纳税筹划浅探》,《财会月刊》,2010(13)。

[55] 尹淑平:《我国转让定价税务管理中的可比性分析评析》,《财政研究》,2009(05)。

[56] 尹晓宇:《中日转让定价税收管理制度之比较》,《涉外税务》,2006(1)。

[57] 张健、陈盛光、陈锡超:《对我国推行预约定价制的税法思考》,《税务与经济》,2008(2):74—79。

[58] 张冉冉:《跨国公司转让定价税收管理研究》,东北财经大学,2012。

[59] 张同青、杨洁:《国外转让定价税制发展研究》,《涉外税务》,2008(1):36。

[60] 张维迎:《博弈论与信息经济学》,第1版,上海:上海人民出版社,1999:46。

[61] 张学斌:《转让定价税制研究》,中国学位论文全文数据库,2003–04:89;54;56—

59；62；110。

[62] 赵进华：《外商对华直接投资的演进规律研究——区域结构与进入搜式的视角》，中国学位论文全文数据库，2006：39—42。

[63] 赵晋琳：《跨国公司预约定价研究》，中国学位论文全文数据库，2005–04：78—79。

[64] 赵静：《针对跨国公司转让定价的反避税研究》，天津财经大学，2012。

[65] 植草益：《微观规制经济学》，第 1 版，北京：中国发展出版社，1992：19。

[66] 《中华人民共和国企业所得税法实施条例》立法起草小组：《中华人民共和国企业所得税法实施条例释义及适用指南》，第 1 版，北京：中国财政经济出版社，2007：24—28。

[67] 《中国经济贸易年鉴》2001—2005，中国经济贸易年鉴社。

[68] 周广仁：《中国税收征管能力问题研究》，第 1 版，北京：中国税务出版社，2006：223—228。

[69] 周晓唯，张璐：《征税与纳税行为博弈关系的实证分析》，《税务与经济》，2008(3)：93—99。

[70] 朱长胜，朱海，金晓扬：《对 OECD 关于转让定价新规则 "商业重构" 的评述》，《涉外税务》，2011(08)。

[71] 朱京安：《中国外贸法律制度变迁研究》，第 1 版，北京：人民出版社，2008：223—226。

[72] 朱景文：《跨越国境的思考》，第 1 版，北京：北京大学出版社，2006：43—59。

[73] 朱青：《国际税收》，北京：中国人民大学出版社，2007：138。

[74] 朱青，汤坚，宋兴义：《企业转让定价税务管理操作实务》，第 1 版，北京：中国税务出版社，2003：45。

[75] 祝树杰，马玉杰：《美国和加拿大转让定价调整方法比较》，《商场现代化》，2010(34)。

[76] Akamatsu, A. and Thomas, G.M., 1993, "Japan's NTA Announces More Flexible Implentation of Transfer Pricing Ruling Procedures", Tax Notes International, No.6, 571.

[77] Abdallah, W.A., 2002, "Global Transfer Pricing of Multinationals and E-Commerce in the Twenty-First Century", Multinayional Business Review, Vol.10, Feb., 62—71.

[78] Abdallah, Khalik, A. R, Lusk, E. J., 1974, "Transfer Pricing-A Synthesis", The Accounting Review, Vol.49, Jan, 8—23.

[79] Alles, M. Datar, 1988, "Strategic Transfer Pricing", Management Science, Vol.44, April, 451—461.

[80] Bond, Eric, W., 1980, "Optimal Transfer Pricing When Tax Rates Differ", Southern Economic Journal, Vol.9, July, 191—200.

[81] Bums, J.O, 1980, "Transfer-Pricing Decision in U.S. Multinational Corporations", Journal of International Business Studies Studies, Vol.10, Fall, 23—99.

[82] Baldenius, T., Reichelstein, 1999, "Negotiated Versus Cost Based Transfer Pricing", Review of Accounting Studies, Vol.4, January, 67—91.

[83] Baldenius, T., 200, "Intrafirm Trade, Bargaining Power and Speeific Investments", Review of Accounting Studies, Vol.5, January, 27—56.

[84] Cook, P. W. Jr., 1955, "Decentralization and the Transfer Pricing Problem", Journal of Business, Vol.28, April 15—21.

[85] Dean, Joe, 1955, "Decentralization and Intracompany pricing", Harvard Business Review, Vol.33, 65—74.

[86] Diaw, Khaled M., 2004, "Ownership Restrietions: Tax Competition and Transfer Pricing Policy", Center Discussion Paper, Vol.3, January, 4.

[87] Dieker, Laurl J. & George, N. Carlson, 1992, "The Proposed Transfer Pricing Regulations: Conunenis and Concerns", National Tax Journal, Vol.45, September, 3.

[88] Elitzur, Ramy & Jack, Mintz, 1996, "Transfer Pricing Rules and Corporate Tax Competition", Journal of Public Economics, Vol.5, Sep., 60.

[89] Hastbacka, Mildred. A., 2003, "Valuation of Technology Intangibles for Transfer Pricing: For Industry Initiatives?", Tax Notes International, Vol.20, October, 20.

[90] Hirshleifer, Jack, 1956, "On the Economics of Transfer Pricing", The Journal of Business, Vol.29, March, 172—184.

[91] Horst, Thomas, 1971, "Theory of the Multinational Firm: Optimal Behaviour under Differing Tariff and Tax Rates", Journal of Political Economy, Vol.79, May, 1059—1072.

[92] Howard, G., 1962, "Divisional profit Caleulation-Notes the Transfer Pricing Problem", NAA Bulletins, Vol.XL111, 1, July, 5—12.

[93] Jose, M. Calderon, Kluwer, 1998, "Advance Pricing Agreements: A Global Analysis", Law International, 18.

[94] Kant, Chander. Endogenoous, 1988, "Transfer Pricing and the Effeets of Uncertain Regulation", Journal of International Economics, Vol.24, 147—157.

[95] Kopits, G. F., 1976, "Intrafirm Royalties Crossing Fronties and Transfer Pricing

Behaviour", The Economic Journal, Vol.16, December, 86.

[96] Li, JiYan, 2002, "Gobal Profit Split: An Evolution Approach to International Income Allocation", Canadian Tax Journal, Vol.7, July, 50.

[97] Lorraine, Eden, 1998, "Taxing Multinationals: Transfer Pricing and Corporate Income" Taxation in North America, University of Toronto Press, 101.

[98] Prusa, Thomas, J., 1990, "An Incentive Compatible Approach to the Transfer Pricing Problem", Journal of International Economics, Vol.5, Sep., 28.

[99] Mansori, Kashif. s. &Alfons, J. Weiehenrieder, 2001, "Tax Competition and Transfer Pricing Disputes", Finanz Arehiv, Vol.58, January, 1—11.

[100] Richard, M. Hammer, 1996, "Will the Arm's Length Standard Stand the Test of Time?" The Specter of Apportionment, Hitertax, Vol.1, Jan, 2.

[101] Robet, Halperin and Bin, Srinidhi, 1987, "The Effect of the U. S. hieome Tax Regulations' Transfer Pricing Rules on Allocative Efficiency", The Accounting Review, Vol. LX11, Oct, 4.

[102] Samuelson, L., 1982, "The Multinational Firm With Arm, Length Transfer Price Limits", Journal of International Economies, Vol.13, April, 365—374.

[103] Sartori, Giovanni, 1987, "The Theory of Demoeraey Revisited", Chatham, New Jersey: Chatham House, 337.

[104] Sehjelderup, G., Weichenrieder, A., 1999, "Trade Multinationals and Transfer Pricing Regulation", Canadian Journal of Economies, 33, February, 817—834.

[105] Tang, Roger. Y. W., "Transfer Pricing in the 1990s: Tax and Management Perspective", Westport, Quorum Books, 1993.

[106] Jhng, R, Y. W., 1990, "Canadian Transfer Pricing in the 1990s", Management Accounting, Vol. 73, April, 22—26.

[107] Thomas, Horst, 1971, "The Theory of the Multinational Firm: Optimal Behavior Under Different Tariff and Tax Rate", Journal of Political Economy, Vol. Sep./Oct, 79.

图书在版编目(CIP)数据

跨国公司转让定价税收规制比较、借鉴与我国税制改革研究 / 王如燕著. —上海：格致出版社：上海人民出版社，2014
ISBN 978 - 7 - 5432 - 2447 - 6

Ⅰ.①跨⋯ Ⅱ.①王⋯ Ⅲ.①跨国公司—转让价格—税收管理—研究—中国 Ⅳ.①F812.423

中国版本图书馆 CIP 数据核字（2014）第 222793 号

责任编辑　程　倩
装帧设计　路　静

跨国公司转让定价税收规制比较、借鉴与我国税制改革研究

王如燕　著

出　版　世纪出版股份有限公司　格致出版社
　　　　　世纪出版集团　上海人民出版社
发　行　中国图书进出口上海公司
版　次　2015 年 1 月第 1 版
ISBN　978-7-5432-2447-6/F·789